노자

오묘한 삶의 길 ③

크고 싶다면 먼저 작게 하라

老子 오묘한 삶의길 ③

크고 싶다면 먼저 작게 하라

지은이 윤재근
펴낸이 양동현
펴낸곳 도서출판 나들목
       출판등록 제6-483호
       주소 136-034, 서울 성북구 동소문로13가길 27번지
       전화 02) 927-2345 팩스 02) 927-3199

초판 1쇄 발행 2004년 3월 10일
초판 2쇄 발행 2014년 3월 10일

ISBN 978-89-90517-18-0 / 04150
      978-89-90517-11-7(전 3권)

ⓒ 나들목, 2004

www.iacademybook.com

노자

오묘한 삶의 길 ③

크고 싶다면 먼저 작게 하라

윤재근 지음

나들목

"《노자老子》라는 책이 왜 현대인에게 필요할까? 현대인이 자신을 돌이켜 보고 자신의 삶을 어긋나지 않게 하는 열쇠를 마련해 주는 까닭이다. 노자老子의 말을 들으면 막힌 것이 뚫리고 닫힌 것이 열리며 얽힌 것이 풀리는 생존의 지혜를 만날 수가 있다."

만 십 년 전에《노자》를 펴내면서 붙였던 1권 머리말의 앞부분이다. 그때 했던 말을 복간復刊 서문 앞머리에 그대로 옮겨 두고자 한다. 십 년 전 초판 머리말에서 밝혔던 바람을 다시 반복해 두고 싶다. 오히려《노자》를 더 권하고 싶은 생각이 강해졌을 뿐이다. 미래를 창조하라는 시대가 현실로 다가와 열렸기 때문이다.

21세기를 살아갈 사람들이 노자의 말씀을 귀 기울여 듣고 명지明智와 강력强力의 삶을 누릴 수 있는 열쇠를 누구나 나름대로 찾아 헤아릴 수 있다고 본다. 그리고 소사과욕少私寡欲하고 보원이덕報怨以德하라는 노자의 말씀만이라도 새겨들으면 삶이 밝아지기 시작한다. 이기심利己心만으로 삶을 묶어 가려는 현대인의 속셈을 한마디로 파헤쳐 매듭을 풀어 보게 한다.

명지가 잘 어우러져야 삶이 낙낙하고 너그럽다. 명明이란 '내가 나를 살펴 알아내는 마음'이다. 그런 마음을 밝다〔明〕고 한다. 지智는

'내가 남을 살펴 알아내는 마음'이다. 그런 마음을 일러 잘 안다[智]라고 한다. 그래서 명을 마음속이라 하고 지를 마음 밖이라고 한다. 현대인은 명은 내버려두고 지만을 밝히려고 덤빈다. 이런 까닭으로 현대인은 속은 어두운데 바깥만 훤하게 하려고 한다. 노자의 말씀을 들으면 그런 삶이 얼마나 무겁고 괴로운지 알게 된다.

강력이 잘 어우러져야 삶이 부드럽고 부럽다. 강强이란 '내가 나를 이겨내는 힘'이다. 말하자면 공자孔子가 바란 극기克己가 바로 강이다. 그런 힘을 굳세다[强]라고 한다. 역力이란 '내가 남을 이겨내는 힘'이다. 그런 힘을 세차다[力]라고 한다. 현대인은 강을 저버리고 역만을 치우쳐 쫓기 때문에 마치 삶을 싸움터처럼 여기고 하루하루를 살아가는 꼴이다. 이 얼마나 고달픈가. 세찬 사람은 사납다. 겉으로는 세련돼 보이지만 속내에는 밀림의 법칙이란 노림수를 숨겨두고 살기 쉽다. 노자의 말씀을 들으면 그런 사나움이 얼마나 부끄러운 속임수인지를 깨우치게 된다.

《노자》를 만나면 천지天地와 더불어 하나 되어 살아야 하는 이치를 터득할 수가 있다. 현대인이 천지를 어머니 품안처럼 여기고 만물이 다 같은 목숨을 누린다는 상덕上德을 되살려 주는 노자의 말씀을 귀담아 듣기만 하면 왜 생명이 물질보다 소중한지도 깨우칠 수 있다. 우리는 편히 살자고 발버둥치면서도 그 결과는 오히려 꽁꽁 묶여 사는 처지라는 것을 발견하고 뉘우치곤 한다. 이는 소사과욕을 멀리하고 보원이덕을 잊어버린 탓이다. 나를 적게 하면[少私] 욕심이 줄고[寡欲] 원한은[怨] 덕으로써[以德] 갚아라[報]. 그러면 삶이 소박하고 수수할지언정 마음은 하염없이 편하게 하는 것임을 노자가 일깨워 준다. 그래서 노자는 성인聖人이지 철인哲人이 아니란 생각이다.

사람이 왜 우주 삼라만상과 더불어 한 목숨을 서로 나누며 같이 살아가야 하는지를 깨우치게 하는 선생은 성인만 감당한다. 노자는 그런 성인으로서는 으뜸이란 생각이다. 그래서 십 년 전 초판 머리말 끝에 이런 말을 했었다.

"참으로 노자는 우리를 아주 작게 하면서도 아주 크게 해 준다. 그리고 노자는 우리들이 겪는 생존의 감방을 잠궈 둔 자물쇠를 열고 나올 수 있도록 열쇠를 우리 스스로 만들 수 있게 하는 비밀을 터 준다."

이 끝말을 다시금 되풀이해 두고 싶다. 이번 《노자》 세 권의 복간에서 단지 2·3권의 제목만 바꾸고 내용은 그대로 두고자 한다. 이런 뜻을 성큼 받아들여 복간을 허락해 준 나들목 양동현 사장님이 고맙다.

2004년 3월

과학 문명은 인간에게 편리한 생활과 풍요로운 물질을 주었다. 첨단 과학은 인간의 뜻대로 물질을 정복해 일상생활의 모습을 하루가 다르게 바꾸어 놓는다.

그러나 첨단 과학이 약속해 주는 문명 생활이 삶의 행복을 보장해 주는가? 생활을 편리하게 하는 것이 중한가 아니면 마음을 편안하게 하는 것이 귀한가? 이러한 반문들이 나오고 있다.

생활이 편리하다는 것과 마음이 편안하다는 것은 서로 같지가 않다는 사실이 드러나고 있다. 그리고 자연은 없고 물질만 있다는 착각에서 차츰차츰 벗어나려고 한다. 21세기에는 인간 자신을 성찰하려는 바람이 불 것이다.

싱싱한 땅, 맑은 물, 깨끗한 대기를 되찾기 위해 공해를 막자고 한다. 쓰레기를 줄이자는 운동이 전개되기 시작했다. 왜 인간은 이러한 운동을 전개하는가? 편리한 생활의 윤택함을 탐하다가 생명의 위협을 받게 되었다는 사실을 깨우친 까닭이다.

과학 문명이 인간을 행복하게 할 수 있을까? 불가능하다는 판단이 설득력을 얻어 가고 있다. 이러한 징후는 새로운 생각을 하게 할 것이다. 천지는 인간만을 위해 있는 것이 아니다. 천지는 만물이 서로 어울려 있는 보금자리가 아닌가!

천지를 인간의 소유물인 양 남용하고 탕진하며 인간은 물질의 풍요에 정비¹례해 살벌하고 잔인한 존재로 표변해 가고 있다. 이러한 인간의 잘못을 맨 먼저 예상했던 자가 누구일까? 바로 노자老子다.

노자는 현대인에게 목숨을 소중히 할 줄 아느냐고 묻는다. 그리고 무엇보다 목숨을 사랑하라고 타이른다. 모든 목숨을 사랑하라. 이것이 노자가 말하고 있는 도道의 가르침이다.

노자는 현대인에게 베풀 줄을 아느냐고 묻는다. 도와주고 보살펴 주되 공치사는 말라고 당부한다. 만물을 있는 그대로 보살펴 줘라. 이것이 노자가 말하는 덕德이다.

이처럼 노자가 밝히는 도는 어머니와 같고 덕은 어머니의 손길과 같다. 인간에 의한 문명이 만물의 보금자리인 천지를 남획한 탓으로 인간은 스스로 발목을 잡혀 사막화되어 가고 있다. 메마른 사막에 다시 생명의 녹색을 회복하는 일은 사람의 마음에 달려 있다. 인간이 문명과 더불어 어머니의 품안[道德]을 잃지 않는다면 생활의 윤택함과 더불어 생명의 편안함을 누리리라.

노자의 자연은 산천 같은 것이 아니다. 모든 것을 사랑하는 마음이 자연이요, 모든 것을 소중히 하는 것이 자연이며, 겸허한 마음가짐 또한 자연이다. 그래서 노자는 세 가지 보물이 있다고 자랑한다. 사랑함[慈]과 검소함[儉] 그리고 겸허함[不敢爲先]이 그것이다. 우리는 그러한 보물을 버리고 욕망의 늪에 빠져 신음하고 아파하며 노자는 이를 안타까워한다.

노자는 평범한 사람들에게 어머니를 만나게 해 준다. 그래서 노자를 일상생활로 모시고 와 마음을 편안하게 하는 말씀을 들어 보는 심정으로 이 책을 썼다.

　생활인으로서 노자를 인생의 선생으로 모신다는 생각밖에 없다. 여러 석학들의 연구서를 읽을 때마다 노자를 일상생활 속으로 모셔와 만났으면 하는 생각을 버릴 수 없었다. 왜냐하면 노자는 서로 어울리는 방법과 사랑하며 사는 방법을 터 주기 때문이다.

윤재근

■ 차례

서 론

동양 정신의 뼈대는 무엇인가

불가佛家의 선맥禪脈은 영가永嘉 스님의 증도가證道歌를 깨우침[悟]의 으뜸가는 길잡이로 친다. "그대는 보지 못하였는가[君不見]! 배움이 끊어져 하릴없이 한가로운 도인을[絶學無爲閑道人]." 이렇게 증도가는 시작된다. 노자가 영가의 증도가를 들었다면 그 도인道人이 누구냐고 물었을 성싶다.

성인聖人은 누구나 도인이다. 유가儒家에서 말하는 성인도 도인이고 불가에서 말하는 성인도 도인이며 도가道家에서 말하는 성인도 도인이다. 유가에서는 인의仁義의 길을 트는 사람을 성인이라 하고, 불가에서는 법신法身의 길을 트는 사람을 성인이라 하며, 도가에서는 도덕道德의 길을 트는 사람을 성인이라고 한다.

인의의 길은 사람을 사랑하라는 길이다.

법신의 길은 망상을 없애 버리라는 길이다.

도덕의 길은 만물을 사랑하라는 길이다.

이처럼 동양의 성현들은 세 갈래의 길을 터 주고 있는 셈이다. 이들 중에서 가장 걸림이 없는 길은 어떤 것일까? 불가의 길은 마음[法身] 밖의 모든 것은 허깨비[幻化]와 같다고 본다. 그래서 불가에서는 마음의 씀씀이를 잊어버리는 것이 부처의 도[忘機是佛道]일 뿐 분별하고 차별하는 것은 마구의 짓〔分別是魔境〕이라고 단언한다. 마음의 씀씀이가 없는 경지를 천진자성天眞自性이라고 한다. 그리고 그 자성을 텅 빈 것〔虛〕으로 비유한다.

불가의 자성自性은 노자가 비유한 갓난아이〔赤子〕를 생각하게 하고 조금의 꾸밈도 없는 것〔無名之樸〕을 생각하게 한다. 불가의 선맥에서 말하는 것을 듣다 보면 도가의 생각을 듣고 있는 것 같다.

"텅 빈 것은 아무것도 없다는 것이므로 허공에는 본래 크다는 것도 없고 작다는 것도 없으며〔虛空本來無大無小〕, 허물도 없고 조작도 없으며〔無漏無爲〕, 유혹에 걸려든 것도 없고 깨우친 것도 없다〔無迷無悟〕."

불가의 〈전심법요傳心法要〉에서는 마음 그 자체〔自性〕를 위와 같이 말하고 있다. 마음은 허공과 같다〔心如虛空〕고 한다. 마음을 왜 그렇게 말하는가? 마음 그 자체를 알게 되면〔但識自心〕 나도 없고 남도 없게 된다〔無我無人〕고 밝힌다. 이것이 불이다〔本來是佛〕라고 할 때 그 불佛은 허공과 같은 마음 그 자체를 말하는 셈이다.

불가의 불佛은 도가의 도道를 연상하게 한다. 물론 같지는 않다. 불은 생사를 떠난다지만 도는 생사를 관장하는 까닭이다. 불가에서는 삶의 인연을 끊어 버리라고 하지만 도가에서는 그것을 탐하지 말고 있는 그대로 소중히 하라고 한다. 이처럼 서로 다르다. 그러나 그 불에 이르는 길을 밟는 걸음걸이〔禪定〕를 보면 도가의 걸음걸이〔無爲〕와 닮아 있다.

선정禪定이란 무엇인가? 바깥 것을 떠나는 것이 선이요〔外離相曰禪〕, 안으로 어지럽지 않는 것이 정이다〔內不亂曰定〕. 불가의 이러한 선정은 도가의 무기無己의 걸음걸이를 닮았다.

이처럼 불가나 도가는 모두 인위人爲:有爲를 인정하지 않는다. 이러한 점이 유가와 다르다. 말하자면 불가와 도가는 인간의 욕심이나 욕망을 없애라고 하지만 유가는 절제하라고 한다.

불가는 인간과 만물의 관계를 극단적으로 부정하므로 우주의 삼라만상은 허깨비와 같다. 여기서는 존재의 생사生死도 없고 인간의 문화도 없다.

도가는 만물과 인간의 관계를 다 같은 것으로 긍정하므로 우주의 삼라만상은 서로 함께 존재해야 한다. 여기서는 존재의 생사만을 긍정하고 인간의 문화는 무시해 버린다.

유가는 만물과 인간의 관계에서 인간을 중심에 두고 있으므로 인간은 인간답게 되어야 한다. 인간은 선택된 존재로 인정되고 세상을 다스릴 능력이 있다고 한다. 인간의 능력을 문화라고 여기고 문화를 긍정한다.

이처럼 불가에서는 생존의 의미를 부정하고, 도가에서는 생존을 그대로 두라고 하며, 유가에서는 인생의 의미를 긍정한다. 불가의 부정과 유가의 긍정을 도가는 치우침이 있다고 본다. 부정하는 것도 하나의 시비요, 긍정하는 것도 하나의 시비인 까닭이다. 시비가 없는 경지가 곧 자연이다.

유가와 불가 그리고 도가는 동양 정신의 삼대 줄기라고 여겨도 무방할 것이다. 신라의 최치원崔致遠도 이미 풍류風流에 유불선儒佛仙이 있었다고 했으니 동양의 사고는 어디나 삼가적이었던 셈이다.

우리의 마음속에서 도와 불이 만나면 어떠한 생각이 일어날까? 아마도 마음속에서 다음과 같은 말이 이어질 것이다.

"유도 없고 무도 없다〔有無無無〕고 말할 것이 어찌 있을 것인가? 태어남〔生〕이 있고 사라짐〔死〕이 있다는 것을 어이 하란 말인가! 불佛이여! 생사를 고苦라고 말할 것은 없다네. 인간이 고를 짓고 만들 뿐 천지에 고락苦樂이 따로 있는 것은 아닐세. 생사의 인연을 떠나라고 할 것도 없다네. 생사를 사랑하면 그만일세. 그리고 구하는 것이 있으면 고통 아닌 것이 없다〔有求皆苦〕고 말하지 말게. 인간이 물질을 구하면 고통〔苦〕스럽지만 자연을 구하면 낙樂이 된다네."

이렇게 도는 불에게 말할 게다.

불가의 도인도 배움을 끊고〔絶學〕, 수작을 부리지 않아〔無爲〕 한가롭고〔閑〕, 도가의 도인도 그러하다. 그러나 불가의 도인은 천하의 것에서 벗어나라〔解脫〕 하지만, 도가의 도인은 천하의 모든 것을 하나로 끌어안으라〔抱一〕고 한다.

그러므로 불가의 절학絶學과 무위無爲는 해탈解脫하라는 말이지만 도가의 그것은 포일抱一하라는 말이다. 불은 증오와 사랑을 동시에 다 떠나라고 하지만 도는 증오는 없고 사랑만 있다고 한다. 그래서 노자는 도를 우주의 자궁이므로 만물의 어머니〔玄牝〕라 했고 그 현빈玄牝의 손길을 덕德이라 했다.

도가의 덕이 유가의 인을 만나면 우리의 마음속에서 무슨 말이 오고갈까? 아마도 다음처럼 될 것이다.

"인仁이여! 남을 먼저 사랑하라고 하는데 그 남이 어디 인간이어서만 될 것인가? 인간이 인간을 사랑하는 것만으로는 안 되네. 만물이 서로 더불어 어울려 생사를 누려야 하네. 인간만 소중하고 인간 아닌 것은 모두 인간의 소유물이라고 생각하면 어떻게 되겠나? 소유하려고 하므로 욕심이 생기고 물욕을 낳는 것이 아닌가! 사람을 사람답게 하는 것이 학문學文이라고 단언하지 말게. 학문學文은 학문學問을 만들어 내고, 학문學文의 문화文化는 학문學問이 만들어 내는 문명文明

에 끌려가게 마련일세. 인이여! 문명은 지금 물욕의 난장을 이루고 있다네. 물욕의 난장에서는 나[我]만 있고 남[彼]은 없어진다네. 이것이 바로 자기중심自己中心의 병이란 말일세."

이렇게 덕은 인에게 말할 게다.

그러나 지금 우리는 하늘에서 내리는 단비를 맞지 못하고 산다. 현대인은 산성비를 맞으며 산다. 이제는 땅에서 솟는 물을 그대로 마실 수가 없다. 수돗물을 돈을 주고 사서 마셔야 한다. 점점 수돗물마저 의심하고 더 많은 돈을 내고 수백 길 땅 속에 묻혀 있는 지하수를 억지로 퍼올려 마셔야 할 지경이다.

왜 이제 인간은 흐르는 물을 그냥 그대로 마실 수 없는가? 땅 위에 있는 모든 것들이 물질이 된 까닭이다. 인간이여! 즐겁게 누리고 더불어 살려고 한다면 소유하지 마라. 이것이 동양 정신의 요체다. 그래서 천하를 물질의 창고로 보지 말 것이요, 자원의 보고라고 여기지 말 것이며, 자본의 금고로 생각하지 말라고 했다.

우리를 썩게 하는 것을 무어라 할까? 물질은 자원이 되고 자원은 자본이 된다는 물욕의 푸닥거리가 아닌가! 동양 정신은 처음부터 이러한 푸닥거리를 무서워했다. 도가의 도덕이 그랬고 불가의 법신이 그랬으며 유가의 인의가 그랬다.

그러나 동양 정신은 이미 낡은 것처럼 되어 버렸고, 서양 정신만이 우리를 틀어 잡고 있는 중이다. 하지만 어느 날엔가는 동양 정신은 싱싱한 샘물을 그냥 마시게 하고 서양 정신은 가공한 수돗물을 돈을 내고 마시게 한다는 것을 깨우치게 될 것이요, 뉘우치게 될 것이다.

왜냐하면 서양 정신은 물욕에서 해방시켜 주지 못하겠지만 동양 정신은 물욕의 노예를 가두어 둔 수용소의 철책을 허물어 줄 수 있기 때문이다.

　이 말을 헛소리로 들어도 그만이다. 그러나 천지를 버리고 어느 목숨이 산단 말인가? 이렇게 반문해 보라. 천지는 훔쳐 먹을 곳간이 아니다. 만물이 살아야 하는 둥지가 아닌가! 천지는 자원의 보고가 아니다. 온갖 것들이 제 목숨을 누리는 보금자리가 아닌가! 생존의 보금자리를 자연이라고 한다. 이러한 사실을 노자는 눈물겹도록 말해 준다.

홀로 살며 더불어 살고 어울려 산다

　살아 있다는 것은 관계를 맺는 것을 뜻한다. 내 몸과 마음이 없다면 나는 살아 있을 수가 없다. 내 몸과 마음은 천지가 없다면 있을 수가 없다. 그러므로 나는 천지와 관계를 맺어야 산다.

　천지는 만물이 있는 곳이다. 그 만물을 동양은 오행으로 나누어 생각했다. 모든 목숨은 오행과 관계를 맺고 산다. 이렇게 생각한다면 목숨의 귀천을 따져 분별하지 말라는 노장老莊의 생각은 옳다. 인간이나 지렁이는 다 같이 오행과 관계를 맺고 산다. 이러한 점에서 인간의 목숨이나 지렁이의 목숨에는 다를 바가 없다.

　유가는 오행을 오류五類에 맞추어 살자고 하지만 도가는 오행 그대로 살자고 한다. 오행五行：土金木火水은 만물의 추상抽象이고 오류五類：君臣民事物는 질서의 추상이다. 말하자면 도가는 땅[土]이 있는 것으로 만족한다. 그러나 유가는 땅을 임금[君]으로 삼자고 한다. 왜냐하면 노장은 인간 역시 길가에 버려진 풀강아지[芻狗]에 불과하다고 보고 공맹孔孟은 인간은 짐승과 다르다[人獸之辨]고 보는 까닭이다. 그래서 공자는 호학好學하라 했고 노자는 절학絶學하라 했다.

　호학이란 무엇인가? 인간이 되는 법을 배우라는 것이다.

　절학이란 무엇인가? 자연이 되는 법을 배우라는 것이다.

그러나 노자나 공자가 향하는 목적지가 다르지 않다. 그 목적지는 어디인가? 목숨을 소중히 하고 사랑하는 곳이다. 그러한 곳을 태평성대太平聖代라고 했다.

노공老孔은 단지 그곳을 찾아가는 길이 서로 다를 뿐이다. 공자는 인의 길을 걷자 하며 인은 사랑할 줄 아는 사람이라고 밝힌다. 노자는 덕의 길을 걸어가 우주 만물의 어머니〔道〕를 찾아가자고 한다. 그리고 장자는 노자와 같은 길을 가면서 좀 쉬자고 한 다음 그렇게 쉴 수 있는 곳이 곧 어머니의 품안〔自然〕이라고 타이른다.

'나비가 내가 되고 내가 나비 되고.' 이렇게 쉬면 곧장 어머니의 품속에서 단꿈을 누린다고 장자는 말한다. 나는 곧 나비요 나비가 곧 나라면, 나비는 나비고 나는 나라고 갈라놓을 것이 무에 있을 것인가! 그래서 나는 없다〔無己〕라는 것이 장자의 말이다.

장자의 무기無己는 홀로 사는 순간을 맞아 보라는 말과 같다. 나를 지키는 것〔有己〕을 위해서가 아니라 나를 없애는 것〔無己〕을 누리기 위해 홀로 사는 순간을 만나라고 한 셈이다. 온 천지가 모두 나라면 나를 따로 떼어 놓고 생각할 것도 없다. 그렇게 되면 욕심이 있다느니 없다느니 시비를 걸 일이 무에 있을 것인가! 이처럼 내가 무한히 확대되는 순간은 분명 나를 편케 하고 밝게 하며 확 트이게 한다. 이를 장자가 밝히는 대일大一의 경지라고 말해도 무방하지 않은가!

공자의 극기克己는 더불어 사는 것을 지키라고 한다. 나를 앞세우지 말고 남의 입장으로 돌아가 생각해 보라. 이것이 공자의 이순耳順이 아닌가! 공자도 일흔이 되어서야 이순을 알게 되었다고 했으니 극기는 참으로 어려운 경지인 셈이다. 극기의 요체는 바로 이순에 있다. 왜냐하면 공자의 극기는 곧 극기복례克己復禮이기 때문이다.

나를 이겨서(克己) 예禮로 돌아가라(復禮). 이는 사회생활을 인간답게 하라는 말씀이다. 공자는 왜 이렇게 외쳤을까? 거짓말과 폭력이 횡행했고(邪說暴行有作) 신하가 제 임금을 죽이는 일이 있었고(臣弑其君者有之) 자식이 제 애비를 죽이는 일이 있었다(子弑其父者有之). 이렇게 맹자는 공자가 살았던 시대를 개탄했다. 거짓과 폭력이 난무한 것은 모두 자기중심으로 살려고 하는 수작들이다. 나를 위해서라면 낳아 준 부모까지 죽이는 세상을 향해 공자는 극기하라고 했다. 나 혼자만 살면 그만이라는 생각을 버리라는 말이다.

그러나 세상은 더불어 살 줄을 몰랐다. 강자가 약자를 잡아먹는 꼴이 되어 세상이 썩고 병들어 신음할 때 남을 사랑하기(仁)를 실천하게 하려고 맹자는 의를 주장했다. 의義란 무엇인가? 남의 것을 빼앗지 말라(不奪) 함이다.

공자는 더불어 살 것을 인의라 보고 인을 앞세웠지만 맹자는 의를 앞세웠다. 공자의 시대는 가家의 시대였지만 맹자의 시대는 이미 국國의 시대로 변했던 까닭에 맹자는 의를 앞세웠다.

집안(家)은 핏줄로 더불어 사는 길을 열고, 나라(國)는 권력으로 더불어 사는 길을 구축한다. 권력 앞에 인간은 무엇보다 정직해야 한다. 그래서 이미 공자는 인간을 직直이라고 했으니 맹자는 이러한 곧음(直)을 실천하기 위해 의를 부르짖었던 셈이다.

그러나 더불어 사는 영역은 점점 넓어졌지만 인간은 여전히 서로 정복하고 이익을 나누는 짓(上下交征利)을 버리지 못한다. 현대인의 정복의 야망과 이익의 야욕은 하늘을 찌를 지경인데 더불어 사는 영역은 이제 나라(國)에서 세계(天下)로 드넓어졌다. 그래서 더불어 살기가 더 어려워지고 무섭게 되어 가는 중이다. 그러나 인간들이여! 더불어 살라. 이러한 공맹의 외침은 변함없는 진실이다.

더불어 살자면 먼저 나를 닦고〔修己〕 남을 다스려라〔治人〕. 이것이 인간과 인간이 더불어 사는 요체다. 그러한 요체를 풀이해 주는 것이 내성외왕內聖外王이 아닌가! 하늘을 본받는 것이 성聖이요, 마음을 트고 오고가는 것이 왕王·往이다. 그러므로 스스로 하늘을 무서워할 줄 알고 남의 마음을 살펴 헤아려야 비로소 인간은 서로 더불어 살 수 있다는 말이다. 이렇게 더불어 살아야 한다는 공맹의 말이 낡았단 말인가? 우리 모두는 다시 새겨들어 보아야 할 것이다.

그러나 노자를 만나면 공맹의 말이 좁게 들린다. 노자는 사람이 천지의 중심이라고 여기는 것에서 온갖 탈이 생긴다고 보았다. 인간은 서로 더불어 산다고 만족되지 않는다. 인간은 천지와 어울려 살아야 한다. 인간의 목숨은 귀하고 풀잎의 목숨은 천한 것이 아니다. 사람을 사랑하려면 풀잎을 사랑할 줄 알라. 인간은 만물과 어울려 살라. 그래서 노자는 자기라는 것을 먼저 버리라〔舍己〕고 한다.

생명이 이루어지는 모습을 보라. 사람은 남녀가 짝을 지어 자녀를 낳는다. 돼지는 암수가 짝을 지어 새끼를 낳는다. 나팔꽃도 암수의 꽃가루가 섞여 나팔꽃 씨앗을 낳는다. 낳는 것은 다 같다. 목숨을 낳게 하는 것을 도라고 한다. 그래서 노자는 도를 만물의 어머니라고 했다.

생명이 사라지는 모습을 보라. 목숨이 있는 것이라면 죽지 않는 것은 없다. 늙지 않고 죽지 않으려고 불사약을 찾는 것보다 더 어리석은 것은 없다. 사람도 태어났으니 죽고 풀잎도 태어났으니 죽고 피라미도 태어났으니 죽는다. 목숨을 거두어들이는 것을 또한 도라고 한다. 만물의 어머니는 텅 빈 골짜기〔谷神〕라고 했다.

어머니의 품안은 아늑하다. 따뜻한 손길이 있고 감미로운 젖이 있다. 어머니의 품안이 곡신谷神이요, 그 곡신을 따뜻하게 하고 감미롭게 하는 손길과 젖줄이 곧 상덕上德이 아닌가! 땅에서 얻는 곡식, 마시는 물, 숨쉬게 하는 바람, 이 모든 것들이 덕 아닌 것이 없다.

그러나 왜 오직 인간만이 천지를 탕진하고 약탈하며 사는가? 노자는 이를 제일 가슴 아파했다. 전쟁을 하면서 모든 것을 노략질해 자기의 배를 불리려고 하는 짓은 어머니의 가슴에 칼을 꽂는 짓이나 다를 바 없고 젖줄을 끊는 칼질에 불과할 뿐이라고 노자는 설파한다. 그래서 노자는 절성기지絶聖棄智하라고 했고 천지불인天地不仁이라고 했다.

치자治者여! 성인인 체하지 마라. 이것이 노자의 절성絶聖이다. 식자識者여! 바깥 지식을 뽐내지 마라. 이것이 노자의 기지棄智이다. 그리고 인간이여! 천지를 소유하려고 덤비지 마라. 천지는 인간의 소유물이 아니다. 이것이 노자의 불인不仁이다.

왜 노자는 이렇게 절규했는가? 만물과 어울려 살아야 하는 까닭이다. 함께 다같이 오손도손 사는 것을 합생合生이라고 한다. 이러한 합생을 화和라고 한다.

그러나 인간은 한사코 불화不和를 일삼는다. 합생을 파괴하고 불화를 일삼는 나를 버리고 내가 나를 만나는 홀로의 순간을 맞이하라고 장자는 무기無己를 설파했다. 그러므로 장자의 홀로 사는 삶의 만남은 결국 노자의 어울려 사는 삶으로 돌아가려는 게다. 만물과 어울려 산다면 공자가 당부한 더불어 사는 것은 저절로 이루어질 것이다.

《노자》읽기

제55장~제81장

제55장 덕은 그윽하게 품되 드러내지 마라

도타운 덕은 갓난아이 같다

표범은 빛나는 털 무늬 때문에 사냥꾼의 표적이 되고, 원숭이는 나무 타는 재주 때문에 동물원으로 잡혀 오고, 독사는 독이빨 때문에 사람의 눈에 보이는 족족 죽임을 당한다. 표범의 털 무늬나 원숭이의 재주나 독사의 독이빨은 제 목숨들을 위해서는 다 부덕不德한 것들이다. 빛 좋은 개살구란 속담은 실속이 없다는 말로 통하지만 실은 부덕함을 말한다.

모란을 보라. 향기는 없지만 그 우람한 꽃봉오리와 빛깔 때문에 산천에 뿌리를 내리지 못하고 인간이 만들어 놓은 뜨락에서 눈요깃감으로 살아간다. 그러나 향기가 짙은 풀꽃들은 잎새 밑에 숨어서 핀다. 산천의 풀꽃들은 사람의 눈에 띄지 않으므로 피고 싶은 곳에서 필 만큼 피고 거침없이 향기를 품고 꿀을 간직해 벌이나 나비를 불러 씨앗을 맺는다. 이처럼 드러내고 자랑하면 할수록 덕은 줄어들고 목숨에게 부덕이 된다.

성경에도 왼손이 한 일을 오른손이 모르게 하라는 말이 있다. 덕을 쌓는 일은 이와 같다. 공치사를 않는 것이 곧 덕이라고 장자가 밝힌 것은 덕은 드러내지 않아야 함을 말한다.

　누구나 현대를 자기 선전自己宣傳의 시대라고 서슴없이 말한다. 남들이 알아주기를 기다릴 것이 아니라 자기를 먼저 알려라. 이것이 현대인의 처세술이라고 자랑한다. 이제는 염치 없는 것이 선이고 염치를 아는 것이 악이 된 셈이다.

　자기를 돋보이게 마음을 꾸미고 몸을 꾸며라. 무대에 선 배우처럼 분장하고 때와 장소에 따라 자기를 연출하라. 인생은 한판 연극으로 그 무대의 주인공이 되라. 조연이나 엑스트라는 주변인물일 뿐 중심인물은 아니다. 그러므로 자기를 최대한으로 과시하고 선전하라. 이것이 현대인의 처세 심리가 아닌가!

　양보하지 마라. 쟁취하라. 하나만 안다고 하지 마라. 열을 알고 백을 알며, 무한한 능력이 있다고 자부하라. 이것이 현대인의 의지요, 행동이다.

　상대편은 항상 경쟁의 대상이다. 수비는 열등의식을 낳고 공격은 자신감을 준다. 수비는 오직 공격을 위한 수단이다. 경쟁은 패배가 아니라 승리로 끝나야 우렁차고 찬란하다. 이러한 속셈을 숨겨 두고 생각하고 행동하는 것이 현대인의 자기중심이 아닌가!

　그러나 덫에 걸려든 산짐승은 앞으로 나아갈 줄만 알고 뒤로 물러날 줄을 몰라 제 명대로 못 살고 죽는다. 나아가는 것이 물러서는 것처럼 보인다(進若退)는 것을 현대인은 모른다.

　칼집에 들어 있는 칼이 뽑힌 칼보다 더 잘 들고 둥근 돌은 어디든 넘어지지 않고 서 있다. 모나게 과시하지 말 것이요, 방자하게 자랑할 것도 없다. 백만 대군을 거느리고 전쟁에 나가는 항우보다 어머니의 젖가슴에 안겨 있는 갓난아이가 더 강한 존재임을 안다면 덕을 품

고 있다(含德)는 속뜻을 새겨들을 수 있다. 제 잘난 맛에 산다고 호들
갑을 떠는 짓이 얼마나 허망한 것인지를 노자의 다음과 같은 말을 들
으면 알 것이다.

품은 덕의 두터움은 갓난아이와 같다(含德之厚 比於赤子). 독이 있는
벌레는 갓난아이를 쏘지 않으며(毒蟲不螫), 사나운 짐승도 갓난아이를
할퀴지 않고(猛獸不據), 매서운 새도 갓난아이를 채가지 않는다(攫鳥不
搏). 갓난아이는 뼈대는 약하고 근육은 부드럽지만 힘은 굳세다(骨弱筋
柔而握固). 남녀의 성교를 모르지만 갓난아이의 고추가 서는 것은 조
화造化의 힘(氣)이 지극한 것이며(未知牝牡之合而峻作 精之至也), 온종일 울
어도 목이 쉬지 않는 것은 조화의 어울림이 지극한 것이다(終日號而
不嗄 和之至也).

젊은 풀꾼들이 한 노인과 함께 보리 밑거름을 장만하려고 늦여름 산에
올랐다. 젊은이들은 모두 풀을 먹여 뻣뻣해진 삼베 수건을 차고 있었
다. 그러나 노인은 지게에 낫 두 자루만 얹고 산에 올랐다. 삼베 수건
은 땀을 닦는 데 쓰는 것이 아니었다. 독사를 잡는 보신용으로 삼베 수
건을 허리춤에 차고 다녔다. 풀꾼들은 독사 한 마리 잡는 것이 열 사람
의 목숨을 구하는 것과 같다고 여겼다.
한 젊은 풀꾼이 노인에게 풀무더기 밑에는 더위를 피해 몸을 사리고
있는 독사들이 많은데 왜 삼베 수건을 안 갖고 왔느냐고 물었다. 노인
은 웃을 뿐 아무 말도 하지 않았다. 젊은 풀꾼은 다시 독사가 무섭지
않느냐고 물었다. 그러자 노인은 젊은이에게 이렇게 말했다.
"먼저 풀을 벨 자리를 잡게. 그리고 여기저기로 쏘다니며 풀을 베지
말고 밑에서부터 한 짐이 될 때까지 쉬엄쉬엄 베어 올라 가게. 그러면

풀섶에 숨어 있던 독사가 먼저 자네를 피해 다른 곳으로 갈 것이네."

그러나 젊은 풀꾼들은 짧은 시간 안에 풀짐을 채우려고 여기저기 풀섶이 무성한 곳만 골라 바쁘게 돌아다니며 풀을 베었다. 풀섶에 숨어 있는 독사는 피하지 않으면 낫에 베기 때문에 풀꾼의 손목을 물었다. 그래서 풀꾼들은 독사를 만나면 하던 일을 제쳐 두고 독을 품고 있는 독사를 향해 빳빳한 삼베 수건으로 독사의 주둥이를 툭툭 친다. 독사가 그 삼베 수건을 무는 순간 수건을 채올리면 독사의 독이빨은 질긴 삼베 올에 걸려 빠져 버린다. 독이빨을 뽑힌 독사는 죽은 목숨과 같다. 풀꾼들이 마음 놓고 독사를 후려쳐 죽인 다음 나뭇가지에 걸어 두어 산까마귀의 밥이 되게 하는 까닭이다.

한 젊은 풀꾼이 독사를 발견하고 고함을 질렀다. 풀꾼들은 그곳으로 몰려가 법석을 떨었다. 그러나 노인은 잠자코 풀질만 계속했다. 풀꾼들이 독사를 잡아 소나무 가지에 걸어 놓고 와서는 노인에게 조심하라고 당부했다. 그러자 노인은 이렇게 타일렀다.

"풀을 한곳에서 죽 베어 올라 가면 독사가 먼저 피한다네. 독사는 제 몸을 건드리지 않으면 무는 법이 없어. 살아남으려고 겁이 나서 무는 거야. 살려고 있는 것인데 찾아서 죽일 것은 뭐 있나? 땅벌도 제 집을 건드리지 않으면 쏘지 않는 법이네. 화가 난 땅벌도 가만히 앉아만 있으면 쏘지 않는다는 것을 알지 않는가? 독사도 그렇다네. 풀 베는 일을 제쳐 두고 독사 한 마리 잡자고 풀짐을 망쳐서야 되겠나?"

그래도 한 젊은이가 풀섶에 숨어 있는 독사가 물려고 기다리지 사람을 보고 도망가느냐고 반박하자 노인은 다시 타일렀다.

"풀을 베면서 간간이 침을 뱉게. 침처럼 독한 독은 없다네. 독사도 도망가고 다른 벌레들도 도망간다네. 특히 독사에게는 더 독해 멀리 도망을 가지. 그러면 삼베 수건으로 독사를 찾아 죽일 것까지는 없지 않은가. 침을 간간이 뱉으며 풀을 베게. 독사에 물릴 걱정은 없다네."

살아 있는 것을 찾아서 죽일 것은 없다고 말하는 노인은 함덕지후含德之厚가 어떤 것인지를 깨우치게 한다. 고아를 돌보는 고아원은 드물고 고아를 파는 고아원은 많다는 말이 있다. 덕을 행하는 척하면서 덕을 팔아 실속을 차리는 인간들이 세상에는 많다. 덕을 파는 것을 악덕惡德이라고 한다. 악덕이란 독사를 잡겠다고 차고 다니는 삼베 수건이나 같다.

나를 유리하게 하고 남을 불리하게 하면 그 짓은 삼베 수건이나 같다. 남을 불리하게 하면 남도 나를 불리하게 한다. 즉 독사가 물려고 하는 것이나 같다. 서로 부덕하면 악덕의 앙갚음이 그치지 않는다.

맹수의 날카로운 이빨과 발톱은 사냥꾼에게만 흉기일 뿐이다. 맹수의 입장에서 보면 제 목숨을 보호하려는 보신용이고 먹을 만큼의 먹이를 얻기 위한 도구에 불과하므로 농부의 손에 들린 괭이나 같다. 배고프면 먹이를 찾아 나오고 배부르면 바위 구멍에 숨어 잠을 자는 호랑이는 살생을 않는다. 다만 호랑이의 털 가죽을 탐하는 인간이 호랑이를 독하게 만든다.

이렇게 생각하면 맹수가 왜 갓난아이를 할퀴지 않고 독수리가 갓난아이를 채가지 않는다고 말했는지 노자의 심중을 짚을 수 있을 것이다.

갓난아이〔赤子〕는 마음 그 자체〔性〕일 뿐이고 몸 그 자체〔性〕일 뿐이다. 마음 그 자체도 자연이요, 몸 그 자체도 자연이다. 더할 것도 없고 덜 것도 없는 것이 생각의 무위이며 행동의 무위가 아닌가! 팔이 안으로 굽는다는 생각은 곧 인위의 시작이다. 그래서 미운 놈 고운 놈이 생겨나고 내 편 네 편이 생겨 시비를 걸고 다툼을 벌인다.

조막손으로 어머니의 가슴을 꼭 잡은 채 입술로는 젖꼭지를 쪽쪽 빨아 젖을 먹고 있는 갓난아이를 보라. 사는 일 그 자체를 할 뿐 다른 생각이나 다른 행동은 하지 않는다. 그러므로 노자는 갓난아이를 덕의 덩어리로 보았다.

젖가슴에서 떨어지지 않으려고 꼭 잡는 갓난아이의 조막손을 보라. 남녀의 성교가 무엇인지 모르지만 오줌을 쌀 때면 꼿꼿이 서는 갓난아이의 고추를 보라. 그리고 젖을 달라고 아무리 울어도 목이 쉬지 않는 갓난아이의 목줄기를 보라. 이것을 통해 노자는 덕의 힘을 말하고 있는 것이다.

덕의 힘이란 무엇인가? 정지지精之至와 화지지和之至라고 노자는 밝히고 있다.

조화의 힘이 지극한 것[精之至]이란 무엇일까? 생명 그 자체라고 보아도 무방할 것이다. 생명 그 자체를 영혼이라 하기도 하고 혼이라고 부르기도 한다. 천지는 정령精靈의 집이라고 하지 않는가! 그 집의 주인은 누구인가? 노자는 도라고 했다.

조화의 힘이 지극한 것[和之至]이란 무엇일까? 생존 그 자체라고 보아도 될 것이다. 네 목숨을 내 목숨처럼 소중히 여기는 것보다 더한 어울림은 없다. 내 목숨이 소중한 것처럼 독사의 목숨도 소중하다는 생각을 갖는다면 그보다 더한 어울림의 지극함은 없을 것이다. 서로 어울려 살 뿐 싸울 것도 없고 빼앗거나 빼앗길 것도 없으면 천지에 즐겁지 않을 것이란 없다.

서로 어울려 싸우지 말고 살라. 나만 잘살고 너는 못살아야 한다고 하면 할수록 서로 살 수가 없다. 함께 다같이 어울려 살라. 이것이 함덕지후의 가르침이다.

무엇이 행복과 불행의 갈림길인가

불행이란 무엇인가?

그것은 행복할 수 없으면서도 행복을 바라는 것이다.

그것은 어디서 비롯되는가?

행복은 밖에 있다고 여기는 데서 비롯된다.

행복이 있다면 어디에 있는가? 바로 내 안에 있다.

불행이 있다면 어디에 있는가? 행복을 밖에서 찾는 데 있다.

등잔 밑이 어둡다고 한다. 등잔 밑을 밝게 해 보라. 행복이란 멀리 있는 것이 아니라 바로 내 품안에 있다. 그러므로 내 품안을 밝혀라. 그러면 그렇게 바라던 행복이 내 마음을 어떻게 간직하느냐에 달려 있다는 것을 알게 된다. 만족할 줄 아는 이가 부자다[知足者富]라고 노자가 말한 것은 행복과 불행의 갈림길이 어디에 있는지를 살펴보게 한다.

누가 불행한 사람인가?

행복은 권력이 보장해 준다고 여기는 사람은 불행하다.

명성을 얻으면 행복하다고 여기는 사람도 불행하다.

돈으로 행복을 살 수 있다고 믿는 사람 또한 불행하다.

왜냐하면 생존의 행복은 밖에 있는 것이 아니라 안에 있기 때문이다. 그러나 현대인은 그 안이란 것을 잘 모른다.

인간의 안이란 무엇인가? 정신精神이다.

정精이란 무엇인가? 자연의 짓[運化]이다. 밤나무에는 밤을 맺는 힘이 있고 감나무에는 감을 맺는 힘이 있다. 감나무는 밤을 맺는 힘을 바라지도 않고 탐하지도 않는다.

신神이란 무엇인가? 자연의 길[神通]이다. 지렁이는 물기가 많은 진탕을 집으로 삼고 개미는 물기가 없는 모랫속을 집으로 삼는다. 목숨을 부지하게 하는 것은 저마다 다르다. 그러나 숨통은 개미이든 지렁이든 다 막혀 있지 않고 트여 있다. 신은 목숨의 숨구멍이나 같다.

인간의 밖이란 무엇인가? 물질物質이다.

물질은 무엇인가? 이익이 되게 하고 힘을 쓰게 하는 것이다. 그래서 물질을 익사益使라고 불러도 된다. 물질로 하여금 이익을 더 많이 내게 하고 쓰게 될 힘을 더 세게 하려는 것을 소유所有라고 한다. 백원보다 천 원이 이익이 더 많고 쓰이는 힘이 더 강하다. 그래서 물질은 이익을 놓고 다투게 하고 힘을 놓고 싸우게 한다.

정신은 소유되지 않고 물질은 소유된다. 현대인은 소유되지 못하는 것을 멀리하고 소유되는 것을 가까이 하려고 발버둥친다. 이것이 현대인을 불행하게 하는 근원이다. 물질에 대한 탐욕을 한없이 부리면서도 행복을 바라는 것은 비행기를 타고 천국에 갈 수 있다고 여기는 것이나 다를 바가 없다.

정신을 편하게 하는 것을 화기和氣라고 하며 정신을 불편하게 하는 것을 강기强氣라고 한다. 화기는 서로 어울리게 하는 힘이고 강기는 서로 거북살스럽게 하는 힘이다. 왜 사람은 서로 다투고 싸우는가? 저마다 부리는 강기 탓이다.

강기는 소유의 탐욕을 부리게 한다. 그러한 까닭에 사람들은 서로 어울리지 못한다. 이는 저마다의 몫을 소유하려는 욕심 때문이다. 소유의 욕심은 마음을 사려고 한다. 물욕 탓으로 마음을 팔아 버리고 사는 것은 익생益生이요, 심사心使이다.

재물이 많으면 많을수록 잘사는 것이라고 하면 그것이 곧 익생이다. 그리고 무슨 수를 써서라도 돈을 많이 벌고 이익을 많이 남기면 그만이라고 여기는 것이 곧 심사이다. 이러한 심사에서 벗어나면 허심虛心이나 무심無心이다.

마음 싸움으로 날을 보낸다[日以心鬪]고 하는 것은 마음을 부리는 것[心使]의 불길이다. 마음은 본래 다 타 버린 재처럼 될 수가 있다[心固可使如死灰]고 한 것은 허심의 모습이다. 화는 마음을 허심의 모습으로 이끌고 강기는 마음을 심사로 몰아친다.

화기를 아는 것은 변함이 없는 것[常]이다. 달면 삼키고 쓰면 뱉는 변덕을 화기는 부리지 않는 까닭이다. 이익이냐 손해냐를 두고 저울질을 하지 않으므로, 그 마음속은 항상 욕심의 파도가 변덕을 부리지 않으므로 고요하고 밝고 맑은 것[明]이다. 명明이란 마음속의 때를 쓸어 내는 빗자루와 같다고 여기면 될 것이다.

어울림[和]을 하는 것은 도를 아는 것이나 같다. 도는 변함이 없으므로 상이라고 한다. 왜 도를 상[常]이라고 할까? 도는 자연의 정신을 낳는 어머니요, 만물을 하나로 끌어안은 품안인 까닭이다. 열 손가락을 깨물어 아프지 않는 것은 없다고 하지 않는가! 엄지를 소중히 여기고 검지를 미워할 수 없다. 이러한 마음을 알면 곧 상명常明과 같다.

그러나 익생과 심사는 항상 변덕스럽다. 정신에 물욕의 너울이 일렁이며 욕심의 불길이 타올라 짙은 연기를 뿜어낸다. 맑을 수가 없고 어둡기만 하다. 이익이 나면 기쁘다고 날뛰고 손해가 나면 죽일 듯이 험한 눈길을 보낸다. 그리고 별의별 수를 써서 이익을 내고 겉모습을 찬란하게 하려고 인생을 치장하려 한다. 겉치장으로 눈부시게 하는 것을 상祥이라고 한다. 그리고 좀 더 상스럽게 하려고 마음을 태우고 졸이고 애를 쓰는 것을 강强이라고 한다.

풀꽃 반지 하나로 사랑의 정표를 삼고 만족하는 남녀는 화기로 맺은 부부가 되는 것이요, 다이아몬드 크기로 사랑의 정표를 삼아 담보로 잡는 것은 강기로 부부가 되는 것이나 같다. 화기의 부부로 살면 행복할 것이요, 강기의 부부로 살면 언제 이혼할지 모른다. 익생이면 살고 그렇지 못하면 서로 헤어질 것이기 때문이다.

익생이란 무엇인가? 몸을 기준으로 사는 인생이다. 몸보신이란 것이 익생이다. 몸이란 젊다가 늙는 것이다. 정신이 나간 몸이란 물질이다. 한 번 성하면 한 번 쇠하는 것이 몸이요, 물物이다. 본래 다다익선多多益善이란 없다. 그것은 허무맹랑한 인간의 욕심일 뿐이다. 그러므로 노자는 변덕스러운 물욕에 놀아나지 말고 변함없는 도를 생존의 길로 삼아 달라고 다음처럼 말한 것이다.

어울림을 아는 것을 상이라 하고[知和曰常], 변함없음을 아는 것을 명이라 한다[知常曰明]. 그러나 사는 것만을 위하는 것을 상이라 하고[益生曰祥], 마음이 기운을 억지로 부리는 것을 강이라고 한다[心使氣曰强].

'뱀사람'이란 별명을 가진 사람이 있었다. 그는 자신의 별명을 싫어하지 않았다. 몸보신에는 뱀처럼 좋은 것이 없다고 단언하며 살았다.

그는 뱀을 달여서 탕으로 마시는 것이 아니라 살아 있는 뱀을 껍질만

벗겨 회로 쳐서 먹었다. 생으로 먹지 왜 삶아 먹느냐는 것이다. 그래서 그의 몸에서는 자주 기생충이 꿈틀거리며 나왔다. 뱀 속에 있던 기생충 알이 그의 몸속에서 부화한 것이다.

감기나 잔병 따위는 모르고 산다며 큰소리를 쳤던 그가 갑자기 정신을 잃어 입원했다. 기생충 한 마리가 뇌 속의 골을 쑤시고 들어갔다는 진단을 받은 것이다.

벌레는 머리에서 끄집어냈지만 그는 제정신이 아니었다. 넋나간 바보처럼 멍하니 눈만 뜨고 사는 살덩이가 되고 말았다. 그렇게 몇 년을 버티다가 결국 몸이 쇠락해 죽었다.

강기는 철봉에 매달려 있는 손아귀의 힘과 같다. 매달려 있는 것은 떨어져야 한다. 그러나 매달리지 않으면 떨어질 걱정은 없다. 몸보신하는 것처럼 사는 것만 탐하는 것〔益生〕은 강기를 부리게 된다. 깡으로 산다는 사람보다 더 바보는 없다.

밖에서 얻는 힘이 곧 상祥이다. 그러나 자신의 안을 살펴서 자연스럽게 아는 것이 명明이다. 상은 돋보이게 하려고 억지를 부리고 명은 있는 그대로에 만족한다. 있는 그대로에 만족하면 그것이 곧 자연이요, 무위이다.

자연이나 무위를 어떻게 헤아리면 될까? 어울림을 아는 것〔知和者〕이라고 생각해도 될 것이다. 젊음을 기뻐하고 늙음을 슬퍼할 것은 없다. 몸이 젊고 늙는 것이지 갓난아이의 마음〔性〕처럼 살고 있다는 즐거움을 누린다면 억지로 익생하자고 강짜를 부릴 것은 없다. 이 얼마나 만족스러운 마음인가! 만족할 줄 아는 마음은 변덕을 모른다. 변덕을 모르면 변함없는 도의 이웃사촌은 될 수 있는 셈이다.

현대인이여! 잠깐이라도 익생의 손익계산서를 버리고 마음속을 좀 편하게 씻어 낼 수는 없는가! 행복은 바로 거기에 있다. 우리는 이를 모르고 강기를 부리고 인생을 생뱀인 것처럼 회로 쳐서 먹으려고 하기 때문에 불행의 기생충에 감염되어 생존의 현실을 암담한 병동으로 만들고 있는 것이 아닌가! 무엇으로 그 병동을 밝게 비출 수 있을까? 노자는 화기라고 말하고 있다.

原文 의역

품은 덕의 두터움은 갓난아이와 같다.
〔含德之厚 比於赤子〕함덕지후 비어적자

독이 있는 벌레는 갓난아이를 쏘지 않으며, 사나운 짐승도 갓난아이를 할퀴지 않고, 매서운 새도 갓난아이를 채가지 않는다.
〔毒蟲不螫 猛獸不據 攫鳥不搏〕독충불석 맹수불거 확조불박

갓난아이는 뼈대는 약하고 근육은 부드럽지만 힘은 굳세다. 남녀의 성교를 모르지만 갓난아이의 고추가 서는 것은 조화造化의 힘〔氣〕이 지극한 것이며, 온종일 울어도 목이 쉬지 않는 것은 조화의 어울림이 지극한 것이다.
〔骨弱筋柔而握固 未知牝牡之合而峻作 精之至也 終日號而不嗄 和之至也〕골약근유이악고 미지빈모지합이최작 정지지야 종일호이불사 화지지야

어울림을 아는 것을 상이라 하고, 변함없음을 아는 것을 명이라 한다. 그러나 사는 것만을 위하는 것을 상이라 하고, 마음이 기운을 억지로 부리'는 것을 강이라고 한다. 사물은 성하다가 쇠한다. 이것은 변함없는 도가 아니다. 도가 아닌 것은 오래갈 수가 없다.

〔知和曰常 知常曰明 益生曰祥 心使氣曰强 物壯則老 是謂不道 不道早已〕
지화왈상 지상왈명 익생왈상 심사기왈강 물장즉노 시위부도 부도조이

도움말

제55장은 덕을 품는 것[含德]을 깊이 생각하게 하는 장이다. 덕은 곤혹스런 일을 없애며 해가 되는 것을 막아 준다. 덕에는 우군도 없고 적군도 없다. 덕은 화기를 낳는다. 화기란 무엇일까? 이 장에서는 갓난아이를 비유해 화기를 헤아리게 한다.

함덕지후含德之厚의 함含은 품어 간직해 베푸는 것[藏蓄]을 뜻하고 후厚는 덕을 베푸는 데 도탑고 넉넉함을 뜻한다.

적자赤子는 갓난아이를 말하며 그 갓난아이의 심중心中을 생각하게 한다. 갓난아이의 심중에는 칠정오욕七情五欲:物이 없어 텅 비고[空:虛] 깨끗하다[淨:明].

독충불석毒蟲不螫의 독충毒蟲는 독침을 가진 벌 같은 벌레이며, 석螫은 벌레가 독침으로 쏘는 것을 말한다.

확조불박攫鳥不搏의 확조攫鳥는 독수리 같은 새이며, 박搏은 날카로운 발톱으로 낚아채 가는 것을 뜻한다.

악고握固는 손아귀의 힘이 강함을 나타낸다.

빈모지합牝牡之合의 빈牝은 암컷을, 모牡는 수컷을 뜻하며 합合은 남녀의 성교, 암수의 교미 등을 뜻한다.

최작峻作의 최峻는 어린아이의 성기[陰莖]이며 작作은 성기가 꼿꼿하게 서 있는 모습을 말한다.

정지지精之至의 정精은 자연의 짓[運化]이며 그 짓을 정기精氣라고 하고 생명을 이루는 근원을 뜻한다.

종일호이불사終日號而不嘎의 호號는 소리를 내서 우는 것이며 사嘎는 목이 쉬는 것

을 이른다.

화和는 더할 바 없이 순수하고[純純], 더할 바 없이 온전하며[至全], 더할 바 없이 부드럽고[至柔], 더할 바 없이 순하여[至順] 서로 어울릴 뿐임을 뜻한다. 화는 어울림이요, 그 기운[和氣]이다. 화기를 가장 큰 어울림[太和]의 기氣라고 한다. 화기는 천지에 있는 음양陰陽의 정기正氣가 되고 생물에 있는 생명의 원기元氣가 된다고 보는 것이 동양의 조화관造化觀이며 창조론創造論이요, 생성론生成論이다.

상常은 무위無爲하고 무욕無欲하므로 변함이 없고 변덕이 없는 것을 이른다. 도덕의 모습이나 같다.

명明은 마음 그 자체[性]의 모습을 말한다. 칠정오욕에서 벗어나 있으므로 밝고 맑은 마음 그 자체를 뜻한다. 마음이 도덕을 닮은 모습이다.

익생益生은 좋은 옷과 좋은 음식[好衣好食]을 탐하며 부귀영화를 추구하는 삶을 말한다. 도덕을 멀리하는 삶을 뜻한다.

상祥은 밖에서 얻어지는 힘을 말한다. 상기라는 것은 권력, 부귀, 명예 따위에서 오는 위세의 힘을 뜻한다. 상기祥氣는 오래가지 못한다. 권불십년權不十年이라고 하지 않는가!

심사기왈강心使氣曰强의 심사[心使氣]는 마음을 억지로 부리는 것을 뜻한다. 욕망과 탐욕, 질시와 질투 등은 심사기에 속한다. 강기는 무위의 강을 버리고 인위의 강이 되게 하는 것이다. 이러한 강기를 욕欲이라고 여기면 된다. 무위의 강은 나를 이겨내는 힘[自勝者强]이지만 인위의 강은 나를 망하게 하는 힘이다. 강짜를 부리면 망한다고 하지 않는가!

물장즉노物壯則老의 장壯은 젊고 성한 것이며 노老는 늙고 쇠한 것을 말한다.

제56장 알면 알수록 입은 무거워진다

앵무새는 노리개일 뿐이다

얕은 물은 소리를 내고 깊은 물은 조용하다.

빈 수레는 요란하고 여문 이삭은 고개를 숙인다.

말이 씨가 되고 세치 혀가 탈이다.

왜 이런 속담들이 생겼을까? 인간의 세상에는 알아서 탈이고 몰라서 약이 되는 경우가 말을 통해 빚어지는 까닭이다.

완전히 알기 전에는 입을 열지 마라. 그러면 시비는 없어질 것이고 시비가 없어지면 세상은 조용할 것이다. 다툼도 하나의 시비요, 싸움도 하나의 시비며 전쟁도 하나의 시비다.

시비는 경쟁을 낳고 경쟁은 승패로 갈린다. 이긴 자는 기세를 떨치고 진 자는 분을 삼킨다. 가시방석에 앉아 쓴 쓸개를 핥는 것[臥薪嘗膽]보다 더한 살기殺氣는 없다. 승패는 오기도 하고 가기도 하는 법. 오늘 황금의 자리에 앉았다고 환호할 것은 없다. 내일이면 가시방석이 기다리고 있기 때문이다. 그러므로 승패에 판돈을 걸지 마라.

말이란 물이 바람을 만나는 것이나 같다. 말을 좇아 빚어지는 행동은 득실이 있게 마련이다. 칭찬과 험담은 동전의 앞뒤나 같다. 빛 좋

은 헛   말은 남을 속이는 것이고 수근거리는 입질은 자기를 더럽히
는 것이다.

무엇을 좀 안다고 칼날을 보일 것은 없다. 무엇을 좀 모른다고 숫
돌에 무딘 칼을 갈 것도 없다. 앞서서 남보다 돋보이게 할 것도 없고
앉아서도 남보다 의젓하다고 오만을 떨지 마라. 마음속에 소 잡는 칼
이 있다면 이미 마음은 피 냄새를 맡은 도살장이나 같다. 지성의 싸
움은 도살장의 피 냄새를 뿌리게 된다. 서로 옳다고 주장하는 인간들
의 토론장을 보라.

스스로 잘났다고 나서지 마라. 천하에 절색이라는 양귀비가 연못
가에 서면 연못에서 노닐던 잉어들은 무서워 몸을 감춘다. 모난 돌이
정을 맞는다고 하지 않는가! 야심을 감추고 갈 것이 아니라 텅 비우
고 가라. 그러면 그득하게 채우고 돌아온다. 벗을 얻는 까닭이다.

어울리되 한패거리가 되어 떠들지 마라[和而不唱]. 이것은 장자의 말
이다. 군자는 어울리되 패를 짓지 않고[君子和而不同] 소인배는 패를 짓
되 어울릴 줄 모른다[小人同而不和]. 이것은 공자의 말이다. 왜 그러한
가? 이에 대한 해답은 노자가 밝혀 준다.

부드럽고 연약한 것이 굳고 강한 것을 이긴다[柔弱勝强剛]. 그러면
된다 안 된다[可不可], 이거다 저거다[是彼], 좋다 싫다[好惡], 옳다 그르
다[是非], 선하다 악하다[善惡] 등의 분별이나 차별은 없어진다.

권력을 두고 다툴 것인가?

명예를 두고 시샘할 것인가?

부귀를 두고 싸울 것인가?

이렇게 물어보면 볼수록 마음은 타고 조바심이 난다. 그러나 가을
하늘에 날리는 짐승의 털끝이 가장 크고 태산이 가장 작은 줄을 아는

가? 천지는 손가락 끝에 불과하고 만물은 달리는 한 마리의 말과 같다고 털어 버린 장자의 말을 듣는 순간 나를 취하면 더럽고[取我是垢] 나를 버리면 깨끗하다[不取我是淨]는 마조 선사馬祖禪師의 말도 들린다.

어울려라[和之]. 시비를 가려 안다고 하면 얼마를 더 알 것인가! 사람과 사람끼리 명지明智를 놓고 다툴 것은 없다. 차라리 입을 다물고 눈을 감고 귀를 막고 자신의 속을 들여다보라. 캄캄하면 빛을 밝혀 밝게 하고 더러우면 씻어서 깨끗이 하라. 그러면 인간은 성인과 멀리 떨어져 사는 존재가 아니다. 성인은 누구일까? 알면서도 말하지 않는 사람이다. 말하자면 시비를 일삼지 않는 자가 성인의 이웃이 된다. 왜 그러하단 말인가? 다음과 같은 노자의 말을 들어 보라.

아는 자는 말하지 않으며[知者不言], 말하는 자는 모른다[言者不知]. 앎의 구멍을 막고[塞其兌], 그 문을 닫아라[閉其門]. 앎의 예리함을 무디게 하고[挫其銳], 그 분란을 풀어라[解其紛]. 앎의 빛남을 흐리게 하여[和其光], 먼지를 묻혀 같게 하라[同其塵]. 이를 일러 알 수 없지만 신비로운 같음이라고 한다[是謂玄同].

원효 스님이 대일 스님을 찾아갔다.

승방에 앉아 원효 스님이 말을 하고 대일 스님은 듣고만 있었다. 대일 스님은 원효 스님의 말을 듣는 둥 마는 둥 하면서 한나절을 보낸 뒤 냇가로 가서 술이나 한잔하자고 청했다.

냇물에는 물고기가 많았다. 물고기를 잡아 매운탕을 끓여 안주를 삼아 두 스님은 실컷 술을 마셨다.

술과 고기를 마음껏 먹었으니 이제 싸야 할 것이 아니냐고 대일 스님이 원효 스님에게 말을 걸었다. 원효 스님도 그렇다고 대답했다. 물 가운데 있는 바위에 올라가 일을 보자는 대일 스님의 말에 원효 스님도 동의했다.

두 스님은 물 가운데에 있는 바위에 올랐다. 대일 스님은 원효 스님의 항문에서 쏟아지는 변을 보고는 말했다.

"나는 고기를 누고 그대는 똥을 눈다[吾魚汝屎]."

변을 보고 있던 원효 스님이 대일 스님의 뒤를 보았다. 대일 스님의 꽁무니에서는 물고기들이 퍼덕거리며 그대로 물 속으로 줄줄이 떨어지고 있었다.

왜 이런 믿을 수 없는 이야기가 전해져 내려올까? 갖는 것[所有]과 가진 것이 없는 것[無所有]을 밝히려는 것 때문이다.

원효 스님은 고기를 먹고 똥을 쌌으니 고기를 먹은 것이고 대일 스님은 고기를 먹었지만 고기를 그대로 두어 버렸으니 고기를 먹지 않은 것이다. 먹어서 살로 가게 한 것은 소유한 것이 아닌가!

한나절 동안 절간에서 원효 스님은 말을 했고 대일 스님은 들어 주기만 한 것을 오어여시[吾魚汝屎]라고 풀이해도 된다. 불가에선 말을 가지고 재주를 부리는 것[戱論]을 똥을 싸는 짓이나 같다고 보았다.

그래서 가진 것을 없앤다[除大所有]는 것과 항상 똥을 쳐내는 것[常令除糞]은 같다. 대일 스님의 항문에서 쏟아졌다는 물고기는 불언[不言]이요, 원효 스님이 눈 똥은 언자[言者]인 셈이다. 대일 스님은 무소유를 깨우쳐 말이 없었고, 원효 스님은 아직 무소유의 경지에 들어가지 못해 말이 많았던 셈이다.

아는 자는 말하지 않는다[知者不言]고 하는 것은 불가의 선맥에서 말하는 글로 세우지 않는다[不立文字]는 것과 서로 통한다. 문자를 써서

논하지 않는다 함은 말하지 않는다는 것과 같다.

머리에다 머리를 더하면 입에다 입을 더하게 된다. 시비를 따지게 되면 머릿속은 바삐 돌아가야 하고 입은 쉴 틈 없이 놀려 대야 하는 까닭이다. 그래서 "머리에다 머리를 더하지 마라. 부리에다 부리를 더하지도 마라. 산은 산이요, 물은 물이다"라고 해 변론辯論이나 이론을 앞세워 말짓들을 격파해 버린다.

텅 비어 맑고 밝은 마음이라면 무엇을 말해 치장을 할 것인가! 말하지 않아도 맑고 말하지 않아도 밝다. 변명도 구차하고 변론도 딱한 것이 아닌가! 이것은 원효 스님이 똥을 싼 것이나 같다. 대일과 원효의 옛이야기가 노자의 지자불언知者不言과 언자부지言者不知를 이해하게 한다.

지자불언知者不言의 지자知者는 마음[心]이 곧 도인 것을 아는 것이요, 불언不言은 마음과 도가 이미 합해 그 자체가 참다운데 무엇을 더해 말할 것이 있느냐는 경지이다.

도는 무엇이든 하나로 안아 사랑하라고 한다. 마음이 그 도를 닮아 있다면 말을 하지 않아도 된다. 도는 우주 만물을 하나로 안고[抱一] 그 마음은 우주 만물을 하나로 터득한다[得一]. 그러므로 지자는 포일抱一과 득일得一의 만남이나 같은 셈이다.

참[眞]이면 입을 열 필요가 없다. 거짓[僞]이 말을 낳는다. 거짓말은 입을 바쁘게 한다고 하지 않는가!

왜 거짓을 범하는가? 참을 모르는 까닭이다. 포일과 득일의 그 하나[一]를 모르면 말이 많게 된다. 이것이 곧 언자부지言者不知인 셈이다. 아는 길도 물어서 간다는 것을 팽개치고 모르는 길이면서 아는 척하고 가면 헤매게 된다. 헤매다 보면 샛길을 찾게 된다. 여기서 별의별 꾀가 빚어진다. 잔꾀는 빛 좋은 말을 만들어 낸다.

구멍을 막아라〔塞其兌〕. 꾀의 구멍을 막아라. 거짓의 구멍을 막아라. 욕망과 탐욕과 허세 · 허영의 구멍을 막아라. 이러한 구멍을 막는다면 저절로 입은 닫혀질 것이 아닌가!

문을 닫아라〔閉其門〕. 꾀의 문을 닫아라. 거짓의 문을 닫아라. 욕망과 탐욕과 허세 · 허영의 문을 닫아라. 이러한 문을 닫는다면 저절로 입은 닫혀지게 될 것이 아닌가!

예리한 것을 무디게 하라〔挫其銳〕. 날카로운 송곳은 바위를 뚫지 못하지만 부드러운 물은 바위 속을 적신다. 예리하고 냉철한 지성은 명지明智의 어긋남을 범하기 쉽다. 공자의 수신修身이나 노자의 수지修之를 외면하고 바깥 것만 알려고 하는 지성은 무섭다.

앎〔知〕에도 두 갈래가 있다. 내 자신을 아는 것이 명明이요, 내 바깥을 아는 것이 지智라고 노자가 밝혔다. 공자의 수신은 내 자신부터 알고 닦는 것이며 노자의 수지는 내 자신으로 하여금 덕을 따르게 하는 것이다. 이러한 명이 없고 지만 예리하게 돋보이려는 지성은 무섭다.

분란을 풀어라〔解其紛〕. 헝클어진 실타래에서 실을 풀어내기가 어려운 것처럼 백인백색의 이견이 드러나면 합의점을 찾을 수가 없다. 이론의 무장을 단단히 하고 투쟁에 나서는 것을 우리는 이데올로기의 첨병이라고 한다. 이러한 첨병들 탓으로 세상은 전쟁을 치르고 인간의 생명은 헐값으로 죽어 가야 했던 냉전의 시대를 생각해 보라. 흥정은 붙이되 싸움은 말린다는 마음이 곧 덕을 베푸는 심정이 아닌가!

빛나는 것을 흐리게 하라〔和其光〕. 소문난 잔치에 먹을 것 없고 빛 좋은 개살구에는 속살이 없다. 겉치장을 할수록 속은 더럽고 주름살을 감추려고 화장한 얼굴은 추한 법이다. 남보다 잘났다고 나설 것도 없으며 남보다 뛰어나다고 섬광처럼 번득일 필요도 없다. 모난 돌은 정을 맞는 법이며 잘난 척하는 사람은 만 사람의 눈총을 받는다.

먼지를 묻혀 같게 하라[同其塵]. 뭇을 덜어 내고 더하려는 짓에서 욕심이란 티끌이 일어난다. 그러한 티끌을 말끔하게 없애는 것을 무소유無所有라고 한다. 빗자루가 있으면 쓰레받기가 있게 마련이다. 비질만 하면 먼지가 다시 날린다. 쓰레받기로 끌어 모아 버려야 한다. 마음속의 티끌처럼 치렁치렁 붙어 있는 욕심을 쓸어서 쓰레받기에 담아 버려라. 욕심을 부리면 나를 취하는 것[取我]이고 욕심을 떠나면 나를 버리는 것[不取我]이 아닌가! 욕심을 버려라.

왜 노자는 제52장에서 한 말을 다시 제56장에서 되풀이했을까? 현동玄同을 말하려고 그렇게 한 셈이다.

현동이란 무엇일까? 부덕不德을 덕德으로 옮겨 주고, 패거리[同]를 어울림[和]으로 옮겨 놓는 하나의 묶음이 아닐까 싶다. 현동은 포일이며 득일이라고 보아도 된다. 사람의 목숨이나 지렁이의 목숨이 다 같다고 생각한다면 그러한 생각이 곧 현동이다.

어울리자면 패를 짓지 마라[和而不同]. 이렇게 공자가 말했다. 그러나 노자는 패거리[同]마저도 어울림이 돼야 도덕이라고 말하고 있다. 그러한 말씀이 곧 현동이다.

우주 만물이 서로 어울려 하나 같은 운명을 누리자면 어떻게 하면 될까? 이를 위해 노자는 현동을 다음과 같이 풀어 주고 있다.

무엇을 얻었다고 친하게 할 것도 아니고[不可得而親], 무엇을 얻었다고 소홀하게 할 것도 아니다[不可得而疏]. 무엇을 얻었다고 이롭게 할 것도 아니며[不可得而利], 무엇을 얻었다고 해롭게 할 것도 아니다[不可得而害]. 무엇을 얻었다고 귀하게 할 것도 아니며[不可得而貴], 무엇을 얻었다고 천하게 할 것도 아니다[不可得而賤].

친소親疏를 따져 분별하고 차별하지 마라. 보태서 대접할 것도 아니고 덜어서 대접할 것도 아니다. 친하다고 후하게 하고 소홀하다고 박하게 하지 마라. 한결같이 대하라. 그러면 우군과 적군이 따로 없다. 우주 만물이 다 벗인 것이다. 봄볕에 며느리를 내놓고 가을볕에 딸을 내놓는 시어머니의 심술을 부리지 마라. 이것이 불가득이친不可得而親이요, 불가득이소不可得而疏이다. 이렇게 한다면 현동의 이웃은 된다.

이해를 따져 분별하고 차별하지 마라. 달다고 삼킬 것도 아니며 쓰다고 뱉을 것도 아니다. 이익이 났다고 기뻐하지 말 것이며 손해를 보았다고 슬퍼하지 말 것이다. 한 번 이로우면 한 번 해로운 것이 이해의 상관이다. 그러므로 이해를 따지면 항상 틈이 생긴다. 천지를 시장으로 보지 말고 만물을 상품으로 보지 마라. 이것이 불가득이리不可得而利요, 불가득이해不可得而害다. 이렇게 한다면 현동의 이웃은 된다.

귀천을 따져 분별하고 차별하지 마라. 양반은 귀하고 상것은 천하다는 것보다 망할 짓은 없다. 귀하다고 높이 받들고 천하다고 멸시하는 것은 원한의 앙금을 짓는다. 금이 귀하고 흙이 천하다고 하지 마라. 흙이 없다면 만물은 어디에도 있을 곳이 없다. 따지고 보면 귀한 것과 천한 것이 따로 있는 것은 아니다. 개똥 옆에 핀 민들레꽃은 천하고 궁궐의 뜨락에 핀 모란을 귀하다고 할 것은 없다. 이것이 불가득이귀不可得而貴요, 불가득이천不可得而賤이다. 이렇게 한다면 현동의 이웃은 된다.

현동이란 무엇인가? 천지는 도가 마련한 둥지이고 만물은 그 둥지에 있는 새끼나 같다. 한배의 새끼들은 모두 형제가 아닌가! 현동은 어머니의 품안과 같고 어머니의 손길과 같다. 그래서 노자는 도를 어머니[玄牝]라고 비유했고 그 어머니의 품안[谷神]을 덕의 손길이라고 했다.

인간은 왜 시비를 하고 다투다 싸움을 거는가? 친소를 따져 패를 가르고, 이해를 따져 속셈을 하며, 귀천을 따져 허세를 부리는 까닭이다.

현동은 친소의 분별을 떠난다. 그래서 벗과 적이 따로 없다. 만물의 관계는 다 같고 하나이다.

현동은 이해의 분별을 떠난다. 그래서 손익의 계산서를 만들지 않는다. 만물의 값은 다 같고 하나이다.

현동은 귀천의 분별을 떠난다. 그래서 양반도 없고 상것도 없다. 만물의 존재는 다 같고 하나이다.

현동은 포일이며 득일이다. 노자는 도가 하나를 낳는다[道生一]고 밝혔다. 그 하나가 만물에 두루 통하는 기氣인 셈이다. 그 기를 받아 모든 것은 존재한다. 그러므로 만물은 하나의 자궁子宮:道에서 나온 새끼들인 셈이다. 이러한 이치를 안다면 너는 너, 나는 나라고 패를 갈라 시비를 걸고 차별을 하며 다투고 싸울 것은 없다. 노자가 말하는 지자知者는 이러한 이치를 아는 자이다.

포일의 현동을 앎으로 더 말할 것이 없다. 이것을 노자는 지자불언知者不言이라고 단언한 셈이다.

아는 자는 말하지 않으며, 말하는 자는 모른다.

〔知者不言 言者不知〕 지자불언 언자부지

앎의 구멍을 막고 그 문을 닫아라. 앎의 예리함을 무디게 하고 그 분란을 풀어라. 앎의 빛남을 흐리게 하여 먼지를 묻혀 같게 하라. 이를 일러 알 수 없지만 신비로운 같음이라고 한다.

〔塞其兌 閉其門 挫其銳 解其紛 和其光 同其塵 是謂玄同〕 색기태 폐기문 좌기예 해기분 화기광 동기진 시위현동

그러므로 무엇을 얻었다고 친하게 할 것도 아니고, 무엇을 얻었다고 소홀하게 할 것도 아니다. 무엇을 얻었다고 이롭게 할 것도 아니며, 무엇을 얻었다고 해롭게 할 것도 아니다. 무엇을 얻었다고 귀하게 할 것도 아니며, 천하게 할 것도 아니다. 그래서 천하는 귀하게 된다.

〔故不可得而親 不可得而疏 不可得而利 不可得而害 不可得而貴 不可得而賤 故爲天下貴〕 고불가득이친 불가득이소 불가득이리 불가득이해 불가득이귀 불가득이천 고위천하귀

도움말

제56장은 처세를 어떻게 할 것인가를 살피게 하며 현동이 왜 천하를 귀하게 하는지를 헤아리게 한다. 현실의 아픔이 어디에서 비롯되는지를 알려 준다. 그리고 생존의 고통을 극복하는 방법은 도를 아는 것〔知道〕에 있다는 노자의 말을 다시 듣게 된다. 이미 제52장에서 밝혀진 바 있다.

현동玄同의 현玄은 신비롭고 알 수 없는 것을, 동同은 한 무리를 지어 패를 짓는 것을 뜻한다. 벗과 동료의 차이점을 생각하면 된다. 동료는 이해상관으로 맺어지는 관계이며 벗은 사랑으로 맺어진 관계이다. 동료同僚의 동同을 벗[友]으로 옮겨 놓으면 현동의 경지가 될 것이다.

제57장 밥을 짓되 먼저 먹지 마라

일 내지 말고 정치를 하라

하늘을 믿지 궁궐은 믿지 않는다. 조선 시대의 백성들은 왜 이렇게 말했을까? 궁궐의 벼슬아치들은 해 주는 밥만 먹을 줄만 알았지 밥을 지어 먹일 줄은 몰랐던 까닭이다.

정부의 말을 듣다가는 망한다. 대한민국의 국민들은 왜 이렇게 말하는가? 정부의 관료들이 입으로만 국민의 머슴이라고 하면서 실제로는 자기들 편의대로 국민을 부리려고 하기 때문이다.

한 나라의 정치는 한 가정의 부엌살이와 같으면 족하다. 권부를 하나의 식당처럼 여겨도 무방할 것이다. 대통령은 주방장인 셈이고 고급 관료들은 요리사들이며 일반 관리들은 상차림을 하는 종업원이고 국민은 그 식당의 단골 손님으로 생각하면서 정치를 한다면 족할 것이다.

주방장은 단골들의 구미에 맞는 식단을 마련하려고 정성을 쏟고, 요리사들은 제대로 요리를 하려고 열중하며, 종업원들은 친절하게 상을 차려 손님을 접대한다면 그런 식당은 망하는 법도 없고 적자를 볼 일도 없다. 하나의 나라도 이와 같다.

국민이 나라에 내는 세금은 식당에서 내는 밥값이나 같다. 나라의 정치는 국민이 먹을 밥을 잘 짓고 잘 나누어 골고루 먹을 수 있도록 하면 된다. 나라가 국민을 위해 짓는 밥을 정치라고 한다.

보리밥 값만큼의 세금을 거두었으면 보리밥을 지어 주고 쌀밥 값만큼 세금을 거두었으면 쌀밥을 지어 준다면 국민은 투덜대지 않는다. 배고프면 다같이 배고프고 배부르면 다같이 배부르는 것을 국민은 좋아하고 바란다. 진실한 동고동락을 국민은 마다하지 않는다.

밥 지을 예산 중에서 주방의 사람들이 각각 제 몫으로 잘라 챙겨 두고 보리죽이나 쌀죽을 끓여 주면 어느 국민이 벙어리처럼 가만히 있을 것인가! 정부라는 식당을 향해 철따라 시위와 구호가 그치지 않고 있는 것은 주방에서 먼저 먹어 치우는 일들이 빈번한 까닭이 아닌가!

내 배만 부르면 된다며 너는 굶으라고 한다면 어느 백성이 핏대를 세우지 않을 것인가! 국민의 혈압을 올리게 하는 것을 부익부富益富 빈익빈貧益貧이라고 한다. 국민의 고혈압은 어디서 오는가? 그것은 정치가 특권층의 눈치를 보며 요리할 때 발병한다.

국민을 부려 먹고 호령하면서 군림하는 정치政治를 정치征治라고 한다. 정치가 정복자의 손아귀에 들린 것처럼 이루어질 때 치자治者는 지배자인 것처럼 군림한다. 그렇게 되면 권력은 전리품쯤으로 여겨지고 국민이 내는 세금은 노획물처럼 보인다. 본래 전리품이란 전공에 따라 나누어 먹게 되지만 노획물은 임자가 따로 없고 먼저 본 놈이 감추고 숨기면 제 것이 된다. 정치의 부정부패는 이렇게 해서 생긴다. 이러한 지경으로 몰린 정치를 장자는 썩은 양고기 덩어리 같다고 했다.

고깃덩이가 썩으면 온갖 벌레들이 모여들게 마련이다. 썩은 정치에 붙어먹는 벌레들을 탐관오리라고 한다. 고깃덩이가 싱싱하면 벌레들이 먹을 수가 없다. 싱싱한 고깃덩이를 썩게 해야 하는 것이 부패한 관리들이 하는 짓거리가 아닌가! 착취와 강탈, 음모와 흉계, 모략과 음해, 협잡과 협박 등이 썩게 하는 균들이다. 정치의 주방에 이러한 균들이 창궐할 때 백성은 도탄에 빠지고 신음한다.

노자는 군림하려고 수작을 부리고 노략질하는 정치를 하지 말라고 한다. 말하자면 정치征治를 제발 하지 말라고 한다. 어울려 살아야 하는 세상을 서로 등지게 한다면 그러한 정치는 없는 것만 못하다. 노자의 다음과 같은 말을 들으면 이 땅의 치자들은 쥐구멍을 찾을 것이다.

바르게 나라를 다스려라[以正治國]. 계략으로 병사를 써라[以奇用兵]. 그리고 일을 내지 말고 천하를 취하라[以無事取天下].

3·4공 시절에 정치라는 밥상에서 실세들의 군침을 흘리게 했던 요리가 있었다. 이른바 차관借款이란 요리였다.

차관은 국민을 담보로 하고 외국에서 빌려 오는 빚이다. 그렇게 빚낸 돈으로 하룻밤 사이에 재벌이 만들어질 수 있던 시대였다. 빚을 얻어 오는 칼자루를 권부의 실세들이 쥐고 있었다. 그래서 재벌이 될 사람들은 다투어 빌려 온 돈 중에서 얼마를 잘라 내 상납하리라는 눈치를 보냈고 권부의 실세들은 그 냄새를 맡고 칼질을 하였다.

외상이라면 양잿물도 마신다는 속담이 실감 나게 한 사건이 터졌다. 사카린 밀수 사건이 그것이다. 비료 공장을 짓는 데 천 원이 든다고 해서 천 원을 빌렸는데 이놈저놈이 칼질을 해 빌려 온 빚을 잘라 챙겨 먹고 나니까 축낸 돈을 보전하려고 사카린을 밀수해다 국민에게 팔자는 잔꾀를 쓴 것이다.

도둑은 저절로 잡히지 않는다. 장물을 나누다 몫 다툼이 일어나야 잡히는 법이다. 사카린 밀수 사건도 잘 감추어지다가 못 먹을 밥에 재나 뿌리자는 측에서 누설해 지방 신문에 터지기 시작했다. 도둑질 탓으로 겹으로 당하게 된 국민들이 가만히 있을 수 없었다. 전국이 벌집을 쑤신 듯이 웅성거렸고 권부가 흔들렸다. 그러나 훔쳐 먹었던 것을 토해 낸 사람은 한 명도 없었고 공장을 짓겠다던 재벌만 손을 털고 망신을 당했다.

차관을 떡으로 생각한 일도 있었다. 차관을 관장하는 부처의 장이 떡값을 받아 땅투기를 한다는 소문이 파다했다. 결국 그 소문이 청와대 맨 윗분의 귀에까지 들어갔다. 맨 윗분은 장을 불렀다.

불려 간 장은 시치미를 떼지 않았던 모양이다. 떡값을 왜 받아 챙겼느냐고 묻자 장은 떡값이 아니라 떡고물이라고 했다. 떡을 만들다 보면 고물이 손에 묻게 마련이라고 변명을 했다는 것이다. 이에 윗분은 솔직하다는 판결을 내리고 눈감아 주었다는 소문이 장안의 입질에 올랐다. 그래서 다음과 같은 유행어가 바람처럼 불고 다녔다. 도둑질하다가 들키거든 떡고물이 좀 묻었다고만 해라.

정치가 썩는 것은 안 될 일을 내벌리고, 못할 짓을 함부로 하며, 해서는 안 될 일을 마구 해치우는 억지 때문이다. 이러한 억지는 국민이 바라지 않는다. 그래서 국민이 원하는 것만을 택해 다스리는 것을 무사 無事의 정치라고 한다. 무사는 일을 꾸미지 않는다.

치자들이 훔쳐 먹고 똥을 싸면 천지는 뒷간처럼 되고 천하는 구린내로 진동한다. 백성은 코를 막고 살아야 하므로 숨통이 막히게 된다. 이러

한 세상을 난세亂世라고 부른다. 난세를 빚어내는 다스림을 유사의 정
치라고 한다. 유사有事는 일을 꾸며 사달을 낸다.

정正으로 나라를 다스려라. 정이란 무엇인가? 바른 길[正道]이다.
정치에서 그 길은 백성이 원하는 대로 내면 트인다. 정치가 국민을
속이고 샛길을 트는 것을 사도私道라고 한다. 특권층만 그 길을 걸어
가고 백성은 가시밭길을 걷는다.

계략으로 군대를 써라. 계략은 부득이할 때만 필요하다. 막다른 골
목에서는 쥐도 고양이를 공격한다. 이것이 쥐의 계략이다. 군대는 빼
앗기 위해 있는 것이 아니라 지키기 위해 있을 뿐이다. 군대가 빼앗
는 맛을 들이면, 중이 고기맛을 알면 절간에 파리가 남아나지 않는다
는 속담을 방불케 한다. 그래서 군사 정부는 결국 백성의 몰매를 맞
는다.

무사無事로 천하를 취하라. 무사는 일을 하지 말라는 것이 아니다.
그릇된 짓을 하지 말라는 것이다. 민심은 천심이므로 백성이 원하는
것이라면 얼마든지 일을 하라는 것이 노자의 무사이다. 권모술수는
백성을 살피는 치자에게는 쓸모가 없다. 당리당략黨利黨略도 백성을
무서워할 줄 아는 치자에게는 한 푼의 가치도 없다.

정도로 정치를 하라. 계략으로 군대를 써라. 그리고 무사로 천하를
취하라. 왜 노자는 이렇게 절규했을까? 노자는 세상이 다음과 같이
어지러워 그렇게 해야 한다는 것을 알았다고 고백한다.

세상에 못하게 하는 법령이 많으면 많을수록 백성은 더욱 가난해
진다[天下多忌諱而民彌貧]. 백성들에게 편리한 물건들이 많으면 많을수
록 나라는 더욱 혼미해진다[人多利器國家滋昏]. 백성들에게 기술과 재주

가 많아지면 많아질수록 기묘한 물건들이 다투어 나타난다[人多伎巧奇物滋起]. 법령이 많아지면 많아질수록 도적은 더욱 많아진다[法令滋彰盗賊多有].

물질을 풍요롭게 하는 정치보다 정신을 풍요롭게 하는 정치를 노자는 설파하고 있다. 도덕정치는 이제 사라져 가고 경제정치가 세계를 온통 사로잡고 있다. 이러한 세상에서 위와 같은 노자의 목소리는 설득력을 얻을 수가 없다. 왜냐하면 인간은 이미 물욕의 노예가 다 되어 버렸고 탐욕의 덫에 걸려들어 빠져 나오기가 어려운 까닭이다.

그러나 물질의 풍요를 구가하는 세상에서도 못 먹고 헐벗은 군상이 여전히 사라지지 않는다는 사실을 잊어서는 안 된다. 배부른 자와 배고픈 자가 따로 있는 세상보다는 다같이 배고픈 세상이 낫다. 물질의 풍요가 빈익빈 부익부로 치닫는 현실이 지속되는 한 노자의 절규를 낡았다고 흘릴 것이 아니라 새삼스럽게 따져 봐야 할 것이다.

세상에 기휘忌諱가 많으면 백성은 가난해진다.

이 말은 틀림이 없는 말이다. 기휘란 무엇인가? 백성이 원하는 바를 못하게 하고 원치 않는 바를 억지로 하라는 짓이다. 자유의 탄압이 곧 기휘이다. 자유로운 세상일수록 백성이 잘살고 부자유의 세상일수록 백성이 굶주린다는 것은 이념의 냉전이 빚어낸 뒤끝이 잘 말해 주고 있지 않은가!

백성에게 편리한 물건들이 많아지면 나라가 혼미해진다.

이 말도 틀림없는 말이다. 남의 밥에 있는 콩이 더 커 보이는 심사가 백성의 의식 속에 자리 잡으면 나라는 바람이 팽팽하게 든 풍선처럼 된다. 상대빈곤相對貧困이 백성을 설치게 하고 날마다 새로운 모델이 쏟아져 나와 멀쩡한 물건이 쓰레기통으로 들어가고 백성들은 돈

돈 하면서 물욕에 정신이 나가 허세와 허영에 빠져 있다. 그리고 졸부들이 돈 자랑을 하면서 세상을 서글프게 하고 나라는 거품경제로 곪는다. 이것이 바로 국혼國昏의 징후들이고 나라의 망조인 셈이다.

인간에게 기교가 많으면 기물이 나타난다.

이 말 또한 옳다. 기교伎巧란 무엇인가? 기술과 재주이다. 기물奇物은 무엇인가? 병 주고 약 주는 사물이다. 기교의 절정이 첨단 과학이요, 첨단 기술이다. 첨단 기술이 만들어 내는 물건들을 보라. 몸을 편하게 해 줄 수는 있지만 마음을 편하게 해 주는 물건은 하나도 없다. 문명의 이기利器는 흉기로 둔갑하기도 한다. 그렇게 빚어진 후유증을 공해公害라고 한다. 공해야말로 부자연不自然이요, 반자연反自然이며, 비자연非自然이다. 지금 공해보다 더 기괴한 사물은 없다. 공해란 기물은 왜 생겼는가? 인간의 기교가 빚어낸 것이다. 그래서 인간은 환경 되찾기의 짐을 지고 있다.

법령이 많을수록 도적이 끓는다.

이 말 역시 옳다. 썩은 세상일수록 법률이 잘 정비돼 있다. 그래서 법은 거미줄 같아 벌레만 걸리고 새는 차고 나간다는 것이다. 법이 강자에게 약하고 약자에게 강하면 세상은 썩는다. 좀도둑은 남의 집 돈을 훔치지만 큰도둑은 나라를 훔친다. 좀도둑은 잡히면 감옥에 가지만 큰도둑은 잡혀도 옥살이를 하지 않는다. 큰도둑은 감방의 열쇠를 만들 수 있기 때문이다. 법을 앞세운 도둑들이 부정부패의 큰도둑들이다. 법에는 빠져나갈 구멍이 있다고 큰도둑들은 자신하고 법을 먹어 치운다. 법망을 교묘하게 피해 노략질을 잘하면 유능하고 못하면 바보란 풍조가 세상을 뒤덮는다. 뇌물, 횡령, 착복, 뒷돈, 수수료, 급행료 등이 법을 비웃는 도적들의 장물이다. 그래서 백성들도 법을 피하는 도심盜心을 갖게 되어 세상은 도적의 소굴처럼 되어 버린다.

위와 같은 짓들이 일어나 백성을 아프게 하고 천하를 병들게 한다. 그래서 노자는 정치의 무사를 주장한다.

노자의 무사는 무엇인가?

백성의 몸을 묶고 입을 막는 짓[忌諱]을 일삼아 백성을 궁하게 하지 마라. 이것이 노자의 무사이다.

물질의 풍요를 앞세운 미끼[利器]로 나라가 허욕의 거품질에 놀아나 난장이 되게 하지 마라. 이것이 노자의 무사이다.

법령을 그럴듯하게 꾸며 놓고 그것을 등쳐서 도둑질하는 세태를 이루지 마라. 이것이 노자의 무사이다.

무사는 어떻게 이루어지는가? 무위로 이루어진다. 부덕한 짓을 결코 하지 않는 것이 무위이다. 일단 사욕私欲을 멀리하려고 하면 무위에 가깝게 된다. 그러므로 물질문명을 누리고 있는 현대인일지라도 다음과 같은 옛 성인의 말을 경청해야 한다.

내가 무위하면 백성은 저절로 잘되고[我無爲而民自化], 내가 허심虛心: 靜을 좋아하면 백성들은 저절로 정직해지고[我好靜而民自正], 내가 일을 벌이지 않으면 백성은 저절로 부유해지며[我無事而民自富], 내가 무욕하면 백성은 저절로 순박해진다[我無欲而民自樸].

옛 성인은 정치를 향해 왜 이렇게 말했을까?

정치를 하는 자들이 무위를 버리고 술수를 부려 죄 없는 백성만 궁하게 되는 까닭이고, 백성들이 물질의 풍요에 놀아나 나라의 혼이 허물어지는 까닭이며, 백성들이 기술과 재주만 믿고 과시하느라고 공해가 세상을 썩게 하는 까닭이고, 법을 악용하는 무리들이 도적질을 하는 세상을 만들어 내는 까닭이다.

세상이 아무리 바뀌어도 통치자는 옛 성인의 말을 경청해야 한다. 임금이든 대통령이든 수상이든 가릴 것 없이 통치자라면 이와 같은 성인의 말을 살펴 몸소 실천하려고 해야 한다. 그러나 성인의 말을 경청하려는 통치자가 없다. 그래서 인간의 역사는 항상 피눈물로 얼룩진다.

原文 의역

바르게 나라를 다스려라. 계략으로 병사를 써라. 그리고 일을 내지 말고 천하를 취하라.
〔以正治國 以奇用兵 以無事取天下〕 이정치국 이기용병 이무사취천하

나는 어떻게 해서 위와 같은 것을 알게 되었는가? 다음과 같은 사실 때문이다. 세상에 못하게 하는 법령이 많으면 많을수록 백성은 더욱 가난해진다. 백성들에게 편리한 물건들이 많으면 많을수록 나라는 더욱 혼미해진다. 백성들에게 기술과 재주가 많아지면 많아질수록 기묘한 물건들이 다투어 나타난다. 법령이 많아지면 많아질수록 도적은 더욱 많아진다.
〔吾何以知其然哉 以此 天下多忌諱而民彌貧 人多利器國家滋昏 人多伎巧 奇物滋起 法令滋彰盜賊多有〕 오하이지기연재 이차 천하다기휘이민미빈 인다리기국가 자혼 인다기교물자기 법령자창도적다유

그러므로 성인은 다음처럼 말했다. 내가 무위하면 백성은 저절로 잘

되고, 내가 허심虛心:靜을 좋아하면 백성들은 저절로 정직해지고, 내가 일을 벌이지 않으면 백성은 저절로 부유해지며, 내가 무욕하면 백성은 저절로 순박해진다.

〔故聖人云 我無爲而民自化 我好靜而民自正 我無事而民自富 我無欲而民自樸〕 고성인운 아무위이민자화 아호정이민자정 아무사이민자부 아무욕이민자박

도움말

제57장은 통치자에게 법치法治가 아니라 덕치德治를 해야 함을 가르치고 있다. 정치 현실이 법으로 운영된다 해도 치자의 정신의 기본은 도덕이어야 한다. 이 장은 정치철학의 근본을 말하고 있다.

이정치국以正治國의 정正은 정도正道를 뜻한다. 정도는 백성을 사랑하는 것[愛民]이며 덕의 실천을 가까이 하는 것[親賢]이다.

이기용병以奇用兵의 기奇는 계략을 말한다. 계략은 만부득 이해할 수밖에 없는 짓이다.

기휘忌諱의 기忌는 행동의 자유를 막는 짓이고 휘諱는 언론의 자유를 막는 짓이다. 백성은 이러한 금지령을 꺼리고 싫어한다.

이기利器는 편리하게 하는 물건들을 이른다.

기교伎巧의 기伎는 인간의 기술技術을, 교巧는 인간의 재능과 재주를 뜻한다.

자창滋彰의 창彰은 번창하는 것을 말한다.

자화自化는 스스로 자연스럽게 변화하는 것이다.

아호정我好靜의 정靜은 도덕을 잊지 않고 살피는 마음, 즉 허심虛心의 경지를 뜻한다. 도에 돌아가는 것을 정이라고 한다[歸根曰靜].

자박自樸은 사치 따위를 멀리하고[去奢] 수수하고 순박해지는 것을 말한다. 박樸은 잘난 척하지 않고 눈에 드러나지 않게 겸허한 것이다[無名之樸].

제58장 명암明暗은 따로 있지 않다

인간이여! 착각하지 마라

선은 항상 선이고 악은 항상 악인가?

누구나 살인자는 사형대로 보내야 한다고 생각한다. 살인은 악한 것이라고 단정하는 까닭이다. 그러나 그 사형수가 교수대에서 마지막으로 사죄의 눈물을 흘릴 때면 누구나 안타까워한다. 악을 지은 몸에서 흘러내리는 마지막 눈물은 선한 것이라고 여기는 까닭이다. 그래서 사람은 미워하지 말고 죄를 멀리하라고 했다.

죄란 무엇인가? 잘못을 범하면 비롯되는 것이다.

왜 잘못을 범하는가? 치우쳐 단정하는 까닭이다.

악이라도 뉘우치면 선이 되는 것이고 선이라도 자랑하면 악의 씨앗이 되는 것이 사물의 인과因果이다. 불가에서는 이러한 인과를 짓지 말며 적멸寂滅하라고 한다. 도가에서는 치우침[極]에서 벗어나기 위해 무사無事하라고 한다.

사람은 고생을 사서 하고 일을 만들어 탈을 낸다. 왜 그렇게 된단 말인가? 행복만 바라고 불행을 원치 않는 탓이다. 그러나 행복만을 추구하고 비는 것이 곧 불행이란 것을 인간은 모른다. 정치는 이러한 인간의 약점을 구실 삼아 그럴듯한 청사진을 내걸고 소 몰이꾼처럼 세상 몰이를 하려고 한다. 폭정과 학정 그리고 독재는 그렇게 해서 생겨난다. 노자가 앞 장에서 일을 내지 말고 정치를 하라고 한 것은 바로 이러한 연유에서다.

일을 번잡하게 벌이는 정치는 무섭다. 자유당 시절의 썩은 정치도 무섭고 유신체제의 공안정치도 무섭다. 무서운 정치 밑에서는 백성이 고개를 숙였다가 쳐들면 사나워지고 만다. 억지로 숙여진 고개는 쳐들게 마련이다. 백성이 분노하여 고개를 쳐들면 난리가 일어난다. 그래서 4.19혁명이 일어났고 부마항쟁釜馬抗爭과 광주항쟁이 터졌다.

4공 시대의 정보부와 5공 시대의 보안사를 생각해 보라. 해서는 안 될 일을 자행하고 못할 짓을 범해 세상을 떨게 했고 멍들게 했다. 그래서 정치를 대범하게 하라고 노자는 다음처럼 말하고 있다.

나라를 다스리는 일이 대범해 걸림이 없다면 백성은 순순해지고〔其政悶悶其民淳淳〕, 나라를 다스리는 일이 번잡하고 옹색하면 백성은 절망한다〔其政察察其民缺缺〕.

이승만 대통령이 왜 하와이로 쫓겨났는가?

"권좌를 죽을 때까지 차지하려다가 당한 봉변이었지. 나 아니면 안 된다는 고집이 노욕을 부리게 했고 그 노욕 탓으로 간신배들이 망신 들게 한 것이나 마찬가지지." 이렇게 백성들이 입질을 했다.

윤보선 대통령이 왜 가회동으로 밀려났는가?

"권좌에 연연했기 때문이지. 행랑채를 털고 나면 안채를 터는 것이 도둑질의 버릇 아닌가! 그런 줄도 모르고 미적거리다 쫓겨나면서 내가 정신적 대통령이라고 호통쳤지만 이빨 빠진 호랑이가 개한테 물린 꼴이 되었지." 이렇게 백성들은 비꼬았다.

박정희 대통령이 왜 궁정동에서 살해되었나?

"총으로 빼앗으면 총으로 뺏기는 법이지. 보릿고개를 없앴다고 세상을 호주머니 속의 손수건처럼 여겼다가 큰코 다쳤지. 벗들이 모여 술을 마시면 흥이 돋지만 패거리가 모여 술자리를 벌이면 물고 물리는 법. 손톱 밑이 아프면 당장 알아도 심장이 곪으면 죽기 전에는 몰라. 그래서 측근이 총질을 한다는 것을 몰랐던 거야." 이렇게 백성들이 수군거렸다.

전두환 대통령은 왜 백담사로 유배를 갔나?

"권불십년을 몰랐던 거지. 지금 세상에 섭정이 되나. 본래 마음이 지주를 등치는 거야. 도당을 지어 두목 노릇을 하다 2인자에게 물려주면서 은덕을 베풀었기 때문에 의리를 지킬 것이라고 믿었던 것이 실수였어. 권모술수에 의리라는 것은 처음부터 부도수표나 같아. 그래서 손좀 봐 줄 놈이 몇 놈 있다고 허세를 부려도 소용없지." 이렇게 백성들이 험담을 늘어놓았다.

대통령마다 그 끝이 험했고 망신스러웠다. 정치를 옹색하게 했고 백성이 원하지 않는 일들을 저질렀던 탓으로 역대 대통령들이 백성의 눈총을 받았고 손가락질을 당했다. 노자의 말대로 정치를 대범하게 했더라면 왜 백성이 등을 돌렸겠는가!

꿀물을 마시게 하겠다는 정치는 백성을 속이는 꼴이 된다. 그러나 맹물을 마시게 하겠다는 정치는 백성을 속이지 않는다. 꿀물을 냉수마시듯이 마시면 목이 쉬어 역겨워진다. 그러나 냉수는 매일 마셔도 물리지가 않는다. 냉수는 민민悶悶하기 때문이다. 대범한 것은 냉수나 같다. 새콤달콤한 맛을 더해 혹하게 하여 미끼를 던지는 정치는 찰찰察察하게 마련이다.

민민한 정치는 백성을 믿고 언덕으로 삼아 세상을 다스리지만, 찰찰한 정치는 백성이 두렵고 무서워 공권력을 정치의 하수인으로 만들어 버린다. 박 대통령의 정보부나 전 대통령의 보안사가 그러한 예이다. 꿀물을 받아 마시는 쪽은 특권층이 되고 하마나 하고 꿀물을 기다리던 백성은 결국 목이 타 냉수를 찾게 된다. 이를 지금은 민주화民主化라고 한다.

정치여! 꿀물을 주겠다고 미끼를 걸지 마라. 물 그대로인 냉수를 마시게 하면 그만이다.

정치여! 백성을 속이지 마라. 속임수를 씀으로써 백성은 정치를 불신한다. 왜 노자의 무사를 저버리고 유사有事:權謀術數만을 일삼아 정상배의 배만 채워 주는가! 그런데도 백성들은 알면서 속는다고 자조한다. 왜 이러한 착각에 걸려들고 마는가? 노자가 밝혀 주는 다음과 같은 사실을 모른 탓이다.

불행이여[禍兮]! 그것은 행복을 뒤따라오는 것이다[福之所倚]. 행복이여[福兮]! 그것은 불행의 복병이다[禍之所伏]. 어느 누가 치우치면 그렇게 된다는 것을 알까[孰知其極]? 그러한 치우침에는 공명정대함이란 없다네[其無正耶]. 치우침으로 올바르다는 것이 이상한 것으로 되고[正復爲奇], 선하다는 것이 요망스런 것으로 된다[善復爲妖]. 그러나 인간은 이를 착각한다[人之迷也]. 인간이 이렇게 착각한 지는 이미 오래다[其日固久矣].

다하면 변하고[窮則變] 변하면 통한다[變則通]. 이것이 사물의 질서요, 순리라는 것을 동양 정신은 밝혀 주고 있다. 이러한 이치를 모르고 잘못을 범하는 것을 치우침[極]이라고 하는 셈이다. 선악의 시비是非, 길흉吉凶의 분별 등은 바로 이러한 치우침의 탈이라고 도가는 밝혀 준다. 무위와 자연에는 선악도 없고 길흉도 없다. 항상 있으면 있는 그대로일 뿐이며 없으면 없는 그대로일 뿐이다. 인간이 제멋대로 저울질해 웃고 울고 한다는 것을 도가는 안타까워한다.

인간은 출발은 좋았는데 결과가 나빴다고 투덜댄다. 세상 일 뜻대로 되는 것이 없다고 원망하기도 한다. 천지 사물은 나를 위해 있는 것이 아님을 모르는 탓에 인간은 늘 착각한다. 웃고 우는 인간이 요망스럽지 않은가!

정치여! 이러한 인간의 착각을 부추기거나 이용하지 마라. 그렇게 다스림을 펼치자면 먼저 치자들이 성인의 말을 새겨듣고 실천할 줄 알아야 한다는 것이 노자의 정치관政治觀이다.

성인은 누구인가? 그는 치우침의 착각을 하지 않는 자이다. 성인은 어떻게 하길래 착각하지 않을까? 노자의 다음 말을 들어 보면 알 수 있다.

성인은 분명하고 숨김이 없으면서도 결판을 내지 않으며[聖人方而不割], 청렴하면서도 인색하지 않고[廉而不劌], 솔직하면서도 수작을 부리지 않으며[直而不肆], 빛나되 눈부시게 하지 않는다[光而不耀].

치자는 성인을 본받아야 한다. 치자는 자기를 위해 있는 것이 아니라 남을 위해 있는 까닭이다. 물론 정치를 하는 사람만 치자인 것은 아니다. 사람은 저마다 나름대로 세상을 다스리며 산다. 그러므로 누구나 성인의 말을 잘 새겨들어야 한다.

그러나 이제는 성인을 무슨 전설 속의 인물처럼 생각하려고 한다. 현대인은 이미 물질화되어 손에 잡히는 것이 없으면 아무것도 믿지 않는다. 구체적이고 사실로 증명할 수 있는 물증이 없으면 믿지 않는다. 정신도 돈으로 환산하고 사랑도 돈으로 측정하고 믿음이나 충성도 돈에 따라 좌우되는 세상에서 성인은 가을 빈 들판에 선 허수아비처럼 취급된다.

남에게 성인을 본받으라고 요구하지 마라. 먼저 자기 자신이 성인의 말씀을 경청하고 조금이라도 실천해 보려고 마음을 써 봐라. 그러면 세상은 한결 부드러워질 것이요, 조용해질 것이 아닌가!

첨단 과학의 문명 시대이지만 우리는 왜 성인을 본받아야 하는가? 사람이 사는 환경만 편리해질 뿐 목숨을 부지하는 근본은 변할 수 없기 때문이다. 과학의 시대라고 해서 반도체 칩을 먹고 사는 것은 아니다. 여전히 밥을 먹고 산다. 컴퓨터를 물로 마실 수는 없다. 여전히 물을 먹고 산다. 공중에 사는 것도 아니다. 여전히 땅 위에서 산다. 이처럼 생존의 내용은 변할 수가 없다. 성인은 생존의 모범을 보여 주는 선생이다.

방정方正한 사람을 좋아하는가 아니면 심술꾼을 좋아하는가?

누구나 방정한 사람을 좋아하고 심술꾼을 싫어한다.

방정할 뿐 심술맞지 않은 이가 성인이다. 이것이 곧 방이불할方而不割이다. 남을 먼저 생각하고 제 욕심을 부리지 않으면 마음은 저절로 방정하게 된다. 그러나 남이 방정하기를 바라며 자기도 방정한가? 자문자답해 볼 일이다. 그렇다고 생각되면 성인의 이웃은 된다.

청렴한 사람을 좋아하는가 아니면 인색한 사람을 좋아하는가?

누구나 청렴한 사람을 좋아하고 인색한 사람을 싫어한다.

맑고 깨끗하면서도 넉넉할 뿐 옹색하고 인색하지 않은 이가 성인이다. 이것이 염이불귀廉而不劌이다. 내가 욕심을 부리지 않으면 내 마음은 저절로 청렴해진다. 인색하고 옹색한 이는 탐욕의 하수인이다.

그러나 남이 청렴하기를 바라며 자기도 청렴한가? 자문자답해 볼 일이다. 그렇다고 생각되면 성인의 이웃은 된다.

정직한 사람을 좋아하는가 아니면 방자한 사람을 좋아하는가?

누구나 정직한 사람을 좋아하고 방자한 사람을 싫어한다.

일할 때 사심 없이 처리해 이롭게 하고 해가 되거나 탈이 나지 않게 하는 것이 직이불사直而不肆이다. 편애나 자만하지 않고 방자하지 않게 일에 임하면 마음은 저절로 정직해진다. 편애하며 자만하면 방자해진다.

그러나 남이 정직하기를 바라면서 자기도 정직한가? 자문자답해 볼 일이다. 그렇다고 여겨지면 자신이 바로 성인의 이웃은 된다.

속이 훤한 사람을 좋아하는가 아니면 잘난 척하는 사람을 좋아하는가?

누구나 속이 훤한 사람을 좋아하고 잘난 척하는 사람을 싫어한다.

마음과 행동이 밝되 돋보이게 하려고 눈부시게 하지 않는 것이 광이불요光而不耀이다. 속이고 숨길 것이 없다면 꾸밀 것도 없다.

그러나 남이 속이 훤하기를 바라며 자기도 솔직한가? 스스로 자문자답해 볼 일이다. 그렇다고 확인된다면 자신이 바로 성인의 이웃은 된다.

위와 같은 성인의 마음가짐과 몸가짐을 살펴보면 아무도 성인을 싫어하지 않음을 알 수가 있다. 그러나 좋아하면서도 꺼리고 멀리하는 것은 무슨 까닭인가? 사람은 저마다 남에게 성인처럼 되라고 요구하면서도 자기 자신이 그렇게 되면 손해를 본다는 실속의 속셈을 앞세우기 때문이다.

이것이 현대인의 물질화를 재촉하는 심리이며 세상을 살벌하게 하는 편집광偏執狂의 후유증이 아닌가! 이것이 현대인의 착각이다. 이러한 착각 탓으로 되로 주고 말로 받는 일이 잦아진다. 현대인은 이를 모른 채 하나만 알고 둘은 몰라 발버둥치려고 한다.

행복[福]은 즐거움[樂]이 아닌가! 그래서 행복을 복락福樂이라고 한다. 복락을 욕심내지 마라. 즐거움은 빈 것에서 나온다[樂出虛]. 이렇게 장자가 못박아 두었다. 이는 틀림없는 말이다.

행복을 탐하면 복락이 아니라 화복禍福이며 길흉이다. 복락에는 호사다마好事多魔도 없고 전화위복도 없다.

그러므로 정치여! 행복을 보장하겠다고 미끼를 내걸지 마라. 그리고 백성이여! 행복을 밖에서만 찾아 헤매지 마라. 이렇게 노자는 설파하고 있는 셈이다.

왜 불행하냐고 투덜대지 마라. 먼저 스스로 만족하며 스스로 행복하다고 생각하라. 그러면 마음이 후련해지고 시원해질 것이다. 이것이 텅 빈 마음[虛心]의 초입이다. 그 길에만 들어서면 행복과 불행이 서로 상대하거나 선악이 서로 대립하거나 시비가 맞서지 않는다. 이렇게 노자는 타이르고 있는 셈이다.

무위無爲하라. 거기에는 화복의 희비도 없고 길흉의 명암도 없다. 노자는 이러한 경지의 모습을 무사無事라고 밝히고 있는 것이 아닌가 싶다. 무사한 정치는 대범大凡:悶悶한 치세治世이며 술수術數:有事의 정치는 번잡煩雜:察察한 난세이다.

이미 이를 춘추 전국 시대에 노자가 밝혀 두었다. 언제나 정치 현실과 백성들이 노자의 외침을 알아들을 수 있을까? 참으로 인간은 착각만 하고 노자의 말을 귀담아듣지 않으려고 한다.

나라를 다스리는 일이 대범해 걸림이 없다면 백성은 순순해지고, 나라를 다스리는 일이 번잡하고 옹색하면 백성은 절망한다.

〔其政悶悶 其民淳淳 其政察察 其民缺缺〕기정민민 기민순순 기정찰찰 기민결결

불행이여! 그것은 행복을 뒤따라오는 것이다. 행복이여! 그것은 불행의 복병이다. 어느 누가 치우치면 그렇게 된다는 것을 알까? 그러한 치우침에는 공명정대함이란 없다네. 치우침으로 올바르다는 것이 이상한 것으로 되고, 선하다는 것이 요망스러운 것으로 된다. 그러나 인간은 이를 착각한다. 인간이 이렇게 착각한 지는 이미 오래다.

〔禍兮福之所倚 福兮禍之所伏 孰知其極 其無正耶 正復爲奇 善復爲妖 人之迷也 其日固久矣〕화혜복지소의 복혜화지소복 숙지기극 기무정야 정복위기 선복위요 인지미야 기일고구의

이로써 분명하고 숨김이 없으면서도 결판을 내지 않으며, 청렴하면서도 인색하지 않고, 솔직하면서도 수작을 부리지 않으며, 빛나되 눈부시게 하지 않는다.

〔是以 聖人方而不割 廉而不劌 直而不肆 光而不耀〕시이 성인방이불할 염이불귀 직이불사 광이불요

도움말

제58장은 백성을 돕는 정치와 백성을 절망하게 하는 정치를 살펴보게 하는 장이

다. 그리고 행복과 불행이 별개로 있는 것이 아니라 동전의 앞뒤와 같은 연유를 설명한다. 인간의 치우침[極]이 행복은 불행으로, 흥興은 고통으로 이어짐을 살피게 한다.

민민悶悶은 대범함을 뜻한다.

찰찰察察은 옹색하고 번잡함을 이른다. 허세, 허영, 조바심 따위는 모두 번잡한 것이다.

소의所倚는 뒤따라 일어난다는 뜻이다.

소복所伏은 숨어 있다 나타나는 것이며 복병 같은 것이다.

기무정야其無正耶는 인간의 치우침에서는 정正이 있을 수 없다는 뜻이다.

방方은 어느 편에 치우침 없이 반듯한 것을 이른다.

할劃은 제 몫을 찾으려고 인색하게 구는 것을 말한다.

정복위기正復爲奇는 인간의 치우침이 빚어내는 바른 것[正]이 이상한 것[奇]으로 바꾼다는 뜻이다.

선복위요善復爲妖는 인간의 치우침이 빚어내는 선이 해괴한 것[妖]으로 둔갑한다는 뜻이다.

직直은 솔직함이고, 사肆는 방자함이다.

광光은 밝은 빛이고 요燿는 눈부시게 빛나 현란하게 함을 뜻한다.

제59장 치자는 농부 같아야 한다

치자여! 제발 도덕정치를 하라

정치가 백성을 무서워할 줄 알면 반석에 선 성채나 같다. 그러나 백성을 얕보는 정치는 모래 위의 성이나 같다. 집터가 탄탄하고 단단해야 집이 무너지지 않는다.

궁궐은 백성을 울타리로 삼아야지 신하들로 성곽을 쌓아서는 구중궁궐의 임금도 쫓겨나고야 만다. 청와대 역시 백성을 파수꾼으로 삼아야지 차지철 같은 경호실장이 있다고 해서 안전한 것은 아니다. 정치는 백성을 언덕으로 삼지 않으면 입술을 잃어버린 이[齒]처럼 되어버린다. 엄동설한의 찬바람에도 이가 시리지 않는 것은 입술이 감싸주는 덕 때문이 아닌가! 정치는 이러한 지혜를 잊어서는 안 된다.

이 대통령은 백성을 얕보다 4.19혁명을 맞았고 박 대통령은 백성을 무시하고 측근만 다독거리면 될 줄 알았다가 궁정동에서 험한 꼴을 당했다. 군주가 방자하면 흉년이 든다고 했다. 흉년이 들면 하늘이 노한 탓이다. 하늘이 백성에게 노한 것이 아니라 폭정을 일삼는 폭군에게 노한 것이다.

왜 정치는 백성을 무서워하며 섬겨야 하는가? 백성이 나라를 짓는 농부와 같기 때문이다. 그러한 농부를 소작인으로 전락시키고 치자가 지주 행세를 하면 폭군이 생기고 독재가 기승을 부리게 된다.

치자가 백성을 얕보면 독재정치가 되고 백성을 무서워할 줄 알면 민주정치가 된다. 백성은 독재정치를 잡초라고 여기고 민주정치를 곡식이라고 여긴다. 치자가 농부 같다면 무엇이 잡초이고 무엇이 곡식인지 알 수 있을 것이다. 농부가 곡식을 대하는 심정과 같은 것을 치자가 헤아린다면 어느 누가 정치를 미워하고 불신할 것인가! 노자의 다음과 같은 말을 들어 보라. 그러면 정치가 더럽게 썩어 가는 고깃덩이는 되지 않을 것이다.

사람을 다스리고 하늘을 섬기는 것은 농부의 농사와 같다〔治人事天莫若嗇〕. 무릇 심고 길러 내 거두는 것은〔夫唯嗇〕 서슴지 않고 근원으로 돌아가는 것이라고 한다〔是謂早復〕. 서슴지 않고 근원으로 돌아가는 것을 거듭거듭 덕을 쌓는 것이라고 한다〔早復謂之重積德〕.

인삼밭을 전문으로 하는 자가 김 노인을 찾아와 동산 너머 산자락에 있는 닷 마지기 밭을 세 놓으라고 권했다. 그는 김 노인에게 세 배의 도지를 해마다 주겠노라고 호언했다.

김 노인이 별 반응을 보이지 않자 그는 노인장의 아들과는 이미 합의를 했으며, 노인장의 승낙 없이는 안 된다고 하기에 찾아왔다고 했다.

김 노인이 무겁게 입을 열었다.

"무엇을 하려고 그렇게 비싼 도지를 내고 밭을 빌려 쓰겠다는 것이요?"

"노인장의 밭을 빌려 인삼 농사를 했으면 합니다."

"안 되오. 우리집 밭은 그것뿐이오."

"도지를 후하게 받으면 이문이 남을 텐데요."

이 말을 들은 김 노인은 화가 나서 퉁명스럽게 말했다.

"절대로 안 되오. 곡식을 사서 먹는 농사꾼이 어디 있소?"

삼밭꾼은 그냥 돌아갈 수밖에 없었다.

그날 밤 김 노인은 아들을 방으로 불러들였다. 그리고 다음처럼 조용히 타일렀다.

"인삼밭으로 내놓으면 밭을 망치고 말아. 인삼 재배는 농사가 아니야. 장삿속이지. 밭에다 인삼을 한 번 심게 되면 6년 동안 그 밭에는 아무런 곡식을 심을 수 없어. 인삼 뿌리가 땅의 진기를 모조리 빨아먹어 밭을 망치고 말아. 땅을 밭으로 일구자면 얼마나 힘이 드는 줄 모르느냐? 대대로 그냥 지어먹은 밭이 아니지 않느냐. 밭에서 얻은 것만큼 거름을 넣고 북을 주고 가꾸어 밭으로 일군 거야. 농사꾼은 수확할 곡식만 생각하면 안 돼. 곡식을 많이 얻어 내자면 흙을 기름지게 해야 한단 말이야."

아들이 아버지에게 잘못했다고 빌었다. 그러자 김 노인은 조용한 목소리로 말을 맺었다.

"인삼은 곡식이 아니야. 약초지. 인삼은 없어도 살지만 곡식이 없으면 못 살아."

치자가 김 노인 같은 농부를 닮는다면 정치는 걱정하지 않아도 된다. 왜냐하면 그러한 치자는 치인사천治人事天의 말을 알아들을 수 있기 때문이다. 나아가 노자가 왜 치인사천을 농사 짓는 일에 땀을 흘리며 검소한 농부[嗇]에다 비유했는지를 헤아릴 수 있는 까닭이다.

사람을 다스린다[治人]는 것은 무엇인가?

치인治人은 농부가 땅을 밭으로 일구어 곡식을 심고 정성껏 길러 곡식을 거두어 먹고 살게 하는 것과 다를 바가 없다. 그러므로 농부처럼 정치를 하라는 셈이다. 말하자면 농사를 짓는 농부처럼 사람을 다스린다(治人以嗇)는 것을 헤아리면 정치는 백성의 사랑을 받을 것이다. 어느 농부가 심은 곡식을 시달리게 할 것인가? 백성을 시달리게 하지 마라(不盡人之力). 이것이 선정善政의 첫걸음이 아닌가!

하늘을 섬긴다는 것(事天)은 무엇인가?

먹고살게 하는 곡식을 주는 땅을 고맙게 여기고 거름을 넣어 흙을 기름지게 하는 것과 같다. 농부가 땅을 고마워하는 것처럼 정치를 하면 그 정치는 사천事天의 정치이다. 땅투기를 조장하는 정치를 우리는 보았다. 그 따위 정치는 탐관오리를 숨겨 주는 도적의 소굴로 둔갑한다. 사천은 백성의 마음을 편하게 해 주라는 뜻으로 새기면 된다. 백성의 마음을 황폐하게 하지 마라(不弊人之神). 이것이 사천이색事天以嗇의 정치이며 선정의 목적지가 아닌가!

그러나 지금은 김 노인과 같은 농부가 없는 것처럼 농사하는 심정으로 치인사천治人事天하는 치자도 없다. 이제는 곡식을 곡식으로 보지 않고 돈으로 본다. 현대는 농업 사회가 아니라 산업 사회라고 호언하면서 인간은 산다.

산업 사회라고 해서 먹지 않고 사는 세상은 아니다. 여전히 밥을 먹어야 살고 물을 마셔야 산다. 산업 사회는 천지를 양계장처럼 생각하고 만물을 양계장의 암탉처럼 여긴다. 네모난 철창에 가두어 놓고 매일 달걀을 낳게 진을 빼다 알 낳는 능력이 없어지면 사정없이 내팽개쳐지는 양계장의 닭처럼 만물을 남용하려고만 한다. 이보다 더한 인간의 방자함이란 없다. 왜 인간은 이렇게 방자해지는가? 물질과 기술만 믿고 자연과 조복早復을 망각한 까닭이다.

조복이란 무엇인가? 천지가 만물의 둥지요, 만물을 낳아 준 어머니의 품안이란 것을 알고 그 품안으로 서슴없이 안기는 것이다. 노자가 밝히는 도덕은 만물을 낳고 길러 주고 거두어 가는 어머니이다. 조복은 그 품안[根源]으로 되돌아가 안기는 것이다.

현대인이여! 천지를 보물창고로 여기지 마라. 만물을 자원으로 여기지 마라. 자원은 자본이 되고 자본이 세상을 좌우한다고 단언하지 마라. 그렇게 하면 어머니의 가슴에 못질을 하는 것이나 다를 바가 없다. 이렇게 노자는 절규하고 있는 셈이다. 이쯤 생각해 본다면 노자가 왜 조복이란 거듭거듭 덕을 쌓는 것[重積德]과 같다고 했는지를 살필 수 있을 것이다.

적덕積德이란 무엇인가?

적덕은 김 노인과 같은 농사꾼이 농사짓는 일과 같다. 땅에 퇴비를 넣어 기름지게 하면 흙도 살지고 곡식도 살진다. 이것이 거듭거듭 덕을 쌓는 것이다. 비료만 뿌리고 농약을 뿌려 곡식의 증산만 노리면 땅은 메말라 간다. 양계장의 암탉이 폐계廢鷄가 되는 것처럼 땅은 폐지廢地가 된다. 이익만을 노리고 해로운 짓을 저질러 폐지로 만드는 것은 적덕[反積德]이 아니다. 적덕이 아닌 것을 부덕不德이라고 한다.

목숨을 해롭게 하는 공해를 생각해 보라. 공해가 곧 부덕이다. 부덕은 목숨을 해롭게 하는 것이고 적덕은 모든 목숨을 소중히 하는 것이다. 이것이 곧 도덕심道德心의 근본이 아닌가! 그래서 노자는 도덕정치를 설파했다.

그러나 현대의 치자들이 도덕정치를 말로만 앞세울 뿐 실제로는 우습게 여기므로 세상은 물질의 풍요를 누리면서도 병을 앓는다. 이러한 병은 첨단 과학과 첨단 공학이 약속하는 물질문명으로 치유될 수 없다. 여전히 그 치유법은 다음과 같은 노자의 진언에서 그 실마리를 찾을 수 있을 것이다.

거듭해 덕을 쌓으면 극복하지 못할 것은 없으며〔重積德則無不克〕, 극복하지 못할 것이 없다면 극단적으로 달릴 줄 모르고〔無不克則莫知其極〕, 극단적으로 달릴 줄 모르면 나라는 망할 수가 없다〔莫知其極可以有國〕. 나라를 망할 수 없게 하는 어머니는 능히 장구하다〔有國之母可以長久〕. 이러한 것을 깊고 튼튼한 뿌리라고 한다〔是謂深根固柢〕.

욕망의 성취를 목표로 하면 결국 세상은 부덕의 소굴로 둔갑해 버린다. 그래서 현대는 적덕이 불가능한 세상으로 돌변해 가고 있는 중이다. 적덕은 무욕無欲으로 쌓인다. 그러므로 정치가 무욕으로 행해진다면 세상은 욕망을 극복하는 쪽을 선택한다. 이것이 거듭해 덕을 쌓으면 욕망의 극복이 안 될 수 없다〔無不克〕는 것을 알게 된다.

서로 저마다 욕심을 부리지 않는다면 제 몫 다툼은 없어진다. 다툼이 없어지면 시비도 없고 이념도 없어져 패를 갈라 싸울 것도 없다. 이념의 냉전은 결국 물질주의物質主義가 빚어낸 양극兩極의 제 몫 다툼이 아니었던가! 그리고 물질주의는 사회를 갖가지 이익집단의 세포분열을 가열시켜 저마다 제 몫 찾기에 핏대를 올리면서 나라는 벌집처럼 분열되지 않는가! 이 모든 아픔은 현대인들이 욕망이란 이름의 전차를 타고 사정없이 질주하려고만 덤벼드는 탓이다. 치자가 욕망을 극복할 줄 알면 백성도 따르게 마련이다. 그러면 나라는 망할 수가 없다.

결국 무엇이 나라를 튼튼히 하고 튼실하게 하는가? 이에 대하여 노자는 중적덕重積德이라고 밝히고 이를 나라를 융성하게 하는 어머니[母]라고 비유한다. 그리고 그 어머니는 뿌리가 깊고 튼튼해 장구하다고 밝힌다. 그 어머니는 무엇인가? 도덕이다.

노자는 도를 어머니라고 비유했다. 그 품안을 곡신谷神이라고 했다. 그 품안에서 만물이 서로 어울려 살게 하는 손길을 덕이라고 했다. 한날 한시에 난 열 손가락도 길고 짧지만 어느 것 하나 물어 아프지 않는 것이 없다는 속담은 도덕의 사랑이 어떠한지를 말해 준다. 도의 사랑과 덕의 손길은 편애하지 않는다. 그래서 도를 무극無極이라고도 한다.

인간의 세상에서 무극이란 무엇일까? 시비가 없게 하는 것이요, 제 몫 다툼을 없게 하는 것이며, 이념으로 갈라지지 않게 하는 것으로 보아도 될 것이 아닌가!

정치가 현실을 무극의 경지로 이끌어 가자면 적덕의 정치밖에 없다는 것은 분명하다. 그러나 인간의 정치는 적덕의 길을 팽개치고 이해 상관利害相關의 길로만 치닫고 있다. 그래서 세상은 차츰 더 심하게 부덕의 소용돌이로 빠져들고 있는 셈이다. 어느 날에나 노자의 당부를 귀담아듣는 세상이 될까? 아득하기만 하다.

원문
의역

사람을 다스리고 하늘을 섬기는 것은 농부의 농사와 같다. 무릇 심고 길러 내 거두는 것은 서슴지 않고 근원으로 돌아가는 것이라고 한다. 서슴지 않고 근원으로 돌아가는 것을 거듭거듭 덕을 쌓는 것이라고 한다.

〔治人事天莫若嗇 夫唯嗇是謂早復 早復謂之重積德〕 치인사천막약색 부유색시
위조복 조복위지중적덕

거듭해 덕을 쌓으면 극복하지 못할 것이 없으며, 극복하지 못할 것이
없다면 극단적으로 달릴 줄 모르고, 극단적으로 달릴 줄 모르면 나라
는 망할 수가 없다. 나라를 망할 수 없게 하는 어머니는 능히 장구하
다. 이러한 것을 깊고 튼튼한 뿌리라고 하며, 세월이 아무리 지나도
사라지지 않는 도라고 한다.

〔重積德則無不克 無不克則莫知其極 莫知其極可以有國 有國之母可以長
久 是謂深根固柢 長生久視之道〕 중적덕즉무불극 무불극즉막지기극 막지기극가이유
국 유국지모가이장구 시위심근고저 장생구시지도

도움말
제59장은 말단에 매달리지 말고 근본에 따라 나라를 다스리고 생활을 해야 한다
는 것을 밝히고 있다. 그리고 근본을 따라 사는 것을 적덕이라고 깨닫게 한다.
색嗇은 검소하고 수수한 농부를 뜻한다.
조복早復의 조早는 멀지 않음〔不遠〕이요, 복復은 근본으로 되돌아감〔反本〕이라고 파
악하면 조복은 도덕에 서슴없이 안기는 뜻이 된다. 도덕道德:根本에 되돌아가 서슴
없이 안기는 마음을 행동으로 옮기면 그것이 곧 적덕이다.
무불극無不克의 불극不克은 욕망의 극복을 못하는 것을 말한다.
막지기극莫知其極의 기극其極은 사심私心의 욕망 탓으로 분열이 극심한 것이다.
유국有國은 나라가 융성해 망하지 않는 것을 뜻한다.
유국지모有國之母의 모母는 근본이요, 도덕의 비유이다. 노자가 도를 현빈玄牝이라
고 비유한 것을 생각하면 된다. 빈牝은 새끼를 낳아 기르는 암컷을 뜻한다. 빈모牝
牡는 자웅雌雄을 뜻하고 부모 역시 자웅이요, 음양이며 천지天地이다. 그러나 유국
지모有國之母의 모母는 부모의 모母와 같다고 보지 말라고 노자는 현빈이라고 했
다. 도는 홀로 우주 만물을 낳았기 때문에 신비로운 어머니인 셈이다.

제60장 작은 생선으로 국을 끓이듯 다스려라

무엇이 백성을 상하게 하는가

나라는 백성을 위해 있는 것이지 백성이 나라를 위해 있는 것은 아니다. 무조건 백성이 나라를 사랑하는 것은 아니다. 애국심을 백성에게 강요하는 나라는 망하고 만다. 백성이 떠났기 때문이다. 백성이 없으면 나라는 없다.

나라에는 사람만 있는 것이 아니다. 국토와 국민이 함께해야 나라가 된다. 유태인이 2천 년이나 민족으로만 있었다는 것은 앉을 자리를 잃어서 서 있기만 했던 것이고, 못난 조선이 나라를 팔아먹어 우리가 36년 동안 일제의 탄압을 받았던 것은 집을 팔아먹고 행랑채에 나앉아 종살이를 했던 것이나 같았다.

머슴살이를 하면 새경이나 받지만 종살이를 하면 개밥만 얻어먹는다. 그래서 일제 시대 때 참다 못한 백성들이 정든 땅을 떠나 북간도 등지로 가서 버려진 땅을 일구어 논밭을 만들었던 것이다. 왜 이 지경으로 백성을 아프게 했던가? 조선조朝鮮朝의 치자들이 입으로는 군자를 외치면서 뒤로는 패거리[徒黨]를 지어 백성을 사냥감처럼 여겼기 때문이다.

조선조에는 벌열閥閱들이 사냥꾼 노릇을 했다. 벌열이란 집권 세력의 패거리를 말한다. 그러한 패거리에 들어갈 수 있는 후보를 양반이라고 한다. 벌열에 든 양반은 상민을 종으로 삼았고 밀려난 양반은 상민을 머슴처럼 부렸다. 양반들은 서로 벌열이 되려고 피나게 싸움질을 했고 죄 없는 백성들은 굶주려야 했다.

서계西溪 박세당朴世堂은 조선조의 양반이었지만 유별났다. 그는 조선은 주자학朱子學 때문에 망한다고 말했고 사서四書와 더불어 노자의 《도덕경》을 독자적으로 연구했다.

그의 《사변록思辨錄》을 보면 그는 선각자였다. 공자의 말씀을 들어야지 그 말씀을 주석註釋한 것에 매달리지 말라고도 했다. 이러한 주장은 다산茶山의 말씀 그 자체를 통해 그릇됨을 터득한다[雅言覺非]는 생각과 서로 통한다. 이는 실학 사상實學思想이며 조선의 주체 사상主體思想이 아니었던가! 그러나 서계도 귀양을 가야 했고 다산도 귀양살이를 해야 했다. 옳은 말이 팽개쳐지고 틀린 말이 통하는 세상은 썩고 병들어 망하게 마련이다.

백성을 양반과 상놈으로 갈라놓은 후 양반은 유식해야 하고 상놈은 무식해야 한다는 법을 만들어 두고 양반은 군자君子이므로 세상을 다스리고 상놈은 일꾼이므로 일만 해야 한다는 치세의 길을 닦았던 조선은 노자의 입장에서 보면 무도無道하기 짝이 없던 나라였다. 그래서 조선조는 《노자》와 《장자》를 불온문서로 몰았다.

적덕의 정치에는 신분 차별이란 없다. 양반의 목숨은 귀하고 상놈의 목숨은 천하다는 것을 천지는 용서하지 않는다. 도덕은 천지를 만물의 부모가 되게 하며 만물을 천지의 자녀가 되게 하는 까닭이다. 이러한 정치 사상이 곧 도덕정치의 골격이다. 그러므로 노자는 군자

가 세상을 다스린다고 말하지 않았다. 도가 세상을 다스리며 성인은
그러한 것을 따른다고 보았다. 다음과 같은 말을 들어 보면 그 참뜻
은 더욱 분명해질 것이다.

　나라를 다스리는 것은 작은 생선으로 생선국을 끓이는 것과 같다
〔治大國若烹小鮮〕. 도로써 세상에 임하면〔以道莅天下〕 귀신이 서로 뒤바뀌
지 않는다〔其鬼不神〕. 귀신이 서로 뒤바뀌지 않는 것만이 아니라〔非其鬼
不神〕, 하늘이 백성을 상해하지 않는다〔其神不傷民〕. 하늘이 백성을 상해
하지 않는 것만이 아니라〔非其神不傷民〕, 성인 또한 백성을 상해하지 않
는다〔聖人亦不傷民〕.

　농고農高를 졸업하고 농대農大에 들어간 손자가 마늘밭을 손질하고 있
는 할아버지에게 드릴 새참을 들고 갔다.
　새참을 맛있게 먹은 노인이 손자를 대견스러운 눈으로 바라보고는 대
학생인 손자의 손을 쓰다듬어 주었다. 손자는 더덕처럼 되어 버린 조
부의 손을 바라보며 측은한 생각이 들었다.
　밭가에 앉아 둘은 주변의 산을 바라보며 앉아 있었다. 손자는 어려서
부터 이렇게 일터에 나와 할아버지 옆에서 놀았다. 손자는 할아버지에
게 과학이 앞으로 힘들지 않게 농사를 짓는 방법을 찾아낼 것이라고
말했다. 노인은 빙긋이 웃으며 그럴 수 있느냐고 묻듯 손자를 쳐다보
았다.
　"뿌리에는 감자가 달리고 줄기에는 토마토가 달리는 새로운 식물이
개발된답니다."
　"그럴 것 뭐 있나? 귀신 잡는 짓은 안 하는 것이 좋지."
　"할아버지! 달나라에 가는 세상에 귀신이 어디 있어요?"

"하늘[天]은 신神이고 땅[地]은 귀鬼라는 것을 잊었느냐?"

"할아버지! 세상이 달라졌어요. 이제 주역周易의 시대가 아니라 과학의 시대라는 것을 할아버지는 몰라요."

응석받이였던 손자가 장성해 자신의 말에 반대하지만 할아버지의 눈에는 손자가 대견해 보였다.

"얘야, 먼저 집에 가거라. 나는 하던 일 다 마치고 점심쯤에 가마."

"제가 할 테니 할아버지는 앉아 쉬세요."

"안 된다. 마늘밭 고랑의 북은 돋우던 사람이 해야 한다. 이 사람 저 사람 손이 가면 마늘이 삐쳐. 삐치면 마늘쪽이 작아져. 내가 북을 줘 왔으니 오늘도 내가 주어야 한다. 어서 돌아가거라."

어쩔 수 없다는 것을 아는 손자는 빈 그릇을 들고 돌아갔다. 혼자 남은 노인은 손자의 뒤를 보면서 혼잣말로 중얼거렸다.

"뿌리는 마늘이 되고 줄기는 파가 되는 것을 개발한다고 말하지 않아 고맙다."

노인은 평생 틈만 나면 주역을 펼쳐 봐 왔던 덕으로 귀신이란 말을 미신이라고 여기지 않았다. 귀신은 다만 천지의 다른 말일 뿐이라는 것을 알았다.

과학은 천지를 물질로 보고 주역은 천지를 귀신으로 보았을 뿐이다. 그러나 과학은 에너지를 말하고 주역은 기氣를 말한다. 같은 것 [氣:energy]을 주역은 생명의 힘으로 보았고 과학은 물질의 힘으로만 보고 있을 뿐이다. 노인은 그 기의 덕으로 마늘도 자라고 보리도 자라며 벼도 자란다고 믿는다.

땅의 기운[地氣]은 하늘로 올라가고, 하늘의 기운[天氣]은 땅으로 내려와 만물이 서로 어울려 산다는 주역의 발상은 미신일까? 저마다 생명의 기운을 받아 누리는 것을 인간의 욕망에 따라 개조하고 변질시켜도 괜찮단 말인가? 주역은 안 된다 했고 과학은 된다고 한다.

북을 정성껏 돋우면서 노인은 손자의 말을 알 수는 없었지만 손자가 다른 생각을 말하고 있다는 것을 깨달았다. 그리고 주역이냐 과학이냐를 놓고 손자와 논쟁을 벌일 만큼 지식이 없다는 것도 알았다. 다만 노인은 농사를 짓는 뜻에 손자보다 자신이 더 낫다는 생각은 버릴 수 없었다.

그날 밤 노인은 손자를 사랑으로 불러내 자신이 평생 봐 와 너덜너덜하게 낡아 버린 주역 책을 주면서 이렇게 말했다.

"애야! 틈이 나거든 이것도 종종 읽으면서 과학을 공부해라. 한 가지만 먹으면 몸에 좋지가 않아. 이것저것 골고루 먹어야 몸이 튼튼해지지."

작은 생선으로 생선국을 끓이는 것[烹小鮮]처럼 나라를 다스려라.

큰 생선으로 생선국을 끓일 때는 토막을 쳐내 끓인다. 그러나 작은 생선일 때는 토막내지 않고 통째로 생선국을 끓인다. 조선조는 백성을 반상班常이란 두 토막으로 잘라 내 나라를 다스렸다. 양반은 가운데 토막이 든 생선국을 독식했고 상것은 꼬리나 머리만 든 것을 받아 먹었다. 이러한 다스림이란 도에 어긋난다고 노자가 말한 것이다. 만물이 다 같은데 어찌 사람과 사람 사이에 차별이 있을 것인가! 이것이 도로써 세상을 다스리는 생각이요, 행동이요, 길이다.

도로써 세상을 다스리면 귀신이 서로 뒤바뀌지 않는다.

무당의 푸닥거리에 등장하는 귀신 같은 것 따위는 없다고 과학은 단정하려고 한다. 과학은 관찰할 수 없거나 실험할 수 없어 증명이 안 되는 것은 모두 인정하려 하지 않는다. 자연과학의 정신은 사실만 알려고 할 뿐 신비를 외면한다.

그러나 동양 정신은 사실과 신비를 동시에 파악하려고 한다. 또 사실을 말단으로 보고 신비를 근원으로 본다. 그래서 동양에는 특유한 천 사상天思想이 있는 것이다. 천 사상은 신비를 통해 사실을 본다. 예를 들자면 물질의 힘은 사실로 관찰되지만 천지의 힘은 그렇게 할 수가 없다. 천지의 힘은 사실이면서 동시에 신비인 까닭이다.

음전기陰電氣와 양전기陽電氣라고 하면 인정하지만 그냥 음양이라고 하면 비과학적이라고 냉소해 버린다. +, -의 부호는 믿으면서도 음양이란 말은 믿지 않으려고 한다. 전기에도 음양minus-plus이 있단 말인가! 동양 정신은 만물이 존재하게 된 힘을 음양이라고 했다. 그래서 만물은 음양의 조화를 벗어나 있을 수 없다고 보았다. 이것은 하나의 사상이요, 신비神秘이다. 노자는 음양을 조화롭게 하는 것을 인간이 알래야 알 수 없으므로 현현玄玄하다고 했다. 현현은 곧 신비를 말한다.

천지, 음양, 귀신은 서로 같은 말들이다. 만물은 땅에 살고 하늘을 따른다[居鬼率神]. 귀鬼는 땅의 힘[地氣]이요, 신神은 하늘의 힘[天氣]을 나타낸다. 그러므로 귀신은 천지의 다른 말이다.

신神은 양陽의 뻗어 나가는 힘[氣]이요, 귀鬼는 음陰의 굽히는 힘[氣]을 말한다. 그러므로 귀신은 음양의 다른 말이다.

귀신이란 두 기운[二氣]의 좋은 일[良能]을 뜻하는 말인 셈이다. 귀의 양능은 굽히되 뻗어 나가지 않는 것[屈而不伸]으로 보았고, 신의 양능은 뻗어 나가되 굽히지 않는 것[伸而不屈]으로 보았다. 귀신의 양능은 굴신屈伸이다. 그러므로 귀신의 굴신은 도의 덕으로 통한다. 도의 양능이 곧 덕인 까닭이다. 하늘이 만물을 보살피는 것을 신神이라 일컫은 셈이고 땅이 만물을 보살피는 것을 귀鬼라고 일컫은 셈이다.

이제 귀신이 서로 뒤바뀌지 않는다[其鬼不神]란 말을 헤아릴 수 있을 것이다. 땅이 하늘이라고 하면 그릇된 것이요, 하늘을 땅이라고 해도 이 또한 그릇된 것이 아닌가! 그릇된 것[邪]이 바른 것[正]처럼 된 세상이란 연산군이 임금의 자리에 앉아 있는 꼴과 같다. 귀鬼가 신神으로 뒤바뀌면 요귀妖鬼인 것이다. 폭정과 학정 따위가 제일 무서운 요귀인 셈이다. 도로써 세상을 다스린다면 임금의 자리에 폭군은 없을 것이고 대통령의 자리에 독재자는 없을 것이다. 이제 기귀불신其鬼不神이 뜻하는 바를 짐작할 수 있을 것이다.

신神은 백성을 아프게 하지 않는다.

잡귀雜鬼:鬼異와 역신疫神은 백성을 아프게 한다. 땅이 아니면서 땅이라고 하면 잡귀이고, 하늘이 아니면서 하늘이라고 하면 역신이다. 국부國父라고 하면서 백성을 괴롭히면 그러한 국부는 백성의 어버이가 아니라 상처의 고름과 다를 바가 없다. 그릇된 것[邪]이 바른 것[正]의 행세를 하는 것도 잡귀요, 역신이며 정正을 사邪라고 둘러치는 것도 잡귀요, 역신이다. 연산군 같은 폭군은 임금감이 아니면서 임금이라고 해 백성을 아프게 했다. 연산군은 백성의 잡귀요, 역신이었던 셈이다.

도로써 세상을 다스리면 하늘은 하늘이요, 땅은 땅이므로 서로 조화를 잃지 않아 백성을 아프게 하는 짓[傷民]이 일어나지 않는다고 노자가 설파한 것은 변함없는 진실이 아닌가! 노자의 이러한 주장은 왕도王道는 백성을 편하게 하고 패도覇道는 백성을 불안하게 한다는 공자의 말과 통하는 데가 있는 셈이다. 공자나 노자는 다같이 세상을 책임지고 다스릴 사람은 왜 성인이어야 하는지를 밝혔다.

정치의 성인은 누구인가? 백성을 다스리고 하늘을 섬기는〔治人事天〕 자라고 이미 노자가 밝히지 않았던가! 하늘을 섬긴다는 말을 미신으로 듣지 마라. 치인사천治人事天이란 백성을 다스리는 것〔治人〕은 곧 백성을 섬기는 것〔事人〕과 같은 말이기 때문이다.

백성을 섬기는 치자는 백성을 아프게 하지 않는다. 백성을 부려 먹는 치자만이 백성을 아프게 한다. 인간의 역사가 아픔의 연속인 것은 백성을 섬기는 치자는 없고 백성을 부려 먹는 치자만이 줄줄이 이어져 왔음을 말해 준다.

하늘이 만물을 보살펴 주는데 어찌 치자가 백성을 아프게 할 것인가! 이러한 마음을 지니고 실제로 정치를 하는 자라면 그 자가 곧 정치의 성인이 된다. 조선조에서 백성을 아프게 하지 않은 임금이 몇 사람이나 되며 해방 이후 백성을 아프게 하지 않았던 대통령은 몇이나 될까? 이렇게 자문해 보면 서글퍼진다.

6.25를 생각해 보라. 그리고 이념이 중요한지 백성이 중요한지를 생각해 보라. 이념이 아니라 백성의 목숨이 중한 줄을 알았더라면 6.25는 없었을 것이 아닌가! 치자가 백성을 못살게 구는 것을 하늘을 어기고 땅을 어기는 짓이라고 했다. 백성을 못살게 하는 것은 부덕不德이요, 백성을 섬기고 보살피는 것은 덕德이다. 그러므로 백성을 아프게 하지 않는 것〔不傷民〕이 곧 덕이다.

치자가 백성을 보살피면 그것이 곧 정치의 덕이다. 정치의 덕은 천지가 만물을 보살펴 살게 하는 것이나 다를 바가 없다. 치세의 덕과 천지의 덕이 서로 통해 오고가는 것을 덕교귀〔德交歸〕라고 헤아리면 될 것이다.

노자여! 어느 날에나 인간의 역사에 덕교귀의 시대가 열릴지 알수 없는 지경이오. 여전히 백성은 가려운 곳을 긁어 줄 자가 없어 안타까워하고, 세상에서 아프게 하는 것들을 쓸어내 버리고 싶어도 빗자루를 훔쳐 가는 무리들이 사라지지 않아 세상은 상처투성이란 말이오. 그러나 그대의 말을 들으면 내 마음속에 빗자루가 돋아나오.

제60장의 말씀을 곱씹어 보면 볼수록 위와 같은 독백이 마음속에 자리를 잡고 귀청을 울려 준다.

나라를 다스리는 것은 작은 생선으로 생선국을 끓이는 것과 같다. 도로써 세상에 임하면 귀신이 서로 뒤바뀌지 않는다.
〔治大國若烹小鮮 以道莅天下 其鬼不神〕치대국약팽소선 이도리천하 기귀불신

귀신이 서로 뒤바뀌지 않는 것만이 아니라 하늘이 백성을 상해하지 않는다. 하늘이 백성을 상해하지 않는 것만이 아니라 성인 또한 백성을 상해하지 않는다.
〔非其鬼不神 其神不傷民 非其神不傷民 聖人亦不傷民〕비기귀불신 기신불상민
비기신불상민 성인역불상민

무릇 어느 편에서도 서로 아프게 하지 않는다. 그래서 덕이 서로 오고가게 된다.
〔夫兩不相傷 故德交歸焉〕부양불상상 고덕교귀언

도움말

제60장은 백성을 편안하게 하는 것이 세상을 다스리는 것임을 밝히고 있다. 도덕 정치의 의미를 다시 한번 강조하고 있다. 그리고 이 장은 귀신을 동양 정신의 음양陰陽 이기二氣의 양능良能으로 보았던 점을 상기시켜 주기도 한다.

팽烹은 삶아 국을 끓이는 것을 뜻한다.

이莅는 맡아서 책임지고 일하는 것[臨]으로 통한다.

귀鬼는 지기地氣, 즉 음기陰氣를 뜻하고 귀鬼의 작용은 굽힐 뿐 뻗어나지 않는 것[屈而不伸]이다.

신神은 천기天氣, 즉 양기陽氣를 말하고 신神의 작용은 뻗어날 뿐 굽히지 않는 것[伸而不屈]이다.

기귀불신其鬼不神을 직역한다면 '귀鬼가 신神치 못한다' 가 될 것이다. 이 뜻은 귀가 신인 것처럼 행세를 하지 못한다는 말이다. 이러한 내용은 곧 '귀신이 서로 뒤바뀌지 않는다' 고 풀이할 수 있다. 귀신이 서로 뒤바뀌지 않음은 즉 음양의 화和를 말함이며 만물의 어울림[和]은 귀신의 양능에 속한다.

부양불상상夫兩不相傷의 양兩은 기신其神과 성인을 나타내며, 상상相傷은 도로써 세상을 다스리면 천지의 기운도 백성을 아프게 하지 않으며 성인 또한 본받아 그렇게 한다는 뜻이다.

제61장 크고 길고 무거울수록 아래를 택한다

잘사는 나라는 겸허할 줄 안다

사람들이 모여 나라를 이룩하므로 그 나라 사람들이 어떻게 사느냐에 따라 나라의 운명은 좌우된다. 못사는 나라는 결국 그 나라 사람들의 탓이고, 잘사는 나라는 그 나라 사람들의 덕이다. 나라가 잘되어야 국민이 잘살 수 있다는 생각보다 국민이 제대로 살 줄 알아야 나라 살림이 잘된다는 생각이 앞서야 한다.

제 나라를 얕잡아 보는 국민은 잘살 수가 없다. 잘사는 남의 나라를 부러워할 것이 아니라 제 나라를 돌보려는 마음이 앞서야 하는 것이다. 하지만 나라가 국민들로 하여금 이러한 마음을 지니지 못하게 할 때 그러한 나라는 탈바꿈돼야 한다. 이를 옛날에는 역성易姓이라 했고 지금은 혁명이라고 한다.

소 잃고 외양간을 고칠 것은 없다. 잃어버린 소를 먼저 찾거나 아니면 새로 소를 사들여 다시는 도둑맞지 않고 잘 키울 결심을 하는 편이 더 낫다. 조선이 망한 다음 35년 동안 일제의 탄압 밑에서 종노릇을 한 경험이 우리에게는 있다.

왜인倭人한테 돌을 던지기 전에 우리 자신의 가슴을 먼저 쳐야 한다. 우리가 못나서 당했기 때문이다. 일본은 대국大國으로 탈바꿈해 있었고 우리는 소국小國으로 전락하고 말았다는 냉엄한 현실을 구한 말 사대부 벌열들이 미처 몰랐던 탓으로 죄 없는 백성이 짓밟혔던 셈이다.

땅덩이가 크고 사람의 머릿수가 많아야 대국이 되는 것은 아니다. 큰 나라는 몸집(國體)으로 정해지는 것이 아니라 정신(國魂)으로 정해진다. 스위스를 작은 나라라고 말하지는 않는다. 코끼리의 눈에는 생쥐가 가장 커 보이고, 호랑이의 눈에는 담비가 제일 무섭게 보인다.

코끼리는 왜 생쥐를 제일 무서워하는가? 제 발톱보다 더 작은 생쥐일지라도 그것과 싸움을 하면 이길 수 없다는 것을 알기 때문이다. 코끼리의 몸을 타고 올라가 귓속으로 들어가 살을 파먹기 시작하면 죽는다는 것을 코끼리는 안다.

호랑이는 왜 담비를 제일 무서워하는가? 섬설모보다 좀 더 큰 담비는 떼를 지어 공격하는 까닭이다. 이 나무 저 나무를 날아다니면서 공중에서 폭격기처럼 공격해 오는 담비를 당할 수 없다는 것을 호랑이는 안다.

본래 작은 고추가 더 맵고 속이 단단한 법이다. 나라의 정신이 맵고 단단하면 다른 나라들이 넘보지 못한다. 그러한 나라가 곧 큰 나라(大國)이다. 구한말은 담비를 만난 호랑이와 같았고 청말淸末의 중국은 생쥐를 만난 코끼리와 같았다. 나라의 정신(國魂)이 빈사지경이면 나라는 망하고 백성은 뭉개진다.

나라의 정신이 살아 있어야 큰 나라이다. 나라를 다스리는 층이 겸허할 줄 알면 국혼國魂은 튼튼하고, 오만방자하면 국혼은 시들어져 버린다. 조선의 지배 계층은 진정한 대국이 어떻게 성립되는지를 몰랐다. 그래서 그들은 백성에게 오만방자하기 짝이 없었고 벌열의 문중 다툼에만 혈안이 되어 국민 정신을 도모할 수가 없어서 나라를 팔아먹었던 셈이다.

나라가 백성에게 겸허하다는 것은 무엇인가? 다스리는 쪽이 아래〔下〕가 되고 다스림을 받는 쪽이 위〔上〕가 되는 것을 말한다. 여기서 백성을 무서워하라는 말이 나왔다.

치자는 호랑이보다 암탉처럼 되면 백성에게 겸허한 나라가 된다. 병아리를 거느린 암탉을 보라. 어미 암탉은 맛있는 모이가 있으면 병아리를 먼저 먹게 하고, 솔개가 하늘에서 날면 깃 속으로 병아리를 감춘다. 통치자가 어미 암탉처럼 행동하면 그 나라는 크고 강한 나라가 될 것이다. 이러한 국치의 경지를 노자는 하류下流에 비유해 다음처럼 밝혀 주고 있다.

대국이란 것은 하류와 같다〔大國者下流〕. 하류에서는 모든 물이 모여든다〔天下之交〕. 하류는 천하의 암컷과 같다〔天下之牝〕. 암컷은 항상 근본에 안겨 있으므로 수컷을 이기고〔牝常以靜勝牡〕, 근본에 안김으로써 아래를 취한다〔以靜爲下〕.

어느 날 백범白凡 김구金九 선생께서 상하이 임시정부를 찾아갔다. 백범은 임시정부를 세운 분들에게 수위실 자리 하나라도 맡겨만 준다면 열심히 일하겠다고 했다. 그 말을 들은 사람들은 백범이 큰 인물이란 것을 단번에 알아보았다고 한다. 백범 선생은 아래〔下〕가 무엇인지를 알고 있었던 까닭이다.

윗자리를 두고 사람들이 서로 차지하려고 욕심을 부리면 그 윗자리는 더러워진다. 이러한 사람들은 물이 아랫자리를 찾고 여문 이삭은 고개를 숙이는 깊은 뜻을 모른다.

한 그루의 나무를 보라. 가지와 잎은 위에 있고, 등걸과 뿌리는 아래에 있다. 작고 가벼워 짧은 것일수록 윗자리를 차지하고, 크고 무거워 긴 것일수록 아랫자리를 차지해 한 그루의 나무는 삶을 누린다.

어디 나무만 그렇단 말인가? 아니다. 자연의 만물이 다 그러하다. 다만 사람만 윗자리를 탐하고, 윗자리를 차지하면 겸허할 줄을 모른다.

큰 바위가 작은 바위를 이고 있다. 큰 것은 아래에 있고 작은 것이 위에 있다. 큰 것이 아래에 있고 작은 것이 위에 있다.

가볍고 작은 물방울은 하늘로 올라가지만 구름 덩어리가 되면 비가 되어 내려온다. 가벼운 것은 위에 있고 무거운 것은 아래에 있다.

개울보다 시내는 아래에 있다. 시내보다 강은 아래에 있다. 시냇물은 개울물을 받아들이므로 시내는 개울보다 깊고 넓고 길다. 강물은 냇물을 받아들이므로 깊고 넓고 길다. 짧고 얕고 좁은 것은 위에 있고 깊고 넓고 긴 것은 아래에 있다.

윗것은 아랫것을 보살펴 감싸주고 아랫것은 윗것에 의지해 할일을 다 하는 것이 겸허한 것이다.

겸허함이란 무엇인가? 덕의 손길이 닿는 것이다. 햇빛이 쏟아져 내리는 것보다 더 큰 덕은 없고, 물길이 아래로 내려가는 것보다 더 깊은 덕은 없으며 맨 아랫자리를 항상 차지하고 있는 흙보다 더 넓은 덕은 없다. 만물이 그 덕으로 사는 까닭이다.

백범이 수위실을 원했던 것은 도둑맞은 나라를 찾아 헐벗고 굶주리는 백성에게 돌려주려던 마음씨 그것이었던 셈이다. 그보다 더 크고 깊고 넓은 국혼國魂의 덕은 없을 것이다.

큰 나라는 강의 하류와 같다.

바다가 하나의 세계라면 강은 하나의 나라와 같다. 한강은 처음부터 한강이 아니다. 실개천이 모여 개울이 되고 개울이 모여 작은 시내가 되고 작은 시내가 큰 시내가 되고 큰 시내가 모여 강이 된다. 그렇게 북한강, 남한강이 되고 두 강이 모여 한강이 된다.

마을이 실개천이라면 면面은 개울인 셈이고, 군郡은 시내이며 도道는 남한강인 셈이고 한강의 하류는 나라(國)인 셈이다. 이처럼 큰 나라가 되려면 아랫자리를 차지해야 한다. 강의 하류에 모든 것들이 모여드는 것(交)처럼 나라는 모든 고을이 모여야 된다.

하류는 왜 천하의 암컷인가?

암컷의 품안에 새끼들이 모여들기 때문이다.

중앙집권을 행하는 나라보다 지방자치가 잘되는 나라가 잘산다. 암컷은 어미 구실을 잘하는 까닭이다. 어미(母)란 무엇인가? 낳아 길러 주되 소유하지 않는 것을 어미라고 한다. 어미의 구실을 다하는 나라는 큰 나라일 수밖에 없다.

암컷은 왜 정靜으로 수컷을 항상 이기는가?

암컷에는 새끼를 낳는 자궁이 있는 까닭이다.

자궁이야말로 근본으로 돌아가는 곳이다. 생명이 만들어져 자라기 시작하는 곳이 자궁이 아닌가! 정靜이란 무엇인가? 뿌리(根本)로 돌아가는 것을 정이라고 한다(歸根曰靜). 근본이란 무엇인가? 도덕이다. 만물은 도덕을 떠날 수가 없다. 도가 천지 만물을 낳아 주고 덕이 천지 만물을 보살펴 주는 까닭이다. 그래서 근본에 뿌리를 내리고 있는 암컷이 수컷을 이긴다.

암컷은 항상 승리하되 왜 정복자로 군림하지 않는가?

근본으로써 아래[下]를 삼기 때문이다. 여기서 노자는 하下를 깊이 생각해 보게 한다. 동양 정신은 하늘[天]의 신명神明이 내린다고 본다. 신명은 무엇인가? 만물을 살게 하는 것[生物]이다. 그러므로 신명은 생물의 덕이다. 이러한 덕을 정기正氣라고 한다. 땅이 생물의 정기를 받아 명을 누린다고 하는 것은 정기가 하下를 택한다는 말과 같다.

하늘은 만물에 신명을 내리므로 동動이요, 땅은 만물을 안고 있으므로 정靜이다. 이를 천신지기天神地祇라고 한다. 그러므로 이정위하以靜爲下에서 위하爲下의 하下는 천신지기를 생각하게 한다.

하늘이란 무엇인가? 만물을 차별하지 않고 포용하는 것[無所不容]이다. 땅이란 무엇인가? 만물을 차별하지 않고 실려 주는 것[無所不載]이다. 왜 천지는 이러한가? 만물을 낳고 사랑하는 도의 손길[德]을 벗어나지 않기 때문이다. 이제 왜 하류가 천하의 모든 것이 모여드는 것[天下之交]인지를 짐작할 수 있을 것이다.

아랫자리[下流]는 곧 어머니의 품안 같은 것이고 그 품안은 편안하고[安] 목숨을 편안하게 하므로 큰 것이다. 그래서 큰 나라는 하류下流 같아야 하는 것이다.

백성에게 군림하는 나라는 덩치가 아무리 커도 하류를 거슬러 올라가 나라를 급하게 하여 밑둥[國基]이 허물어지고, 백성을 편안하게 보살피는 나라는 아무리 작아도 하류의 물처럼 늠름해 큰 나라로 그 자리를 누린다.

한국이여! 땅은 좁고 인구는 많아 잘 살 수가 없다고 말하지 마라. 나라를 늠름하게 해 크게 하는 것은 국민의 마음에 달려 있는 까닭이다. 서로 겸허해 보라. 그러면 나라는 무럭무럭 자랄 것이다.

국제교류는 어떻게 해야 하는가

사마귀는 메뚜기를 잡아먹고, 까치는 사마귀를 잡아먹고, 솔개는 까치를 잡아먹는다. 이것은 자연의 먹이사슬이다. 자연의 먹이사슬은 먹을 만큼만 허락할 뿐 정복하고 노략질을 해 소유하는 것은 허락하지 않는다. 그러므로 인간의 뜻대로 자연의 먹이사슬을 적자생존適者生存이니 강한 것이 약한 것을 잡아먹는다고 해석해서는 안 된다. 솔개는 까치를 먹이로 덮칠 뿐 살생하는 것은 아니다.

사람만이 자살도 하고 살생도 할 줄 안다. 그리고 인간만이 서로 죽이는 전쟁을 치른다. 왜 인간은 전쟁의 동물인가? 상대를 정복해서 소유하려는 탐욕 때문이다. 소유욕은 갖고 싶은 것이 많을수록 좋다[多多益善]는 심사를 부린다. 인간에게 이러한 심사만 없다면 전쟁 따위는 없을 것이다.

인간의 역사는 전쟁의 연속이다. 이는 나라와 나라가 서로 피를 흘려 다투고 겨루어 왔음을 뜻한다. 그렇게 한 탓으로 나라의 흥망성쇠가 역사의 구비를 이루어 온 것이다. 노자가 살았던 춘추 시대는 전쟁의 물결이 천하를 쓸고 다녔던 때였다. 그러한 시대에 노자는 나라마다 오만방자하지 말고 겸허하라고 타일렀다.

여러 나라가 있을 때 한 나라가 힘으로 커지려고 하면 전쟁은 일어나게 마련이다. 작은 나라를 쳐들어가 짓밟고 정복해 국토를 강제로 넓힌다고 큰 나라가 된단 말인가? 노자는 아니라고 했다. 한 나라가 다른 나라를 힘으로 취하면 정복이요, 어미의 품안[下]으로써 취하면 두 나라는 함께 이웃이 된다는 것을 노자의 다음과 같은 말이 밝혀주고 있다.

큰 나라가 작은 나라를 겸허하게 대하면 작은 나라를 취할 수가 있고〔大國以下小國則取小國〕, 작은 나라가 큰 나라를 겸허하게 대하면 큰 나라를 취할 수가 있다〔小國以下大國則取大國〕. 그러므로 큰 나라는 취함으로써 겸허할 것이요〔故或下以取〕, 작은 나라는 겸허하게 취할 것이다〔或下而取〕. 그러면 큰 나라는 작은 나라의 백성을 부양하려는 것에 불과할 것이고〔大國不過欲兼蓄人〕, 작은 나라는 큰 나라에 들어가 돕는 것에 불과할 것이다〔小國不過欲入事人〕. 두 나라는 각기 원하는 바를 얻게 되므로 큰 것은 마땅히 아래가 되어야 한다〔夫兩者 各得其所欲 大者宜爲下〕.

제국帝國은 힘센 나라가 약한 나라를 잡아먹는 짓을 말한다. 서양에서는 일찍이 영국이 사나운 제국 노릇을 했고, 동양에서는 뒤늦게 일본이 망측한 제국 노릇을 자행했다.

영국이란 제국은 약한 나라를 통째로 잡아먹지는 않았다. 단지 강하게 되는 것을 막고 단물만 계속 빨아먹으면 된다고 여겼던 제국이었다. 이에 미국은 독립전쟁을 일으켜 영국을 몰아내 강대국이 되었고 인도는 그렇게 하지 못해 독립은 얻어냈지만 여전히 덩치만 클 뿐 약한 나라로 남았다.

일본이란 제국은 약한 나라를 통째로 삼키려고 했다. 말을 빼앗고 창씨개명을 하게 해 일본인이 되라고까지 했다. 이보다 더 빼앗아 갈 것은 없다. 그러나 힘을 앞세워 말을 빼앗고 이름을 바꾸고 일본 옷을 입혀 놓는다고 조선인이 왜인으로 둔갑하는 것은 아니다. 이런 사실을 일본이 몰랐던 것은 아니다. 그래서 조선인을 말살하려 했던 모양이다. 일본의 오만방자했던 군벌 제국軍閥帝國을 잊을 수가 없다.

지금 일본이 다시 경제대국이 되었지만 잔인했던 과거는 그네들의 코걸이가 되어 있을 뿐이다. 다시 과거의 꿈을 들추어내려는 극우파가 일본에 있다지만 오만방자한 일본은 잊혀지지 않을 것이다.

왜인倭人은 이웃을 얻지 못한다. 왜냐하면 자기들 나라 안에서는 똘똘 뭉쳐 서로 인사를 잘 하지만, 타국을 향해서는 친절한 척하면서 칼을 품고 있다는 오해를 사는 까닭이다. 쇼군[武士]의 제국도 칼로 망했다. 경제대국이 되었다고 제국의 옛 버릇을 버리지 못한다면 또다시 경제로 망할 것이다. 오만방자해 방정을 떨면 아무리 힘이 있어도 망하고 만다는 것을 왜인은 잘 모른다.

세계는 이제 일일생활권처럼 급변해 가고 있다. 시공時空으로 보아도 먼 나라 가까운 나라가 없다. 지구는 마치 하나의 시장처럼 펼쳐지고 있다. 나라마다 팔 물건을 내놓기도 하고 살 물건을 만나기도 하면서 나라와 나라가 장사꾼이 되어 가고 있는 중이다. 이제는 무역전쟁의 시대라고 한다.

그러나 지하자원이 자본의 원천이 되었던 시대는 지나갔다. 이제는 기술이 자본의 원천이 되는 세상이 도래하고 있다. 자원을 밑천으로 삼았던 무력의 전쟁 시대는 덩치 큰 나라가 힘을 썼지만 기술이 자본의 밑천이 되는 무역전쟁의 시대에는 나라의 덩치가 아닌 기술이 문제가 된다.

모래를 콘크리트용으로만 쓰는 기술은 모래에서 유리를 만들어 내는 기술을 이겨낼 수가 없다. 유리를 만드는 기술은 모래에서 반도체 소재를 찾아내는 기술을 이겨낼 수가 없다. 기술은 어디서 나오는가? 인간이 새롭게 생각하는 것[idea]에서 나온다. 물질의 시대가 아이디어의 시대로 옮겨 가고 있는 중이다.

지하자원은 땅이 넓어야 많이 갖게 되지만 기술의 자원은 두뇌가 많아야 한다. 그러므로 나라는 백성을 편안하게 하고 말하는 자유가 생각하고 행동하는 자유로 이어지는 둥지가 되어야 한다. 이를 위해 나라는 백성에게 겸허해야 한다. 이것이 노자가 말하고 있는 위하爲下의 뜻이다.

말을 강으로 끌고 갈 수는 있다. 그러나 말에게 억지로 물을 먹일 수는 없다. 억지로 먹이면 보살펴 주는 것이 아니라 고문하는 것과 같다. 폭정이나 학정은 정치의 고문이다. 군림하는 나라는 기술을 낳는 두뇌를 잃어버린다. 두뇌가 겸허한 정치가 있는 다른 나라로 도망가기 때문이다. 그래서 21세기의 나라는 노자의 위하爲下를 잘 살펴 두어야 한다.

두뇌의 시대가 오면 큰 나라도 겸허할 것이고 작은 나라도 겸허할 것이다. 나라의 흥망을 좌우하는 두뇌는 나라에 있는 것이 아니라 국민에게 있는 까닭이다. 물론 노자의 말 중에서 큰 나라는 작은 나라의 백성을 키워 준다는 생각[蓄人]과 작은 나라 백성은 큰 나라 백성을 섬긴다는 생각[事人]은 옳다고 볼 수가 없다. 다만 나라와 나라 사이에도 겸허해야 한다는 것만은 틀림없는 국교의 진리이다.

두뇌의 시대를 앞두고 정치여! 군림하지 마라. 철저하게 국민에게 겸허하라. 이것이 노자가 밝히고 있는 정치의 위하爲下이다. 위상爲上을 취하면 방자해지고 오만해진다. 정치여! 위상을 노리지 마라. 위하는 길고 깊고 넓으며 무겁다. 그러나 위상은 짧고 얕고 좁고 가볍다.

정치의 위하는 나라를 성하게 하고 정치의 위상은 나라를 망하게 한다. 두뇌의 시대를 앞두고 정치여! 이러한 진리를 잊지 마라.

대국이란 것은 하류와 같다. 하류에서는 모든 물이 모여든다. 하류는
천하의 암컷과 같다.

〔大國者下流 天下之交 天下之牝〕 대국자하류 천하지교 천하지빈

암컷은 항상 근본에 안겨 있으므로 수컷을 이기고, 근본에 안김으로
써 아래를 취한다.

〔牝常以靜勝牡 以靜爲下〕 빈상이정승모 이정위하

그러므로 큰 나라가 작은 나라를 겸허하게 대하면 작은 나라를 취할
수가 있고, 작은 나라가 큰 나라를 겸허하게 대하면 큰 나라를 취할
수가 있다.

〔故大國以下小國則取小國 小國以下大國則取大國〕 고대국이하소국즉취소국 소
국이하대국즉취대국

그러므로 큰 나라는 취함으로써 겸허할 것이요, 작은 나라는 겸허하
게 취할 것이다. 그러면 큰 나라는 작은 나라의 백성을 부양하려는
것에 불과할 것이고, 작은 나라는 큰 나라에 들어가 돕는 것에 불과
할 것이다. 두 나라는 각기 원하는 바를 얻게 되므로 큰 것은 마땅히
아래가 되어야 한다.

〔故或下以取 或下而取 大國不過欲兼蓄人 小國不過欲入事人 夫兩者 各
得其所欲 大者宜爲下〕 고혹하이취 혹하이취 대국불과욕겸축인 소국불과욕입사인 부양

자 각득기소욕 대자의위하

도움말

제61장은 비하卑下의 뜻을 새롭게 새겨 보게 하는 장이다. 스스로 겸허하면 아래
〔下〕를 넘볼 수 없다는 것을 생각하게 한다. 그래서 귀하가 비하의 덕에서 나온다
는 것을 깨우치게 한다. 남을 높이고 나를 낮추면 귀하가 된다. 백성이 귀貴가 되
고 나라가 하下가 되는 것이 제61장이 밝히고 있는 위하爲下이다.

하류下流는 모든 것이 모여드는 곳이란 뜻이다.

교交는 모여든 것들이 서로 만나게 됨을 말한다.

빈牝은 암컷이고 모牡는 수컷이다.

정靜은 음기陰氣와 암컷의 속성을 말한다. 낳아 존재하게 하는 도道로 통하며 길러
보살펴 주는 덕德으로 통한다. 음덕陰德을 생각해 보면 된다.

이하以下는 겸허하게 함으로써 임하는 것이다. 그렇게 하는 것이 위하爲下이다.

제62장 자연과학은 도를 모른다

내 마음은 도의 속[奧]이다

볼 수 없는 것이 있다. 들을 수 없는 것이 있다. 만져 볼 수 없는 것이 있다. 맡거나 잴 수 없는 것이 있다. 이러한 것을 마음[心]이라고 한다. 마음은 드러나지 않으므로 속[奧]이라고도 한다.

율곡栗谷은 마음을 성정의性情意라고 밝힌 적이 있다. 거품이 일면 물은 보이지 않고 거품만 보인다. 성性이란 거품 밑에 있는 물이나 같다. 그러나 보이는 거품 같은 것이 정情이요, 의意와 같은 것이라고 여겨도 무방하다.

물만 있다면 거품이 일지 않는다. 물이 외부의 것들과 어떤 관계를 가져야 물 위에 거품이 인다. 마음 밖의 것들을 사물事物이라고 한다. 마음이 사물과 만나 관계를 맺는 것을 정의情意라고 한다. 이러한 정의가 물 위에 인 거품 같다고 여겨도 된다.

마음에 거품이 일면 여러 말들이 생겨난다. 말이 생겨나면 여러 의미들이 떠오른다. 그렇게 떠오르는 의미들은 형형색색이고 수시로 변한다. 그러나 거품 밑의 물이 변하지 않는 것처럼 변하지 않는 마음의 터를 성性이라고 한다. 여기서 노자가 도를 영아嬰兒:赤字에 비유한 것을 이해할 수 있다.

갓난아이〔嬰兒〕를 핏덩이〔赤子〕라고 부른다. 갓난아이의 마음에는 거품이 일지 않는다. 말하자면 갓난아이는 마음속〔奧〕만 있지 아직 정의情意라는 것은 없다. 그래서 갓난아이의 마음속을 허虛라고 한다. 그 속에는 정의가 만들어 내는 사물과 맺은 의미들이 없는 까닭이다.

그러나 갓난아이를 살덩이라고 하지는 않는다. 살아서 숨을 쉬고 있는 목숨인 까닭이다. 목숨의 씨앗 같은 것이 성性이라고 새겨도 무방할 것이다. 성이란 씨앗이 돋아 정의를 피워 낸다. 이를 생명이라고 한다. 생명을 유지하게 해 주는 것을 덕이라고 한다.

덕의 손길이 생명에서 떠나는 것을 사死라고 한다. 떠난 것은 어디론가 다시 가야 한다. 사는 어디로 간단 말인가? 죽음〔死〕은 되돌아간다. 이처럼 존재하는 만물은 왔다가 간다. 말하자면 도는 만물로 하여금 생사의 길을 밟게 한다. 노자는 생사의 길 밟기를 반자反者라고 했고 도의 움직임〔道之動〕의 반자는 도가 풀무질을 하는 것과 같다고 했다.

도의 풀무통〔槖籥〕은 허虛이다. 그 풀무통에서 나오면 생生이고 들어가면 사死이다. 우주 만물은 그 생사의 길손일 뿐이다. 그 길손은 저마다 성性을 지니고 있다. 맹자는 사람의 성과 개의 성〔犬性〕이 다르다고 했지만 그 성을 부여한 자를 말하지 않았다. 인성人性과 견성犬性이 다를지라도 도의 것임에는 다름이 없다고 보는 것이 곧 노자의 포일이다. 그 하나〔一〕를 성이라고 헤아려도 무방할 것이요, 기氣라고 보아도 될 것이다. 그 일기一氣를 도의 풀무통을 들고 나게 하는 기운이라고 여겨도 될 것이다. 그 기운은 선한 사람이라고 편애하고 선하지 않는 사람이라고 해서 미워하지 않는다는 것을 밝혀 도를 떠날 수 없음을 말한다. 왜 노자는 자주 이러한 말을 되풀이했을까? 왜냐하면 인간은 한사코 도를 잊어버리고 삶을 살기殺氣로 채우려는 착각을 범하기 때문이다. 노자의 다음과 같은 절규를 들어 보라.

도라는 것은 만물에 드러나지 않고 속에 있는 원자原者이다〔道者萬物之奧〕. 그것〔奧〕은 선한 사람의 보물이지만〔善人之寶〕, 선하지 않은 사람일지라도 간직하고는 있다〔不善人之所保〕. 착하고 아름다운 말은 서로 주고받을 수 있는 것이며〔美言可以市〕, 존경스러운 행위는 사람들에게 보탬이 될 수 있다〔尊行可以加人〕. 그러므로 선하지 못한 사람이라고 해서 어찌 버릴 수 있을 것인가〔人之不善何棄之有〕?

멀쩡하던 사람이 혈압 탓으로 중풍이 들면 불인하다고 한다. 불인不仁이란 사람이 아니라는 말이다. 그러나 불인할수록 소중히 하라고 한다. 천지가 불인〔天地不仁〕인 까닭이다.

어느 집이나 노인이 있으면 가족들은 노인이 중풍에 걸릴까 봐 걱정한다. 중풍 걸린 인간은 오줌똥을 받아 주어야 하고 밥을 먹여 주어야 하는 까닭에 시중들기가 여간 어렵지 않다. 그래서 중풍이란 병환이 효자를 판가름한다고 한다.

늙은 부모 중에 한 분이 중풍에 걸려 몸져눕게 되면 편히 돌아가시지 못하게 되었다고 자식들은 근심한다. 편하게 임종을 맞는 것도 타고난 복이라고 한다. 그 복을 잃었으니 안타깝다는 심정보다 더 지극한 선善은 없다. 천수를 탈 없이 바라는 것은 사람의 욕심일 뿐 어차피 임종은 누구에게나 있는 법이므로 노년의 죽음은 편하게 이루어져야 한다는 자식의 정은 지극한 선에서 나온다.

그러나 시중을 들다 보면 지쳐 돌아가 주기를 바라는 심정이 돋아나게 된다. 이러한 심사는 분명 불선不善한 것이다. 선했던 것이 불선한 것으로 변하는 것을 인정人情이라고 한다. 이처럼 인정에는 선善과 불선不善이 얽혀 있다.

편안한 임종을 바라는 심정은 선하지만 임종을 재촉하는 것은 불선이다. 선한 것을 따지고 보면 무엇이나 소중히 하고 사랑하는 마음이며, 불선한 것을 따지고 보면 무엇이나 하찮게 생각하며 싫어하는 마음이다. 무엇이든 소중히 하고 사랑하는 마음은 곧 도道로 통한다. 그러나 불선은 도에서 멀리 떨어져 나가려고 하지만 결국 그 길을 벗어날 수 없다. 이러한 심정으로 중풍이 든 노인을 간병하면서 인정은 선과 불선을 넘나든다.

미언美言이란 어떤 것인가?

그것은 입에 발린 말이 아니라 속에서 우러나오는 참말이다. 참말은 상처를 낫게 하고 거짓말은 상처의 고름을 채운다. 행복은 나누면 두 배로 늘어나고 불행은 나누면 반으로 준다고 하지 않는가! 이러한 심정으로 주고받는 말이 곧 미언이다.

속셈을 하면서 말하지 마라. 그것은 거짓말이다. 말꼬리를 물고 늘어지지 마라. 그것은 말로 재주를 부리려는 것이다. 말로 재주를 부리면 거짓말의 공장이 된다. 거짓말은 항상 난장판을 만든다. 그러나 미언은 시골 장터처럼 훈훈하게 한다. 그래서 미언은 선하고 위언僞言은 불선하다.

존행尊行이란 어떤 것인가?

그것은 남을 먼저 위하려는 뜻에서 나오는 행동이다. 추행은 남을 무참하게 하여 자기를 더럽히는 것이고 폭행은 남을 아프게 하여 자기를 잔인하게 하는 짓이다. 앉을 자리 누울 자리를 살펴서 행동하라. 이것이 곧 존행의 길이다. 그러나 자기만 앞세우고 챙겨서 염치 없는 짓을 하면 그것은 자행恣行이다. 남에게 보탬을 주는 행동이야 말로 존행이 아닌가!

남을 도와 보탬이 되면 선이요, 남을 해쳐 손해를 입히면 불선이다. 불선함을 알고 뉘우치면 더욱 선이 된다는 것을 안다면 잃었던 길을 다시 찾은 셈이다. 그래서 선에만 도의 깊은 뜻이 보물처럼 있고 불선한 것에는 없다고 노자는 말하지 않았는가?

선은 도의 뜻〔奧〕이 보물로 소중히 간직되어 있지만 불선에도 그 뜻이 없는 것이 아니라 보관돼 있다는 것〔保〕을 우리는 살펴 들어야 한다. 인생에 이보다 더 튼튼한 믿음은 없다. 왜냐하면 불선도 선으로 회귀한다는 것을 믿기 때문이다. 선도 지나치면 악이요, 미도 지나치면 추라고 한 것은 이를 두고 한 말이다. 지나친 선은 불선을 증오하려고 하는 까닭에 선이 악을 짓게 되고 지나친 미는 추한 것을 증오하려고 하므로 더럽게 되는 수가 있다. 노자는 불선한 것을 용서하는 선이야말로 가장 튼튼하다고 다음처럼 밝혀 주고 있다.

황제를 세우고〔立天子〕, 삼 정승을 두고〔置三公〕, 수레를 타고 가 현자에게 보물을 주어 모시는 것일지라도〔雖有拱璧以先駟馬〕, 가만히 앉아 이와 같은 도를 향해 나아가는 것보다 못하다〔不如坐進此道〕.

모든 사람이 소중히 하고 사랑하는 마음을 지닌다면 선, 불선을 분별할 필요가 없다. 모두 선한 사람이라면 세상의 아픔은 일어나지 않을 것이 아닌가! 도를 향해 나아간다〔進道〕 함은 말을 선이 되게 하는 것〔美言〕과 행동을 선이 되게 하는 것〔尊行〕에서부터 시작해야 함을 뜻하고 있는 셈이다. 이보다 더 정곡을 찌를 수는 없다.

도라는 것은 만물에 드러나지 않고 속에 있는 원자原者이다. 그것〔奧〕
은 선한 사람의 보물이지만 선하지 않은 사람일지라도 간직하고는
있다. 착하고 아름다운 말은 서로 주고받을 수 있는 것이며, 존경스
러운 행위는 사람들에게 보탬이 될 수 있다. 그러하므로 선하지 못한
사람이라고 해서 어찌 버릴 수 있을 것인가?

〔道者萬物之奧 善人之寶 不善人之所保 美言可以市 尊行可以加人 人之
不善何棄之有〕도자만물지오 선인지보 불선인지소보 미언가이시 존행가이가인 인지불선하
기지유

그러므로 황제를 세우고 삼 정승을 두고, 수레를 타고 가 현자에게
보물을 주어 모시는 것일지라도 가만히 앉아 이와 같은 도를 향해 나
아가는 것보다 못하다.

〔故立天子 置三公 雖有拱璧以先駟馬 不如坐進此道〕고입천자 치삼공 수유공벽
이선사마 불여좌진차도

예부터 이러한 도를 소중히 해 온 것은 무슨 까닭인가? 매일 구하지
않아도 얻어지고 죄를 지어도 용서해 주는 까닭이 아닌가! 그래서
천하에서 귀하게 된다.

〔古之所以貴此道者何 不日求以得 有罪以免耶 故爲天下貴〕고지소이귀차도
자하 불일구이득 유죄이면야 고위천하귀

도움말

제62장에서는 도의 깊은 뜻을 잊지 말라고 한다. 온갖 사물을 대할 때 도를 잊지 말라는 것이 이 장의 경고이다. 도를 밝히기 위해 고행할 것은 없다. 일상생활에서 선하게 되려고 하면 할수록 도를 얻게 된다고 말하고 있다. 이 얼마나 편한가! 만물지오萬物之奧의 오奧는 드러나지 않고 숨어 있는 것이며 존재의 근원을 가능하게 하는 것이라고 여겨도 될 것이다. 그러한 근원을 성性이라고 말하기도 한다.

가이시可以市의 시市는 사고 팔고 하는 곳을 뜻하며 여기서는 주고받는다고 이해하면 된다. 한 마디 말로 천 냥 빚을 갚는다고 하는 데서 미언의 시市를 느낄 수 있다.

가이가인可以加人의 가加는 남에게 보탬이 되고 도와주는 것을 뜻하고 해롭게 하지 않는 것이다. 백지장도 둘이 맞들면 그만큼 가볍다는 속담에서 가加의 참뜻을 헤아릴 수 있다.

공벽拱璧은 값비싼 보물을 바친다는 뜻으로, 요즈음 말로 한다면 거금의 스카우트 비용을 들여 데려오는 것을 의미한다.

사마駟馬는 네 마리의 말이 끄는 수레이다.

좌진坐進은 편안히 앉아서 정진하는 것이다.

일구日求의 구求는 고생스럽게 구하는 것, 즉 고행苦行 등을 연상하면 된다.

제63장 무위 무사는 태만이 아니다

맹물 맛보다 더 맛있는 것은 없다

무위無爲를 어렵게 생각할 것은 없다.

해로운 짓을 하지 않으면 그것이 곧 무위이고 더러운 짓을 하지 않으면 그것이 또한 무위이다. 불가에서는 나를 취하면 더럽고[取我是垢], 나를 버리면 깨끗하다[不取我是靜]고 말한다. 이 역시 무위를 말하는 셈이다. 욕심을 절제하면 무위의 절반은 되는 셈이고 욕심을 버리면 무위는 곧장 드러난다.

무사無事를 어렵게 생각할 것은 없다.

무사는 자연自然을 뜻한다고 생각해도 무방하다. 그냥 있는 그대로 가만히 두면 그것이 곧 자연이다. 무사는 그렇게 하는 것이다. 수작을 부리지 마라. 그러면 그렇게 하는 것이 곧 자연이다. 꾀를 부리거나 구실을 붙여 덧칠하지 마라. 그러면 자연은 저절로 된다. 일을 꾸며 어렵게 만들고 함정을 파 놓고 남이 빠지기를 도모하지 마라. 그러면 일은 자연스럽게 풀린다. 순리가 자연의 길이란 것을 헤아리면 된다.

산은 산이요[山是山], 물은 물이다[水是水]라는 불가의 말도 자연을 뜻하는 셈이다. 자연스럽게 하라. 순리를 어기지 마라. 이것이 곧 무사요, 자연이다.

그러나 사람은 한사코 긁어 부스럼을 만든다. 이런 짓을 유위有爲라 한다. 혹은 인위人爲라고도 한다. 노자가 절인기의絕仁棄義라고 한 것은 인을 잘라 버리라는 것이 아니라 인을 앞세워 비인非仁의 짓을 하지 말라 함이요, 의를 버리라는 것이 아니라 의인 척하면서 불의不義를 일삼지 말라 함이다. 인간 중심으로 억지를 부리지 않으면 무위이다.

사람은 패를 짓고 편을 짜 서로 다툰다. 사랑에는 인색하면서 시샘은 많고 달면 삼키고 쓰면 뱉는다. 이것은 모두 이기利己의 심술이다. 심술을 부리지 않으면 무사하다. 왜 세상 일이 뜻대로 안 되는가? 심술 탓이라고 여기면 무사의 참뜻을 깨우친 셈이다.

실을 실패에 잘 감아 두면 풀어 쓰기가 쉽다. 이것이 무사한 것이다. 그러나 실타래를 헝클어뜨려 놓으면 풀어 쓰기가 어렵다. 이것은 모사謀事일 뿐이다. 일을 잘 풀어 가고 싶다면 실패에 실을 감는 마음을 먼저 가져라.

무위의 무사는 부드럽고 유연한 마음씨에서 그 싹이 튼다. 그런 마음은 넉넉하면서 성실하다. 성실하지 않으면 무위의 무사는 멀어진다. 꾀를 부릴수록 게을러지고 게으름을 피울수록 도둑이 된다고 하지 않는가!

탈이 나고 흠이 되는 것은 모두 순리를 어겨 비롯되는 도심盜心들이다. 남의 집에 몰래 들어가 훔치는 것만 도둑질이 아니다. 한탕주의도 도둑이고 기회주의도 도심이며 복부인이나 투기꾼, 졸부란 것은 도심의 졸개들이다.

인간이여! 이러한 졸개들로 타락하지 마라. 그래서 노자는 다음처럼 우리들에게 약이 될 말을 들려 주고 있다.

무위하라[爲無爲]. 무사를 받들어라[事無事]. 맛없는 것을 맛보라[味無味]. 큰 것은 작은 것에서 비롯되고 많은 것은 적은 것에서 생긴다[大小多少]. 덕으로 원한을 갚아라[報怨以德]. 어려운 일은 쉬운 일에서 계획되고[圖難於其易], 큰일은 사소한 일에서 빚어진다[爲大於其細]. 천하의 어려운 일은 반드시 쉬운 일에서 도모되고[天下難事必作於易], 큰일은 반드시 사소한 일에서 꾸며진다[天下大事必作於細].

알부자로 소문난 노파가 있었다. 그 노파는 큰 길가에 빌딩을 갖고 있었다. 몇 개의 점포와 목욕탕이 딸린 그 빌딩은 노파에게 달마다 많은 돈을 안겨 주었다.

노파에게는 친자식은 없었고 조카만 하나 있었다. 그러나 노파는 조카를 멀리했다. 재산을 빼앗아 갈 도둑으로 보았던 것이다. 노파는 조카에게 재산을 물려주지 않을 생각으로 아예 그런 욕심은 갖지 말라고 했다. 차라리 남을 입적시켜 자식으로 삼아 재산을 물려주겠다고 호언하면서 호사스럽게 살았다.

그 노파의 이웃에 젊은 부부가 세를 들어 살았다. 부부가 노파의 자식 노릇을 하겠노라고 노파에게 공을 들였다. 그렇게 몇 달이 가자 노파는 부부를 자식으로 삼았다.

입적을 마친 부부는 노파의 재산을 가로채려고 했다. 노파의 인감을 훔쳐 서류를 꾸며 법적으로 소유권을 가져갔다. 뒤늦게 이 사실을 안 노파는 분통이 터져 입적을 무효화하려 할 즈음 뇌졸중으로 쓰러지고 말았다.

재산을 가로챈 부부는 노파의 살덩이를 어느 병원에 입원을 시켜 놓고 죽기만 기다렸다. 조카가 이를 알고 병문안을 갔지만 제지당했다는 사실이 진정서를 통해 세상에 알려졌다. 조카는 노파가 살아나 입을 열 수 있기를 바랐고, 노파의 재산을 착복한 부부는 어서 그 노파가 죽기를 바랐다.

세상은 노파를 동정하지 않았다. 노파는 자기만 알고 살았기 때문에 끝이 망측한 것이고, 양자로 입적한 부부는 처음부터 도둑이 틀림없었으며, 뒤늦게 나타나 고소한 조카도 잿밥을 탐내는 얌체와 같다고 세상은 수근거렸다. 이런 사건은 무사無事하지 못해 빚어진 추태들이다. 무사하면 세상의 입질에 올라 눈총을 받지 않는다. 무사할 줄 몰라 탐욕이 더럽게 추해지는 것이 아닌가!

맛없는 것을 맛보라.

곧고[直] 바른 것[正]에는 냄새가 없다. 달콤한 말을 멀리하고 쓴 말을 귀담아들으라고 한다. 그러나 쓰든 달든 말이 내는 냄새는 뒷내를 남기게 된다. 좋은 말도 잦으면 짜증난다고 하지 않는가! 침묵보다 더 좋은 말은 없다. 침묵은 냄새가 없는 말인 까닭이다. 입맛을 내자고 향료를 칠 것은 없다. 먹은 것이 편하면 그만이다. 그래서 노자는 실기복實其腹이라고 했다.

금은보화로 금고를 채우고 산해진미로 뱃속을 채우자고 아우성을 친다. 그런 아우성을 물욕物欲이라고 한다. 물욕의 맛이 꿀맛이라고 야단이지만 뒷끝에는 구린내가 난다. 오죽하면 털어 먼지 안 날 놈 어디 있느냐고 인간들끼리 삿대질을 하겠는가? 그래서 냉수 마시고 속 차리라는 너스레가 나온 것이다.

냉수는 맛이 없다. 그런데 왜 냉수 맛이 천하일미라고 하는가? 보탠 것이 없는 까닭이다. 맑고 깨끗한 것이 물맛이다. 커피나 홍차는 매일 마시지 않아도 된다. 그러나 반나절만 물을 못 마시면 갈증이 나고 그것이 심하면 죽는다. 목숨을 소중히 하고 사랑하는 맛은 물맛이 아닌가! 무위無爲의 무사無事는 무미無味하다.

왜 큰 것은 작은 것에서 나오고 많은 것은 적은 것에서 나올까?

눈곱보다 작은 씨앗에서 천 년 거목이 된 느티나무가 나온 까닭이다. 어미 소는 크고 송아지는 작다고 하는 것은 인간의 속셈일 뿐이다. 그래서 장자는 가을 산천에 떨어지는 짐승의 털끝이 가장 크고 태산이 가장 작다고 했다. 물욕 또한 그렇다. 좀도둑이 소소둑으로 되는 법이다.

무위의 무사는 큰 것을 탐하고 작은 것을 팽개치지 않는다. 자라게 할 뿐 망하게 하지 않는 까닭이다. 크다는 것은 무엇인가? 작은 것이 크게 된다는 것이고 적은 것이 많아진다는 말이다.

그러므로 사촌이 논을 사도 배가 아프지 않다면 대소다소大小多少를 알 것이고, 자라서 불어나는 것이 길고 선하며 오래간다는 장長을 헤아릴 것이다. 대리가 계장이 되고 계장이 과장이 되는 것이 아닌가! 큰 것은 크고 작은 것은 작다는 단정에서 음해도 나오고 음모도 꾸며진다.

원한을 덕으로 갚아라.

눈에는 눈, 이에는 이로 갚는다. 가시방석에 앉아 쓰디쓴 쓸개를 씹으며[臥薪嘗膽] 복수의 칼을 갈자. 이렇게 하지 말라는 것이다. 칼은 칼을 부르고 피는 피를 부른다. 이것이 원한의 분憤이다.

소인은 앙갚음을 하고 대인은 용서한다. 남의 심정을 모를 때 강퍅해지고 남의 심정을 헤아릴 때는 넉넉해진다. 넉넉한 것이 옹색한 것을 끌어안아 주어야 한다. 원한을 용서하면 우정이 된다. 우정보다 더 큰 덕의 샘물은 없다. 그래서 공자도 패거리를 짓지 말고 어울릴 줄 알라[和而不同]고 했다. 패거리를 지으면 내 편 네 편이 생기고 편이 갈라지면 원한을 짓게 된다. 편싸움이란 언제나 몫을 놓고 다투기 때문이다. 남을 아프게 하지 말고 보살펴 주라. 이것이 보원이덕報怨以德이다.

쉬운 일부터 소중히 하라.

패망한 나라나 무너진 정권을 보면 하나같이 백성의 원怨을 무시하거나 탄압한다. 원은 옳고 그름을 가려 시비를 풀자는 데서 그 싹이 튼다. 정치가 그 싹을 보살펴 새순을 돋게 하기는커녕 싹뚝 잘라내 버리는 짓을 하면 강권이 발동된다.

강권은 호미로 막을 구멍을 가래로도 못 막게 탈을 낸다. 백성의 가려운 데를 찾아 긁어 주면 될 일을 팽개쳐 두고 강권으로 밀어붙이면 된다고 믿는 정치는 바람 앞의 촛불과 같다.

강권은 굳고 강해 보이고 백성은 약해 보인다. 그러나 약한 것이 강한 것을 이긴다는 노자의 말은 틀리지 않는다. 못된 정권이 백성을 이긴 적은 없다. 그러므로 정치는 백성의 사소한 불편도 소중히 할 줄 알아야 한다. 백성에게 골탕을 먹이면 난리가 일어난다.

이러한 이치는 개인에게도 마찬가지이다. 게으름을 피우며 놀아나고 기생충처럼 붙어살기를 좋아하는 사람은 결국 어려움에 시달리게 마련이다. 이러한 것들이 도난어기이圖難於其易이고 위대어기세爲大於其細이다.

성인은 후회하지 않는다

동양에서는 인생의 선생을 성인이라고 한다. 도가에서는 무위로 사는 사람을 성인이라 하고, 유가에서는 인의仁義의 화신을 성인이라고 하며, 불가에서는 견성見性한 사람을 성인이라고 부른다.

무위의 성인이든, 인의의 성인이든, 견성의 성인이든 모두 다 한결같이 무심無心한 선생이다. 왜 성인을 마음이 없는 사람이라고 할까? 성인은 자기를 앞세우지 않는 까닭이다.

불가의 해탈은 자기에서 벗어나라는 것이고, 도가의 사기舍己 또한 자기를 버리라는 것이며, 유가의 극기도 자기를 이겨내라는 말이다. 그러나 나[自己]를 부정하는 것이 아니라 오히려 나를 긍정하기 위해 그렇게 하라는 것이다. 현대인은 이를 오해하고 사기나 극기를 멀리한다.

현대인은 마음속이 넓지 못하다. 마음속에 빈 곳을 두려고 하지 않는다. 별의별 생각과 느낌들로 마음속을 가득 채운다. 의식하므로 나는 실존한다고 단언한다. 바야흐로 정보의 시대가 아닌가! 지식이 모자라면 살아남지 못하고 지식에서 뒤지면 도태된다며 자기는 실존한다고 선언한다. 이러한 현대인은 마치 뱀을 만난 풍선개구리와 같은 셈이다.

도전할 거리를 쉴새없이 만들어야 생활이 윤택해진다고 자신한다. 생활의 윤택 정도를 따져 자기의 실존을 확인하려는 것이 현대인의 물질화物質化이다. 물질의 풍요가 곧 생활을 윤택하게 하는 보증수표라고 믿는 것 또한 인간의 물질화가 아닌가! 그러나 성인은 물질화를 떠나 생명화生命化를 누리는 장본인이다.

현대인은 생활의 윤택함을 위해 자기의 목숨을 고통스럽게 하고 있는 줄을 모른다. 물질의 풍요와 정비례해서 갖가지 범죄가 난무하는 것을 보라. 살인은 남의 목숨만 해치는 것이 아니라 제 목숨도 해친다. 못된 짓을 범하고 쇠고랑을 차는 인간들은 모두 제 목숨을 스스로 짓밟는 셈이다. 목숨이 소중한 줄 모르고 물질이 소중한 줄 알았다가 당하는 환란이다. 목숨을 돈과 바꾸려는 짓이야말로 현대인이 앓고 있는 가장 큰 착각이며 현대 문명이 인간을 현혹하는 장난이다. 그러나 성인은 그런 장난에 말려들지 않고 덕으로 어울리는 것〔德和〕을 따른다.

생활을 위해 목숨이 있는가 아니면 목숨을 위해 생활이 있는가? 이렇게 자문해 보면 답이 나올 것이 아닌가! 먹기 위해 사는가 아니면 살기 위해 먹는가? 이렇게 자문해도 답은 나올 것이다. 생활 때문에 목숨을 해치지 마라. 그러면 덕이란 것을 당장 체험할 수가 있다.

욕망은 생활이 윤택해지는 것을 끊임없이 부채질하고 덕은 편안한 생명을 즐기라고 한다. 욕망이 탐하는 생활의 윤택함은 언제나 다툼〔爭〕을 겪고 목숨을 해치는 마약처럼 되려고 한다. 그러나 성인은 욕망이란 마약에 중독되지 않는다. 성인은 생명을 해치는 것이라면 차라리 빈궁한 생활을 즐긴다.

물질화의 장난은 결국 욕망이 만들어 놓은 덫이거나 함정이다. 이러한 덫에 걸려들지 않고 함정에 빠지지 않기 위해 노자는 자기를 버리라〔舍己〕고 했고 공자는 자기를 이겨내라〔克己〕고 했다. 노자의 성인은 사기하고 공자의 성인은 극기한다. 말은 서로 다르지만 무엇보다 생명이 소중하다는 관점에 일치하고 있다.

무위 무사한 성인은 자기라는 것을 버리고 산다. 그렇게 사는 성인의 모습은 어떤가? 다음과 같은 노자의 말을 들어 보면 성인의 모습을 엿볼 수 있을 것이다.

성인은 끝내 크게 되려고 하지 않는다[聖人終不爲大]. 그래서 성인은 큰일을 이룰 수가 있다[故能成其大]. 무릇 경솔한 약속은 신빙성이 적은 것이고[夫輕諾必寡信], 너무 쉽사리 처리된 것은 반드시 일을 어렵게 한다[多易必多難]. 이와 같으므로 성인은 쉬운 일도 어렵게 하는 것처럼 보인다[是以 聖人猶難之]. 이렇게 해서 성인에게는 끝내 어려움이란 없다[故終無難].

손톱만 한 청개구리는 제 몸이 작은 줄 알기 때문에 위기를 모면하고, 주먹만 한 청개구리는 제 몸이 몹시 큰 줄 알고 자만하다가 참변을 당한다.

축축한 풀밭을 기어다니는 물뱀은 개구리 사냥을 하려는 것이다. 물뱀이 나타난 듯하면 손톱만 한 청개구리는 죽은 것처럼 보이려고 풀잎에 납작 엎드려 죽은 시늉을 한다. 물뱀은 죽은 것처럼 붙어 있는 먹이를 보지 못하고 지나치게 된다.

그러나 주먹만 한 청개구리는 물뱀을 만나면 겁을 주려고 한다. 이런 짓은 사냥감이 사냥꾼에게 덤비는 것과 같다. 바람을 잔뜩 들이마셔 턱 밑에 붙어 있는 바람주머니를 팽팽하게 부풀려 허세를 부리며 덤빌 테면 덤벼 보라는 듯이 물뱀과 맞선다. 물뱀은 그런 허세를 안다. 그래서 물뱀은 물러서지 않고 때를 기다린다. 그러나 마냥 바람주머니를 팽팽히 하고서는 오래 견디지 못한다. 온몸에 힘이 들기 때문이다. 주먹만 한 청개구리는 제풀에 꺾여 들이마신 바람을 잡아 둘 수가 없어 홀쭉해진다. 그때 물뱀은 잽싸게 낚아채 먹어 버린다.

손톱만 한 청개구리는 슬기롭게 목숨을 구했고 주먹만 한 청개구리는 허세를 부리다 목숨을 잃었다. 일은 내지 않는 것[無事]과 일을 내는 것[謀事]의 차이는 이런 것이다. 무사는 어려움[難]을 쫓지만 모사謀事는 어려움을 불러온다.

어려움 중에서 목숨을 잃는 것보다 더 큰 환란은 없다. 작은 청개구리는 성인을 닮은 셈이고, 큰 청개구리는 현대인을 닮은 셈이다. 물뱀을 현대 문명이라 생각해도 될 것이다.

제63장의 무위와 무사 그리고 무미는 무심으로 가는 길과 같다. 그 길의 모습을 허虛라고도 하고, 정靜이라고도 하며, 명明이라고도 한다. 왜 무심의 모습을 이렇게 말하는 것일까? 철학적으로 어렵게 생각을 펼치는 것보다 마음속에 치렁치렁 붙어 있는 욕심을 줄이라는 말로 새겨들으면 알 수 있다. 마음에 욕심이 덜하면 덜한 만큼 빈 곳이 생기고 욕심의 파도가 잠잠해져 고요해지며, 욕심의 장막이 걷히며 밝아지는 것을 체험해 본 사람은 알아들을 것이다.

원문의역

무위하라. 무사를 받들어라. 맛없는 것을 맛보라. 큰 것은 작은 것에서 비롯되고 많은 것은 적은 것에서 생긴다. 덕으로 원한을 갚아라.

〔爲無爲 事無事 味無味 大小多少 報怨以德〕 위무위 사무사 미무미 대소다소 보원이덕

어려운 일은 쉬운 일에서 계획되고, 큰일은 사소한 일에서 빚어진다. 천하에 어려운 일은 반드시 쉬운 일에서 도모되고, 큰일은 반드시 사소한 일에서 꾸며진다.

〔圖難於其易 爲大於其細 天下難事必作於易 天下大事必作於細〕 도난어기이 위대어기세 천하난사필작어이 천하대사필작어세

이로써 성인은 끝내 크게 되려고 하지 않는다. 그래서 성인은 큰일을 이룰 수가 있다.

〔是以 聖人終不爲大 故能成其大〕 시이 성인종불위대 고능성기대

무릇 경솔한 약속은 신빙성이 적은 것이고, 너무 쉽사리 처리된 것은 반드시 일을 어렵게 한다.

〔夫輕諾必寡信 多易必多難〕 부경낙필과신 다이필다난

이와 같으므로 성인은 쉬운 일도 어렵게 하는 것처럼 보인다. 이렇게 해서 성인에게는 끝내 어려움이란 없다.

〔是以 聖人猶難之 故終無難〕 시이 성인유난지 고종무난

도움말

제63장은 덕을 짓고 근본을 지켜 어려움을 없게 하는 삶을 말하고 있다. 무위 무사는 곧 입덕무본立德務本의 실천이다. 그러면 인생의 고난은 없다.

사무사事無事의 앞쪽 사事는 받들어 소중히 함을 뜻한다.

대소다소大小多少의 대소大小는 서로 상대함을 뜻하는 것이 아니라 큰 것〔大〕은 작은 것〔小〕에서 생긴다는 것이며, 다소多少 역시 많은 것〔多〕은 적은 것〔少〕에서 생겨난다는 의미이다.

보원이덕報怨以德의 원怨은 시비, 분별, 차별 등에서 입은 아픔이요, 그 아픔을 시정하려는 마음가짐이다. 덕은 그러한 아픔을 없애 준다. 원수를 원수로 갚지 말라는 것이다.

난難은 어렵게 되는 것이고 이易는 소홀히 하고 쉽게 여기는 것을 말한다.

위대어기세爲大於其細의 대大는 큰일을, 세細는 사소한 것을 이른다.

난지難之는 신중하고 성실하게 일에 임하는 것을 뜻한다.

무난無難은 일이 잘못돼 탈이 생기는 경우를 생각하게 한다.

제64장 편안함과 편리한 것은 다르다

몸이 편한가 마음이 편한가

몸이 편하기만을 바라면 마음이 불편할 것이고 마음이 편하기를 바라면 몸은 힘이 드는 과정을 거쳐야 한다. 일에 성실하면 마음은 홀가분하지만 몸은 부지런해야 한다. 그러나 일에 나태하면 몸은 편하지만 마음은 불편하다. 땀 흘려 일하는 순간은 몸이 힘들지만 일을 다 마치고 나면 마음이 떳떳해 상쾌하다. 꾀를 피우고 구실을 붙여 일을 피하면 당장에 몸은 편하지만 끝내 남의 눈치를 살피느라고 마음은 찝찝해진다.

몸이 부지런하면 마음은 편하다. 이것을 화和로 보아도 된다. 스스로 맡은 바 일을 마음껏 열심히 하면 걸림 없고 당당하다. 이것은 낙樂이라 생각해도 된다. 그러므로 화락和樂하면 할수록 무사하다. 화락하면 무사하기 쉽고 무사하면 화락하기 쉽다. 그러므로 무사하라.

몸만 편하게 하고 마음을 게을리하면 몸을 편하게 하려고 마음을 도둑질한 것과 같다. 도둑질한 것은 지키기가 어렵다. 다시 도둑맞거나 빼앗기기 쉬운 까닭이다. 마음을 도둑맞지 않고 편안해야 지키기가 쉽다. 물욕은 화락을 멀게 하고 불안을 안겨 준다. 편안함을 지키기 쉽게 하려면 물욕의 용심用心이나 심술心術을 부리지 마라.

일마다 처음[始]이 있고 끝[末]이 있게 마련이다. 처음이 좋으면 끝도 좋다는 것은 일하는 중에 억지를 부리지 말라는 것과 같다. 좋은 일이 궂은 일처럼 끝맺음을 하는 것은 그 과정이 과했거나 모자랐던 까닭이다. 항상 실마리를 순리대로 풀어야 한다. 일의 낌새 같은 것을 조兆라고 한다.

실마리의 처음을 잘 잡아 감아 두어야 실마리 끝으로 풀기가 쉬운 것처럼 일의 징조가 나타나기 전에 일을 순리대로 풀어 가면 처리하기가 쉽다. 일을 어렵게 만들지 말고 쉽게 풀어 가자면 일의 단서가 얽혀들기 전에 차분히 처리하는 것이 모謀이다. 먼 길을 끝까지 가는 사람은 처음부터 서둘지 않고 차근차근 걷는다.

길조吉兆라고 해서 기뻐하며 경솔하면 끝이 흉조凶兆와 다름없게 될 것이고, 흉조라도 조심하면 그 끝을 길조의 버금은 되게 마감할 수 있다. 길조임이 분명하면 끝마저 좋게 도모할 것이요, 흉조라면 빨리 단념하는 것 또한 좋게 도모하는 것이다. 그렇지 않고 역모逆謀를 하면 탈이 난다.

일의 실마리[兆]가 애매하면 사람은 그 꼬투리를 찾아 꾀를 부리고 수작을 꾸미려고 한다. 이것을 역모라고 한다. 모사는 역모를 부르고 역모는 음모를 낳고 음모의 끝은 언제나 불행할 뿐이다. 그러므로 억지로 모사하지 마라.

돌로 만든 부처는 비바람을 못 견디고, 쇠로 만든 부처는 용광로 속을 지나갈 수 없으며, 나무로 만든 부처는 불더미 속을 못 지나가고, 흙으로 만든 부처는 물길을 건너가지 못한다고 불가에서 말한다. 부처 그 자체는 비바람이든 용광로든 불길이나 물길에 거침없지만 물질로 만들어진 부처는 취약脆弱하다. 물질을 탐하는 욕망보다 더 나약한 것은 없다.

왜 욕망은 절망을 낳는가? 물질은 인간을 나약하게 하는 까닭이다. 나약한 것을 두고 안절부절못하지 마라. 그러면 그럴수록 마음은 편안할 수 없고 몸은 조여 든다. 인간을 생각하는 갈대라고 하지 않는가! 정신으로 보면 인간은 강하고 몸[肉體：物質]으로 보면 나약하다. 나약한 몸만을 생각하려고 할 때 그런 생각은 물욕을 부른다. 그러므로 물욕에 매달려 심신을 괴롭게 하지 마라.

돌은 강한 것이 아니다. 부서지고 쪼개지며 조각이 난다. 돌은 물物이기 때문이다. 그러므로 물을 탐하는 정情：物欲도 끈질기되 강한 것은 아니다. 물욕이 많으면 결국 부서지고 산산조각이 난다. 그러므로 물욕은 나약한 것에 불과하다. 그래서 물은 취脆하고 미微한 것이다. 나약하고 미약한 것이 물이다.

그러나 현대인은 물이 돈이 되고 돈이면 못할 게 없다고 오만을 떨고 방자하다. 그래서 화락을 잊어 목숨을 소중히 지키기 어렵고 사실만 믿다 보니 동기動機：未兆를 무시하고 결과만 놓고 길조냐 흉조냐를 따지므로 일을 도모하는 데 어려움을 산다. 부드럽고 약한 것이 굳고 강한 것을 이긴다[柔弱勝强剛]고 노자는 말하지만 현대인은 비웃는다. 물질이 취약한 줄을 모르고 미약한 줄을 몰라 현대인은 신표信表를 심증心證이 아니라 물증物證으로 삼아 오히려 심증을 의심하고 물증을 확신하는 꼴이 되고 말았다. 이러한 착각은 다음과 같은 노자의 말을 비웃을 것이다.

편안함은 지키기 쉽고[其安易持], 징조가 들어나기 전에는 처리하기가 쉬우며[其未兆易謀], 취약한 것은 절단 나기가 쉽고[其脆易判], 미약한 것은 흩어지기가 쉽다〔其微易散〕. 일어나기 전에 해치울 것이요〔爲之於未有〕, 분란이 나기 전에 다스릴 것이다〔治之於未亂〕. 등걸을 안고 있는 나무는 터럭 같은 잔뿌리 덕으로 사는 것이며〔合抱之木生於毫末〕, 구 층의 누대도 흙을 쌓아 올려 세우고〔九層之臺起於累土〕, 천 리 길도 한 걸음부터 시작한다〔千里之行始於足下〕.

백장百丈 스님은 복주福州 장락長樂 사람이다. 아흔다섯 살로 입적할 때까지 그 스님은 하루도 놀고먹은 날이 없었다. 스님의 손에는 항상 호미 아니면 괭이가 들려 있었다.

연로하신 큰스님이 날마다 밭에 나가 일하는 모습이 딱해 젊은 스님들이 호미와 괭이를 숨겨 버렸다. 그러자 큰스님은 밥상을 받지 않았다. 젊은 스님들이 몸이 불편해 잡수시지 못하느냐고 물었다. 그러자 백장 스님은 이렇게 말했다.

"하루 일하지 않으면 하루 먹지 않는다."

이 말을 들은 젊은 스님은 감추어 두었던 호미와 괭이를 다시 드릴 수밖에 없었다. 그러자 백장 스님은 밭에 나가 일을 한 뒤 밥을 먹었다.

놀고먹는 것처럼 불편한 일은 없다. 얻어먹는 것과 빌어먹는 것은 다를 바가 없다. 깨우치기 위해 고행도 좋고 정진도 좋으나 제 먹을 몫은 제 몸으로 벌어서 먹어야 함을 백장 스님이 보여 준 셈이다.

하루는 백장 스님이 사람들에게 말했다.

"한 사람은 오랫동안 밥을 먹지 않았는데도 배고프단 말을 하지 않고 한 사람은 온종일 밥을 먹는데도 배부르다 하지 않는다."

그런데 아무도 그 말에 대꾸를 하지 못했다. 왜 말을 못했을까? 밥을 먹는다고 하는 것은 무엇이고 밥을 먹지 않는다고 하는 것은 무엇일까? 밥을 먹지 않는다는 것은 무심無心이고 밥을 먹는다고 하는 것은 욕심欲心이 아닐까 싶다. 욕심은 채워도 채워도 한이 없고 끝이 없다. 그래서 욕심을 부리면 부릴수록 그만큼 불안하고 불편하다.

백장 스님은 또 이렇게도 말한 적이 있다.

"옛날과 사람은 달라진 것이 없다. 옛날에 하던 것과 다를 뿐이다."

사람의 생김새는 달라진 것이 없다. 옛날 사람의 얼굴에 코가 두 개 달려 있었던 것은 아니다. 지금과 마찬가지로 코는 여전히 하나였다. 하는 짓이 달라졌을 뿐이다. 옛날 사람은 마음을 근본으로 치고 물질을 말단으로 보았다. 그러나 요새 사람은 마음 따위는 밀쳐내고 물질이 근본이요, 으뜸이라고 여긴다. 그러니 하는 짓마다 다를 수밖에 없다. 요새 사람은 돈, 돈 하며 산다. 돈으로 물건을 사기는 편리하다. 그러한 돈을 벌려고 얼마나 노심초사하는가! 혹시나 조금이라도 돈을 못 벌거나 덜 벌까 봐 아니면 손해를 보거나 사기를 당할까 봐 얼마나 조바심을 내고 용심을 쓰는가! 그래서 편한가 아니면 불편한가? 이렇게 백장의 말은 반문하게 한다.

백장 스님은 불가에 몸을 담은 선사禪師로 말했지만 노자의 말과 서로 통한다. 호미를 들고 일을 하면 밥 걱정은 않는다. 굶을 걱정이 없으니 얼마나 편한가!

굶을 걱정을 하기 전에 일을 하니 얼마나 일을 잘 처리하는 것인가! 백장의 손에 들린 호미나 괭이는 탈이 일어나기 전에 처리해 버리는 것이요, 분란이 일어나기 전에 다스려 버리는 것과 다를 바가 없다.

탐욕이나 허욕을 부리지 마라. 그러기 위해서는 물욕의 노예가 되어서는 안 된다. 물욕은 사람을 조급하게 하고 몸둘 바를 모르게 한다. 뒤꿈치를 들고 서 있는 사람은 오래 서 있을 수 없고, 돌개바람은 한순간을 버틸 수 없으며, 소나기는 반나절을 지속하지 못한다고 노자가 말하지 않았는가! 장자도 총알을 보고 새구이를 생각하지 말 것이요, 달걀을 보고 새벽을 알려 주기를 바라지 말라고 말했다.

일을 꾸며서 하지 마라.

자벌레는 기는 것으로 만족하고, 펄펄 날아다니는 나비를 부러워하지 않는다. 기는 놈 위에 뛰는 놈이 있고 뛰는 놈 위에 나는 놈이 있다고 하지만 사람은 알면서도 믿지 않는다. 기는 것으로 만족하지 못해 뛰려다 망하고 뛰는 것으로 만족하지 못해 날아 보려다 떨어지는 사람들이 너무나 많다. 일을 턱없이 벌여 놓으면 마무리를 짓지 못하고 중도에 주저앉는다. 이러한 짓을 실패라고 한다.

고집을 부리지 마라.

낚시에 걸려드는 물고기는 먹이를 물면 놓을 줄 몰라 매운탕거리가 되고 덫에 걸려든 멧돼지는 뒤로 물러날 줄 몰라 목이 졸려 죽는다. 미끼를 물고 있다가 제 목숨을 잃는 물고기나 앞으로 끌고만 가려는 멧돼지의 고집이 또한 목숨을 잃게 한다. 붙들고 놓치지 않으려고 고집을 부리면 부릴수록 잃고 만다. 어디 세상만사가 제 뜻대로 되는 것인가? 아니다. 그래서 천지는 인간의 것이 아니라[天地不仁]고 하지 않았는가!

그러므로 성인은 일을 꾸미거나 벌이지 않아 성인에게는 실패가 없고 고집을 버렸으므로 잃는 것도 없다고 하는 것이다. 이러한 성인은 누구인가? 이에 대하여 노자는 다음처럼 답해 준다.

성인은 욕심을 내지 않기를 바라고[聖人欲不欲], 취득하기 어려운 재화를 귀하게 여기지 않으며〔不貴難得之貨〕, 배우지 않는 것을 배우고〔學不學〕, 사람들이 범한 지나친 짓을 되돌려〔復衆人之所過〕 만물을 자연으로 되찾아주고〔以輔萬物之自然〕, 감히 턱없는 짓을 하지 않는다〔而不敢爲〕.

이러한 성인은 현대인에게는 웃음거리에 불과할 것이다. 그러나 일이 뜻대로 되지 않아 분통이 터지거나 불안해 밤잠을 설칠 때 안 되는 일을 놓고 애간장을 끓일 것이 아니라 노자가 안내하는 성인을 마음속에 불러들여 대화를 나누어 보라. 그러면 편히 잠들 수 있을 것이다.

원문의역

편안함은 지키기 쉽고, 징조가 드러나기 전에는 처리하기가 쉬우며, 취약한 것은 절단 나기가 쉽고, 미약한 것은 흩어지기가 쉽다.

〔其安易持 其未兆易謀 其脆易判 其微易散〕 기안이지 기미조이모 기취이판 기미이산

일어나기 전에 해치울 것이요, 분란이 나기 전에 다스릴 것이다. 등걸을 안고 있는 나무는 터럭 같은 잔뿌리 덕으로 사는 것이며, 구 층의 누대도 흙을 쌓아 올려 세우고 천 리 길도 한 걸음부터 시작한다.

〔爲之於未有 治之於未亂 合抱之木生於毫末 九層之臺起於累土 千里之行始於足下〕 위지어미유 치지어미란 합포지목생어호말 구층지대기어루토 천리지행시어족하

일을 꾸며 하는 자는 실패하고 놓치지 않으려고 붙들고 있는 자는 잃

는다. 이로써 성인은 무위하므로 실패가 없고, 붙들고 고집 부리지
않으므로 잃는 것이 없다.

〔爲者敗之 執者失之 是以 聖人無爲故無敗 無執故無失〕 위자패지 집자실지 시
이 성인무위고무패 무집고무실

백성이 일에 임하는 데 성급하게 이루려고 하면 항상 실패하지만 처
음부터 끝까지 신중하면 일을 망칠 리가 없다. 이로써 성인은 욕심을
부리지 않기를 바라고, 취득하기 어려운 재화를 귀하게 여기지 않으
며, 배우지 않는 것을 배우고, 사람들이 범한 지나친 짓을 되돌려 만
물을 자연으로 되찾아주고, 감히 턱없는 짓을 하지 않는다.

〔民之從事常於幾成而敗之 愼終如始則無敗事 是以 聖人欲不欲 不貴難得
之貨 學不學 復衆人之所過 以輔萬物之自然 而不敢爲〕 민지종사상어기성이패
지 신종여시즉무패사 시이 성인욕불욕 부귀난득지화 학불학 복중인지소과 이보만물지자연 이불
감위

도움말

제64장은 앞 장의 무위·무사·무미에 덧붙여 무집無執을 풀이해 주고 있다. 만
물의 자연을 따라 산다면 실패하지 않음을 밝히고 있다.

기안其安은 무위·무사로 오는 편안함을 생각하게 한다.

이지易持의 지持는 지킬 수守와 통한다.

미조未兆는 일의 꼬투리〔事端〕가 일어나기 전을 뜻한다.

이모易謀의 모謀는 걱정되어 처리하는 여慮와 통한다.

기취其脆는 물질의 취약함을 뜻한다.

이판易判의 판判은 절단을 낸다는 단斷과 통한다.

기미其微의 미微는 부스러져 작아지고 사라져 흔적도 없게 되는 모습을 뜻한다.
즉 물질이란 미微하다는 것이다.

위자爲者는 제 고집을 앞세워 일을 내는 것을 뜻한다.

무집無執은 자기 고집이나 아집을 버리고 순리에 따라 일에 임하는 것을 말한다.

학불학學不學의 뒤의 학學은 바깥 지식智識에 매달리는 것을 배우려는 것이고, 앞의 학學은 자기 마음을 다스려 무욕할 줄 아는 명식明識을 배우는 것을 뜻한다. 말하자면 노자의 절학絶學을 말하고 있다.

소과所過는 지나치며 어긋남을 뜻한다.

불감위不敢爲는 순리에 벗어나는 짓을 하지 않음을 의미한다.

제65장 백성을 영악하게 하지 마라

어리석어도 되는 세상은 편하다

　모두들 눈 뜨고 코 베이는 세상에서 산다고 푸념한다. 살기가 무척 힘들다는 말이다. 잠시도 마음 놓고 살 수 없다면 항상 긴장하고 산다는 것과 같다. 도둑맞지 않으려고 긴장해야 하고, 속지 않으려고 긴장해야 하고, 억울하게 당하지 않으려고 긴장을 풀 수 없다면 온 세상은 바로 감옥과 다를 바가 없다. 밤새 안녕하냐는 인사는 무엇을 뜻하는가? 세상 탓으로 편히 살 수 없음이다.

　나라가 백성을 속이면 백성도 나라를 속이려고 한다. 백성과 나라가 서로 숨바꼭질을 해야 한다면 그 탓은 백성에게 있다기보다는 나라에 있다. 나라가 잘못한다는 것은 바로 치자가 정치를 잘못한다는 것으로 이어진다. 그러므로 잘못된 나라의 치자는 백성의 원성을 사게 마련이다.

　나라의 정치가 어머니 같다면 백성은 그 품안으로 안겨질 것이고 나라의 정치가 사기꾼 같다면 백성은 당하지 않으려고 무엇이든 숨기고 감추게 될 것이다. 잘못되어 가는 정치는 패거리를 지어 몫 다툼을 하면서 백성을 농락할 때 빚어진다. 신흥 세력, 특권층, 실세

등의 용어들은 무엇을 뜻하는가? 권력형 부패를 뜻하고 부정을 뜻하는 것이 아닌가?

백성이 밝히려고 덤빈다는 것은 나라의 정치가 썩었다는 것을 증명한다. 썩지 않고 싱싱하다면 왜 백성이 위험을 무릅쓰고 권부에 삿대질을 할 것인가! 피를 볼지라도 목숨을 걸고 결판을 내야겠다는 심정이 백성의 가슴에 서린다면 어떠한 정권의 권부이든 무너지고야 만다. 권력의 총칼로 버텨 보려고 온갖 재주를 다 부려도 소용없다. 잘못된 정치는 제 목을 조이는 족쇄를 스스로 만들기 때문이다.

한편은 배불리 먹고 다른 한편은 배고프게 하지 마라. 백성을 패로 갈라놓고 제 편이면 떡을 주고 제 편이 아니면 매질하는 정치는 소인배가 치자로 군림할 때 일어나는 현상이다. 지역으로 패를 가르고, 혈연으로 패를 가르고, 학연으로 패를 갈라놓고, 나라 살림을 마치 도마 위에 올려 놓은 고깃덩이쯤으로 여긴다면 어느 백성이 어수룩하게 살 수 있단 말인가? 푸닥거리를 일삼는 정치 밑에서 허덕이다 보면 백성은 꾀만 늘고 눈치만 앞서 영악해진다. 굿이 시원찮으면 무당은 쫓겨나게 된다.

눈치밥을 먹지 않고 살 수 있는 세상이라면 어리숙하게 살아도 탈이 없다. 세상이 그렇게 되려면 먼저 나라를 다스리는 일이 제대로 되어야 한다. 제대로 되게 하는 것이 순리가 아닌가!

순리란 무엇인가? 이에 대해 노자는 무위의 무사에서 나오고 무집하면 된다고 하지 않았던가! 도로써 다스린다는 것은 곧 이를 두고 한 말이다. 그러므로 노자는 백성이 어리석어도 되게 정치를 하라고 하는 것이다.

옛날에 도로써 다스리는 자는 백성을 밝히게 하지 않았고, 오히려 백성을 어리석게 했다〔古之善爲道者 非以明民 將以愚之〕. 백성을 다스리기 어려운 것은 겉보기 지식이 많은 까닭이다〔民之難治以其智多〕. 그러므로 겉보기 지식으로 나라를 다스리는 것〔故以智治國〕은 나라의 도적이며 〔國之賊〕, 겉보기 지식으로 나라를 다스리지 않는 것〔不以智治國〕이 나라의 복이다〔國之福〕. 이 두 가지를 아는 것이 본보기가 된다〔知此兩者亦稽式〕. 이러한 본보기를 알 수 있는 것을 일러 현덕이라고 한다〔能知稽式是謂玄德〕.

김구金九 선생의 아호인 백범白凡은 백성과 나라의 관계가 어떠해야 하는가를 짐작하게 한다. 백범은 양반이 아니라 천민과 상민이란 뜻이다. 백白은 백정白丁이요, 범凡은 필부필녀匹夫匹女를 나타내는 까닭이다. 이미 백범이란 아호의 속뜻에는 조선조를 뒤집어 놓은 정신이 깃들어 있었던 셈이다.

관존민비의 조선은 양반은 영악해야 벌열에 끼어들 수 있었고 상민은 짐승인 척해야 살아남을 수 있었던 세상이다. 양반은 온갖 술수를 부려 궁궐 안에 자리를 차지하려고 피 흘리는 다툼을 벌였고 상민은 철저하게 종살이를 하게 했던 세상이다. 그런 세상이었으니 어느 백성이 나라를 사랑하는 마음을 지녔겠는가!

그러나 서러운 고향이라도 매정한 타향보다는 나은 법이다. 조선이 망하자 백성은 나라를 잃게 되었다. 그래서 중국 땅에 임시정부가 수립되어 독립 투쟁을 하게 되었다. 백범은 임시정부 주석이 된 다음 주석의 권한을 분산시키는 작업에 착수했다. 이를 통해 민주국가를 만들어야 한다는 정신을 서러운 백성에게 실제로 보여 주었다.

어느 치자가 제 권한을 약화시키는 짓을 할 것인가! 아마도 백범밖에 없을 것이다. 백범의 뜻에서 위도爲道의 정치를 만나게 된다. 백범 같은 치자라면 백성을 훑어 내는 짓은 하지 않는다. 백성을 진실로 사랑하므로 백성은 어머니의 품안에 안긴 어린아이처럼 살아도 된다. 어린아이는 순수할 뿐 영악하게 살지 않는다. 백성을 그렇게 살도록 하자면 세상이 백성을 유별나게 만들지 말아야 한다.

백성을 영리하게 만들지 않는다.

이 말을 오해해서는 안 된다. 백성을 바보로 만들어 천덕꾸러기로 만들자는 것이 아니다. 마음이 편해 다른 잔꾀를 내지 않고도 편안히 살아갈 수 있게 해 주면 된다는 것이 비이명민非以明民일 뿐이다.

백성을 어리석게 하라.

이 말도 오해해서는 안 된다. 조선조처럼 나라의 정보는 양반이 독점하고 상민은 무지몽매하게 내버려두라는 것이 아니다. 속일 사람이 없다면 어리석어도 되고 농간을 부릴 자가 없다면 누구나 어수룩해도 된다. 등치는 놈이 있어서 당하지 않으려고 꾀를 쓰는 것이 아닌가! 노자의 우愚는 무명지박無名之樸과 같은 뜻이다. 순박하고 수수한 것[樸]이 곧 우이다. 정치가 순박하면 백성도 순박하다. 이것이 정치의 우이다.

겉보기 지식[智]이 많으면 탈이다.

노자의 말을 들을 때 안다는 것[知]을 잘 살펴 들을 필요가 있다. 특히 아는 것이 힘이라고 믿는 세상일수록 노자의 생각은 귀중하다. 노자의 앎에는 두 갈래가 있다. 하나는 내 자신을 아는 것[明]이요, 다른 하나는 바깥을 아는 것[智]이다. 힘에도 두 갈래가 있다. 나를 이겨내는 힘은 강强이요, 남이나 외물을 이겨내는 힘은 역力이라고 노자는 가름한다.

노자는 나를 아는 것을 명[自知者明]이라 하고, 남을 아는 것을 지[知人者智]라고 했다. 비이명민非以明民의 명明은 자지자명自知者明의 명明이 아니라 겉보기 지식[智]을 밝히는 것을 말한다.

그러므로 자기를 성찰하는 것을 게을리하면서 바깥 것에 정신이 팔렸을 때 인간은 욕심사나운 동물처럼 된다. 사냥을 잘하는 사냥개보다 도둑을 잘 지키는 똥개가 더 주인을 아낄 줄 안다. 백성으로 하여금 사냥감을 찾도록 부채질을 하면 세상은 투전판이 되고야 만다. 한탕주의 재테크, 복부인 등은 바깥 것을 너무 밝히다 보니까 세상을 다스리기 어렵게 된다.

왜 그렇게 되는가? 자기를 이겨내는 힘을 강[自乘者强]이라 하고 남을 이겨내는 힘을 역[勝人者力]이라고 한 노자의 말을 들을 줄 모르기 때문이다. 이러한 꼴이 곧 이기지다[以其智多]의 난치難治이다.

나라의 정치가 대범하면 백성은 순박해지고[其政悶悶其民淳淳], 나라의 정치가 번잡하면 백성들이 실망하게 된다[其政察察其民缺缺]고 이미 노자는 제58장에서 밝혀 두었다. 민민悶悶하게 정치를 할 것인가 아니면 찰찰察察하게 정치를 할 것인가? 이미 두 갈래의 정치를 하는 본보기가 밝혀졌다.

바깥 지식[智]에 빠져들면 정치는 번잡해지고 성찰하는 지식[明]에 골몰하면 정치는 대범해진다. 그렇다면 대범한 정치는 어떻게 이루어진단 말인가? 노자는 다음처럼 말해 준다.

사물과 더불어 도로 되돌아오게 하라[與物反矣]. 그런 연후에야 크나큰 순리에 이르게 된다[然後乃至於大順].

사물과 인간이 따로 있는 것은 아니다. 모조리 다 도의 후손들일

135

뿐이다. 도의 후손치고 생성 소멸生成消滅의 길을 밟지 않는 것은 없다. 있으면 유有인 것이고 없으면 무無가 아닌가! 이 유무가 서로 따로 있는 것이 아니라 있는 것은 없는 것에서 태어난다〔有生於無〕는 것이 곧 노자의 반反이다. 온갖 사물은 모두 다시 도로 되돌아간다. 이 것이 아득하고 멀어 인간이 알 수가 없다는 것〔玄〕이다. 영원해 내팽 개쳐지지 않고 낳아 준 어머니 품으로 다시 되돌아간다는 것은 얼마 나 큰 덕인가!

　모두 다 한곳에서 나왔다는 것을 안다면 자기가 어디 있고 타인이 어디 있을 것인가? 나아가 나와 사물이 다르다고 할 것도 없는 셈이 다. 그렇다면 사랑하고 미워할 것도 없고 도와주고 피해를 입히는 짓 따위를 범할 필요도 없다. 이보다 더 큰 사랑은 없을 것이다. 여물반 與物反은 이를 말해 주는 셈이다. 이러한 여물반은 곧 크나큰 순리〔大 順〕이다. 대순이란 무엇일까? 물질을 사랑하기에 앞서 철저하게 모 든 생명을 사랑할 줄 알면 대순을 이해할 수 있다.

　정치여! 그리고 백성이여! 대순을 잊지 마라. 이것이 노자의 바람 이다. 그러나 현대인은 이러한 절규를 외면한다.

원문
의역

옛날에 도로써 다스리는 자는 백성을 밝히게 하지 않았고, 오히려 백 성을 어리석게 했다. 백성을 다스리기 어려운 것은 겉보기 지식이 많 은 까닭이다. 그러므로 겉보기 지식으로 나라를 다스리는 것은 나라 의 도적이며, 겉보기 지식으로 나라를 다스리지 않는 것이 나라의 복이다. 이 두 가지를 아는 것이 본보기가 된다. 이러한 본보기를 알 수 있는 것을 일러 현덕이라고 한다.

〔古之善爲道者 非以明民 將以愚之 民之難治以其智多 故以智治國 國之賊 不以智治國 國之福 知此兩者亦稽式 能知稽式 是謂玄德〕 고지선위도자 비이명민 장이우지 민지난치이기지다 고이지치국 국지적 불이지치국 국지복 지차양자역계식 능지계식 시위현덕

현덕은 멀고 아득해 알 길이 없다.

〔玄德深矣遠矣〕 현덕심의원의

사물과 더불어 도道로 되돌아오게 하라. 그런 연후에야 크나큰 순리에 이르게 된다.

〔與物反矣 然後乃至於大順〕 여물반의 연후내지어대순

도움말

제65장은 나라를 다스리는 두 갈래의 본보기를 말해 주고 있다. 그 본보기는 이미 제58장에서 보여 준 바 있다. 백성을 영악하게 하는 치국治國의 본보기가 있고 백성을 이수룩하게 하는 치국의 본보기가 있다는 것을 밝히고 있다. 또한 백성을 영악하게 하는 치국은 학정이고 백성을 이수룩하게 하는 정치가 선정이 되는 연유를 알려 주고 있다.

위도爲道는 도道로써 다스리는 것을 뜻한다.

명민明民은 명明으로써 백성을 다스리는 것을 뜻하는데, 살피고 따지고 밝혀 내는 짓〔察察〕으로써 다스리는 것을 말한다. 이렇게 다스리면 백성은 하지 말라는 것이 많은 정치를 피해 가려고 영악해진다.

우지愚之의 우愚는 수수한 것으로 돌아가게 하는 것〔反樸〕이요, 순박한 것으로 돌아오게 하는 것〔還淳〕이므로 어리숙한 것을 뜻한다. 지之는 민民을 나타낸다.

이기지다以其智多의 지智는 겉보기 지식을 뜻한다. 사물에 대한 지식이 이에 해당한다. 바깥 것만 알려고 하고 자기 자신을 성찰하여 자기를 알려고 하는 것을 멀리하는 경우를 암시한다.

계식稽式은 본보기, 모범 등을 뜻한다.

현덕玄德은 도道가 만물을 보살펴 주는 것을 말한다. 이를 대상大象으로 이해해도 된다.

여물반與物反은 사물과 더불어 도道로 되돌아감을 뜻한다. 즉 순리順理를 말한다. 절대의 순리를 대순大順이라고 보아도 된다.

제66장 자기를 낮출 줄 알면 높게 된다

베풀면 은혜이고 뺏으면 원한이다

누구나 흥부를 좋아하고 놀부를 싫어한다. 그렇다고 누구나 흥부처럼 되기를 바라고 놀부처럼 되기를 꺼린다는 것은 아니다. 자기는 흥부의 탈을 쓴 놀부이면서 남은 흥부처럼 되어 주기를 바라는 심사들만 넘쳐흐른다.

온갖 자물쇠는 왜 생겨났으며 왜 담장은 높게 치고 철조망은 왜 치는가? 세상을 도둑의 소굴로 보는 까닭이다. 천지가 도둑의 소굴로 보이면 나 또한 도둑의 한 무리일 뿐이다. 도둑의 눈에는 모두 도둑으로 보이는 탓에 사람을 못 믿고 의심하는 경계 심리가 판을 친다.

경계 심리는 사람과 사람의 관계를 트지 못하고 막는다. 인생을 함께 누린다는 생각이 앞서면 서로 어울릴 수 있지만, 인생을 성취의 전리품처럼 여긴다면 서로 맞상대하기만 한다. 현대인은 어느 쪽에서 인생을 바라보는가? 현대인은 인생을 누린다고 믿지 않고 성취된다고 믿는다. 그래서 세상은 살벌하고 인심은 각박하다.

내 인생은 내가 책임지고 성취해야 한다. 무슨 일이 있어도 삶의 현실에서 승리자가 되어야 하고, 승리해야 차지하는 몫이 커진다. 인생의 승리를 성취하기 위해 전진하라. 그러자면 출세해야 한다. 출세의 길에는 허다한 장애물이 많다. 그것들을 헤치고 나아가야 한다. 스스로 이렇게 다짐해 보라. 그러면 앞이 캄캄해 막막할 것이고 속이 답답해질 것이다. 온갖 사람이 그렇게 생각하고 현실을 요리한다면 사는 곳은 어디나 전쟁터가 되고 말 것이기 때문이다.

출세는 높게 되는 것이라고 믿는다. 그래서 서로 높은 자리를 향해 진군하려고 한다. 그러나 덕이 높여 주는 것과 힘이 높여 주는 것은 판이하다. 덕은 저절로 높게 해 주고 힘은 억지로 높게 해 주는 까닭이다.

덕으로 높게 된 자는 자신이 높게 있는 줄 모르고 힘으로 높게 된 자는 자신이 높다는 것을 과시하려고 한다. 높되 높은 줄 모르면 새끼를 품은 어미처럼 될 수 있지만 높은 것을 과시하는 자는 소몰이꾼의 흉내를 내려고 한다.

왜 덕으로 높게 된 자는 어미 같은가?

덕은 베풀되 빼앗지 않는 까닭이요, 한 일을 두고 공치사를 않기 때문이다. 덕의 수중에 들어오면 공 다툼이 없고 따라서 논공행상도 없다. 그래서 덕에서는 누구나 마음을 푹 놓고 서로 어울릴 수 있다.

왜 힘으로 높게 된 자는 두목 같은가?

힘은 베풀 줄 모르고 빼앗기를 일삼는다. 뺏는 것은 빼앗기는 쪽을 만든다. 뺏는 쪽에서는 다시 빼앗기지 않으려고 수를 쓰고 빼앗긴 쪽에서는 잃은 것을 다시 빼앗아 오려고 호시탐탐 노린다. 약점을 보이면 당한다는 걱정 탓으로 힘은 끊임없이 굴복과 복종을 요구한다. 그래서 힘을 부리는 두목은 부하를 항상 의심하고 그 부하들은 마음이 편할 수가 없다.

정치의 힘은 권력이고 경제의 힘은 돈이다. 이렇게 믿게 되면 권력을 차지하려고 갖은 음모가 판을 치게 되며 돈의 액수에 정비례해 출세할 수 있다는 생각을 갖게 된다. 결국 인간은 돈벌이에 나선 돈벌레처럼 되고 만다.

노자가 도의 보살핌[道之用]은 굳고 강한 것[剛强]이 아니라 부드럽고 연약한 것[柔弱]이라고 말한 것은 무엇을 뜻하는가? 세력과 생명을 밝힌 것으로 여겨도 무방할 것이다. 도가 보살피는 것은 생명이지 세력이 아니다. 세력은 강강하고 생명은 유약하다. 굳고 단단한 것은 부러지고 부서지지만 부드럽고 연약한 것은 끈질기다. 이러한 생명을 보살펴 주는 것보다 더 높은 것은 없다. 이를 높은 덕이라고 보아도 된다.

높은 덕은 아랫자리를 좋아한다. 노자가 밝힌 하류[下流]란 이를 비유해 말한 셈이다. 상류[上流]로 갈수록 폭은 좁아지고 깊이는 얕아지면서 물의 흐름도 강팍해진다. 유유히 흐르는 강물의 하류를 보라. 인생도 강팍하고 조급한 상류의 흐름보다 늠름하고 넉넉해 여유가 있는 하류 인생이 생명을 누리는 것이 아닌가!

그러나 상류사회가 출세를 한 것이고 하류 사회는 미천한 것이라고 홍보하는 것은 모두 힘을 믿고 세를 믿는 세상인 까닭이다. 그래서 너도 나도 출세를 하고 명성을 얻어 보려고 온갖 재주를 부리기 때문에 인생이 하루도 편할 날이 없다.

힘으로 질주하는 인생을 잠시 멈추고 다음과 같은 노자의 말을 들어 보라. 그러면 저절로 높아질 수 있는 처방을 나름대로 찾을 것이다. 힘이 아니라 덕으로 높아지는 비밀은 다음과 같다.

강과 바다가 온갖 계곡의 왕이 될 수 있는 것은[江海所以能爲百谷王者]

온갖 계곡에서 흘러내리는 냇물이 모여드는 하류가 되는 것을 좋아하기 때문이다[以其善下之]. 아래 차지를 좋아하므로 강과 바다는 계곡의 왕이 될 수가 있다[故能爲百谷王]. 이와 같이[是以] 백성을 다스릴 사람이 백성의 위에 있고 싶으면 반드시 말을 낮추어야 하고[聖人欲上民必以言下之], 백성 앞에 서고 싶다면 몸은 백성의 뒤로 물러서야 한다[欲先民必以身後之]. 이와 같이 하면[是以] 다스리는 자가 위에 있어도 백성은 무게를 느끼지 않고[聖人處上而民不重], 앞에 있어도 백성이 해롭다고 느끼지 않는다[處前而民不害].

조선조의 태종은 임금의 자리에 앉으려고 깡패 두목 노릇을 서슴지 않았다. 장안에서 힘깨나 쓰는 장사들을 모아 놓고 힘으로 야심을 채우려고 했다.

태종의 졸개 노릇을 앞뒤 가리지 않고 해 낸 자들 중에서 이숙번李叔蕃이 가장 돋보였다. 못할 짓을 사정없이 해치웠고 태종이 즉위하자 이숙번은 천하를 자신의 발 밑으로 얕보았다. 그러나 태종의 엄호를 받고 있는 탓에 어느 누구 하나 그의 행패를 막을 수가 없었다. 태종의 사냥개였으니 궁궐의 문턱을 지키는 꼴이 되었다. 눈에 거슬리면 아무나 물 수 있는 이빨을 임금이 보장해 주었으니 모두 이숙번을 무서워했다.

태종이 죽자 이숙번도 죽은 몸이나 같았다. 사냥개는 이빨이 빠지면 천덕꾸러기가 되는 법이다. 힘만 믿고 설치면 항상 끝이 험하다. 미운털이 박혔던 이숙번은 결국 세종 때에 귀양을 갔다.

귀양지에서도 이숙번은 허세를 부렸다. 세 살 버릇 여든까지 간다고 하지 않는가! 천하의 이숙번을 몰라본다고 분을 풀지 못해 이숙번은 거품을 물었고 태종 시절에 노략질해 두었던 재물을 몰래 가져가 물 쓰듯 하면서 질펀한 나날을 보냈다.

이러다간 얼마 못 가 쪽박 신세가 된다는 것을 눈치 챈 첩이 이숙번에게 좀 아껴서 쓰자고 했다. 이 말을 들은 이숙번은 감히 누구에게 입을 놀리느냐며 첩의 목을 한 칼로 베어 버렸다. 이러한 인간이 태종 때 벼슬을 천거하는 공신功臣의 맨 앞자리에 있었으니 임금은 패거리의 두목이었을 뿐 백성의 어미 노릇은 하지 못했다.

힘으로 높이 되었던 이숙번은 오만방자한 짓을 일삼다가 결국 귀양지에서 궁하게 죽었고 그의 아들도 살길이 없어 옛날의 종집을 찾아가다가 도중에 굶어 죽고 말았다. 힘만 믿고 높게 되려는 짓은 이숙번의 끝처럼 험하게 마련이다.

백성의 위에 있고 싶은가?

그러면 먼저 세상을 손아귀에 넣고 호령하겠다는 생각부터 버려라. 마음가짐부터 겸허해야 하고 행동마저 겸손해야 할 것이다. 겸허하고 겸손한 심신이 되어야 앉을 자리 설 자리를 분간하고 자기를 낮추고 남을 높이는 도량이 생긴다. 이러한 도량도 없이 높게 되려고 한다면 제 명대로 못 죽는 어리석음을 범하는 꼴이 된다. 백성의 위에 있으려면 말부터 낮추라欲上民必以言下之는 노자의 충고를 어느 치자이든 새겨들으면 백담사로 피해 가는 일은 없을 것이다.

백성의 앞에 서고 싶은가?

그러면 먼저 나 아니면 안 된다는 고집부터 버려라. 내 생각만 애국이고 다른 생각은 매국이라고 외치며 대원군大院君처럼 척화비 따위를 세운다고 백성이 따라오는 것은 아니다. 송아지는 몰지 않아도 어미 소를 찾아 따라가는 법이다. 말을 강가로 끌고 갈 수는 있지만 억지로 물을 먹일 수는 없다. 나라를 수용소처럼 만들어 놓고 강제노 동을 시킨다고 잘살 수 있는 것은 아니지 않는가! 치자는 전선의 소 대장처럼 해서는 안 된다. 죽을 곳을 향해 나를 따르라고 하는 치자 가 들어야 할 말이 있다. 백성의 앞에 서고 싶다면 뒤로 물러나 있으 라〔欲先民必以身後之〕.

백성의 짐이 되지 마라.

군림하고 호령하는 치자는 백성이 지고 있는 등짐과 같고, 세금을 후려내 부귀영화를 누리는 치자는 큰 도둑에 불과하다. 큰 도둑 밑에 는 좀도둑이 판을 치게 된다. 나라의 큰 도둑은 국적國賊이고 좀도둑 떼는 탐관오리라고 한다. 도둑 곁에는 장물아비가 있게 마련이다. 부 정부패란 훔친 장물을 거래하고 흥정하는 짓이 아닌가! 권부가 썩으 면 관청은 백성에게 무거운 짐을 지게 할 꾀를 만들어 낸다. 그래서 노자는 백성의 위에 있으면서 백성의 짐이 되지 말라〔處上而民不重〕고 했다.

백성의 뜻을 막지 마라.

못난 치자일수록 백성의 입을 막고 발을 묶는다. 감출 것이 많고 숨길 것이 많으면 많을수록 그런 짓을 일삼는다. 유신維新 때 자유 유 보自由留保를 들고 나왔던 것은 백성의 앞에 서서 백성의 앞길을 가로 막으려는 짓이나 다를 바가 없었다. 백성의 귀를 막고 눈을 막아 백 성을 몸종처럼 부려 먹으려는 저의가 없다면 그렇게 할 필요가 없다. 백성이 무서운 줄 알면 백성이 원하는 대로 하면 될 것이 아닌가! 백 성이 원치 않는 것을 억지로 하려는 까닭에 백성을 괴롭히는 것이다. 그런 짓을 하지 말라는 것이 바로 앞에 서서 백성에게 피해를 주지 말라는 뜻이다.

세상을 다스릴 사람은 성인을 추종하고 닮으려고 노력을 해야 한다. 노자가 밝히는 성인은 백성을 어머니의 마음으로 보살피는 사람이다. 이렇게 보살피는 것을 도로써 다스리는 것[爲道]이라고 이해하면 된다. 이러한 치자가 하나라도 있다면 살맛이 나게 마련이다.

이러하므로[是以] 천하는 기꺼이 성인을 추대하여 싫어하지 않고[天下樂推而不厭] 서로 다투지 않는다[以其不爭]. 그러므로[故] 천하에 성인과 맞설 사람은 없다[天下莫能與之爭].

날마다 살맛 나게 하는 세상은 어디서 오는가? 황금에서 나오는 것이 아니라 덕에서 나온다고 노자는 밝힌다. 이러한 노자의 말을 아무도 낡았다고 할 수는 없다. 왜냐하면 누구나 세상이 암울한 것보다 신바람 나기를 바라는 까닭이다.

그러나 덕치의 세상은 언제나 올까? 수없는 시행착오을 범한 다음에야 올까? 서양의 헤겔이 인간의 역사는 아프다고 한 것도 인간과 세상 사이에 덕치가 없었던 탓이다.

원문의역

강과 바다가 온갖 계곡의 왕이 될 수 있는 것은 온갖 계곡에서 흘러 내리는 냇물이 모여드는 하류가 되는 것을 좋아하기 때문이다. 아래 차지를 좋아하므로 강과 바다는 계곡의 왕이 될 수가 있다.

〔江海所以能爲百谷王者 以其善下之 故能爲百谷王〕 강해소이능위백곡왕자 이기선하지 고능위백곡왕

이와 같이 백성을 다스릴 사람이 백성의 위에 있고 싶으면 반드시 말을 낮추어야 하고, 백성 앞에 서고 싶다면 몸은 백성의 뒤로 물러서야 한다.

〔是以 聖人欲上民必以言下之 欲先民必以身後之〕 시이 성인욕상민필이언하지 욕선민필이신후지

이와 같이 하면 다스리는 자가 위에 있어도 백성은 무게를 느끼지 않고, 앞에 있어도 백성이 해롭다고 느끼지 않는다.

〔是以 聖人處上而民不重 處前而民不害〕 시이 성인처상이민부중 처전이민불해

이러하므로 천하는 기꺼이 성인을 추대하여 싫어하지 않고 다투지 않는다. 그러므로 천하에 성인과 맞설 자는 없다.

〔是以 天下樂推而不厭 以其不爭 故天下莫能與之爭〕 시이 천하락추이불염 이기 부쟁 고천하막능여지쟁

도움말
제66장은 치자는 마음을 비우고[虛心] 자기를 잊어버리는 것[忘己]을 떠나서는 안된다는 사실을 헤아리게 한다. 또한 치자는 하류와 같아야지 상류를 닮아서는 안된다는 것을 거듭 강조한다.
하지下之는 아래를 택하는 것을 뜻한다. 즉 겸허하고 겸손하며 사랑하는 모습을 비유한 것이다.
후지後之는 뒤로 물러서는 것을 이른다. 즉 사양하고 양보하며 격려해 주고 도와주는 모습을 비유한 것이다.
처상處上은 윗자리에 있는 것을 뜻한다. 출세를 비유한 것이라고 보아도 된다.
민부중民不重은 백성에게 중압감을 주지 말라는 뜻이다. 쉽게 말하자면 정치가 백성의 짐이 되어서는 안 된다는 것이다. 폭정과 학정보다 더 무거운 짐은 없고 그

러한 짐은 폭군이나 독재자가 꾸리게 마련이다.

처전處前은 앞에 나서는 것을 말한다. 자신이 남보다 우월하다는 생각은 무례하게 하고 불손하게 한다. 자기 우월성을 과시하면 오만방자해진다. 오만방자한 치자는 백성을 후리며 군림하려고 한다.

민불해民不害는 백성에게 피해를 입지 않게 하라는 뜻이다. 백성의 권익을 침해하는 정치는 백성의 원망을 사게 마련이다. 해를 입게 되면 마음에 상처를 입고 그 상처는 원망으로 나타난다.

제67장 사랑하라 검소하라 겸허하라

인간이여! 행복하기를 원하는가

그대는 부자가 되고 싶은가? 누가 이렇게 묻는다면 아니라고 대답할 사람은 아무도 없다. 그렇다면 어떤 것이 부자인가? 아마도 돈이 많은 것이 부자라고 대답할 확률이 제일 높을 것이다.

돈이 얼마나 많아야 부자인가? 이 질문에 대한 정답은 없다. 돈은 많을수록 좋다는 믿음 탓이다. 하늘에 있는 해를 제 것으로 만들어 천하의 갑부가 되고 싶어했던 과부跨父가 해를 잡으러 가다가 목이 말라 황하의 물을 다 마셨는데도 목마름이 풀리지 않았다는 고사를 이미 다 들어 알고 있을 것이다. 욕심이란 본래 과부의 갈증과 같다.

욕심이란 자루는 아무리 많은 돈을 넣어도 차지 않는다. 그래서 구백 냥을 쥔 부자가 백 냥을 지닌 빈자貧者에게 빼앗아 천 냥을 만들어 더 부자가 되려고 하는 것이다. 이처럼 욕심은 부족함만 알 뿐 만족할 줄 모른다.

부족함을 충족함으로 바꾸어야 한다는 용심用心에 걸려들면 인간의 사욕私欲은 꿀단지 옆을 맴도는 생쥐가 되게 마련이다. 꿀단지를 발견한 생쥐는 제 명에 죽지 못한다. 꿀맛을 본 생쥐는 한 모금으로 그치지 못한다. 한 모금이 두 모금을 부르고 두 모금이 세 모금을 부른다. 결국 생쥐는 꿀단지 속에 빠져 헤어 나오지 못하고 만다. 인간의 사나운 사욕도 이와 같다.

부족함을 충족하려고 할 것이 아니라 만족하면 탈은 저절로 가시게 된다. 그러면 부족한 대로 곧 부자가 된다. 그래서 노자는 만족할 줄 아는 자가 부자[知足者富]라고 했다. 그러나 인간의 사욕은 만족할 줄을 모른다. 그래서 덫에 걸리기도 하고 함정에 빠지기도 한다. 사욕은 나 하나만을 탐하는 용심이 되고 그 용심은 남이 잘되면 배아파하는 심술을 부려 사욕[邪欲]이 된다.

나 하나만 잘되면 그만이라는 자는 부족의 악몽에서 벗어날 수 없지만 서로 잘되기 위해 땀 흘리는 사람은 항상 자기 만족을 손수 맛본다. 사촌이 논을 사면 배 아파하는 쪽보다 박수를 쳐 주는 쪽을 택하면 마음은 너그럽고 넉넉하며 후련해진다. 이러한 마음은 만족을 누리는 둥지처럼 된다.

세상을 전쟁터로 생각하기보다 세상을 보금자리가 되게 하려는 사람은 먼저 자기가 하는 일부터 부끄러움이 없어야 한다. 부끄러움이 없는 마음 그것이 곧 자기 만족이요, 생존의 부[富]인 셈이다. 누가 이러한 부를 누리는가? 노자이다. 왜냐하면 노자에게는 다음과 같은 세 가지 보물이 있기 때문이다.

나에게는 세 가지 보물이 있다[我有三寶]. 나는 그 보물을 지녀 잘 간직한다[持而保之]. 첫째 보물이 사랑이요[一曰慈], 둘째가 검약이며[二曰儉], 셋째가 다투어 나서지 않는 것이다[三曰不敢爲天下先].

지금은 장독대가 거의 사라졌지만 옛날에는 집집마다 장독대가 있었다. 양지 바른 곳에 장독대가 있었는데 그곳에는 서광이란 꽃을 집집마다 심어 두었다. 그 꽃은 이쁘기도 하지만 향기가 코를 톡 쏠 만큼 진하게 풍긴다.

장독대에는 간장, 된장, 고추장만 있는 것이 아니라 온갖 곡식의 씨앗들이 단지 속에 들어 있어서 곡식 낱알이 떨어져 있는 경우가 많았다. 그래서 장독대에는 집쥐들이 잘 드나들었다.

옛날에는 요즘처럼 땅꾼이 없어서 어디나 뱀이 많았다. 한여름이면 골목 돌담에 뱀들이 득실거렸다. 뱀은 산 쥐를 좋아한다. 그래서 뱀도 장독대를 자주 넘보았다. 이런 장독대에 뱀이 범접하지 못하게 하려고 서광꽃을 심었다. 서광의 독한 향기를 뱀이 싫어하기 때문이다.

옛 초가집에는 사람만 사는 것이 아니다. 초가 이엉 밑에는 매미가 될 굼벵이도 살았고 뱀도 살았고 쥐도 살았다. 초가집 처마 밑에 둥지를 틀고 사는 제비가 자지러지게 울면 아낙들은 지금 무슨 일이 일어나고 있는지 알았다. 제비 새끼를 노리고 있는 뱀을 물리치려고 어미 제비가 제 몸을 던져 뱀과 겨루고 있는 것이다.

그러면 아낙들은 얼른 장독대로 가서 서광꽃송이를 몇 개 꺾어 간짓대에 꽂아 제비집 곁에 두어 서광꽃 냄새가 풍기도록 했다. 그러면 뱀은 도망을 치고 우짖던 제비는 집 속으로 들어가 조용해졌다. 그리고 아낙들은 서광꽃다발을 만들어 제비집 옆에 매달아 두었다. 서광꽃은 스스로 메말라 가면서 가을까지 뱀을 쫓는 냄새를 피웠다.

제비집에 서광꽃다발을 매달면서 아낙들은 이런 말을 하곤 했다.

"제 새끼 아까우면 남의 새끼도 아깝지. 저놈의 뱀은 흉측하고 몹쓸 것이야."

자慈는 어떤 보물인가?

그것은 사랑이란 보물이다. 자는 크나큰 사랑의 마음이다. 그 사랑은 받는 것이 아니라 주는 사랑이다. 연인의 사랑은 서로 받기를 더 바라지만 어머니의 사랑은 받기보다 주는 것을 좋아한다. 젖먹이를 가슴에 안고 있는 어머니의 심정 같은 것이 자이다. 그러한 자가 제 새끼한테만 쏟는 사랑의 마음이 아니라 온갖 만물에 두루 쏟는 것이 노자가 말하는 포일의 사랑이다. 그래서 노자는 도를 만물의 어머니라고 한 것이 아닌가!

제 새끼 아까우면 남의 새끼도 아깝지. 이런 마음이 곧 자이다. 그리고 음흉한 뱀과 사투를 벌이며 새끼를 보호하려는 어미 제비의 마음도 자이다. 사랑하므로 용감한 것이 자의 힘이다.

목숨을 소중히 하는 마음보다 더 큰 것은 없다. 그러나 제 목숨만 소중한 줄 알고 남의 목숨을 헐하게 여기는 마음은 현빈女牝의 젖가슴에 못질을 하는 짓과 같다. 노자는 이런 짓을 무도無道라고 했다.

자는 무엇인가?

목숨을 소중히 하는 마음이다.

노자여! 그대는 크고 큰 사랑의 마음(慈)을 보물로 지녔으므로 만물의 목숨을 짓밟지 못하게 하는 파수꾼과 같다.

검儉은 어떤 보물인가?

그것은 검약儉約이란 보물이다. 검은 아껴 쓰는 절약의 마음이다. 절약보다 더 큰 풍요로움도 없고 더 후한 윤택함도 없다. 낭비하고 탕진하면 깨진 독에 물 붓기와 같다. 돈이 많다고 과시하며 돈을 물 쓰듯이 쓰는 졸부는 궁상窮狀을 허세로 감추는 것이고, 제 몸 하나 빛내고 돋보이려고 돈 자랑을 일삼는 소인배의 재산은 삼 대를 잇지 못한다.

낭비는 항상 부족하게 하고 탕진은 항상 게걸스럽게 해 스스로 천하게 한다. 못난 부자는 부귀영화를 누린다고 떵떵거릴 줄 알지만 남들이 굶주리고 배고파하는 것을 모른다. 재물이 많더라도 마음이 인색하면 궁상맞게 되는 것이다. 마음의 궁상은 마음속에 불가사리 같은 욕심의 기생충이 붙어 있는 까닭이다. 검약은 이러한 기생충을 몰아내는 구충제와 같다.

콩 하나도 나누어 먹는다고 하지 않는가! 이렇게 애틋하고 아끼는 마음이 곧 검약이다. 검약하면 부족할 것이 없고 결핍 따위를 잊는다. 검약하므로 항상 여유가 있고 여유가 있으므로 마음의 씀씀이는 넉넉하고 넓다.

검약은 인색과 다르다. 인색은 남에게는 철저하게 옹색하면서도 자기에게만 푼푼하다. 그러나 검약은 가장 잘 쓰일 곳을 기다리며 낭비하지 않는 것이다. 한평생 설렁탕을 팔아 모은 돈을 장학금으로 쾌척한 할머니를 누가 인색하다고 할 것인가! 그 할머니는 평생을 검소하게 살았으므로 더럽게 될 수도 있는 돈을 자랑스럽게 한 것이 아닌가!

검이란 무엇인가?

물질을 자랑스럽게 하는 것이다.

노자여! 그대는 검이란 보물을 지녔으므로 풍요 속의 빈곤을 없애고 허영의 거품이 이는 세태의 쓰레기를 치워 줄 청소부와 같다.

불감위선不敢爲先이란 어떤 보물인가?

모란꽃보다 풀꽃이 되라. 난사람보다 된사람이 되라. 인생의 산전수전을 다 겪은 노인들이 젊은이들에게 하는 말이다. 그러나 젊은이들은 이런 말을 들을 줄 모른다.

젊은 층은 옛날을 자기비하自己卑下의 시대였다고 흉보고 지금을 자가선전自家宣傳의 시대라고 자랑한다. 공작의 날개처럼 자기를 과시해야 남의 시선을 끌고 스컹크처럼 냄새를 피울 줄 알아야 남들이 자기를 두려워하고 알아준다고 자기과시를 서슴지 않는다.

제 잘난 맛으로 사는 세상이 아니냐? 그런 세상에서 모란처럼 과시하며 살아야지 왜 숨어 외지게 살 것인가? 이렇게 반문하며 사는 현실에서는 자기비하를 일종의 패배로 단정한다.

그러나 비하卑下는 패배도 아니고 굴종도 아니다. 내가 하기 싫은 것이면 남에게도 시키지 말 것이요, 나에게 소중한 것이면 남에게도 소중한 것이라는 마음이 곧 비하의 모습이다. 남에게 대접을 받고 싶다면 먼저 남을 대접하라. 이 또한 비하의 참뜻이다. 벗은 서로 비하하고 동료는 서로 시샘하는 것이다. 그래서 공자도 어울리되 패거리를 짓지 말라〔知不同〕고 했다.

모란은 화사한 꽃송이 탓으로 산천에서 자유롭게 피지 못하고 공작은 제 화려한 날개 탓으로 동물원의 우리에 갇혀 살며 스컹크는 지독한 냄새 탓으로 외톨이가 된다. 결국 자가선전의 시대라고 자기과시를 일삼다 보면 사방이 적들로 둘러싸이고 만다. 그러면 모난 돌이 된다. 모난 돌은 정을 맞는다. 그러므로 시비의 대결을 노리지 말고 어울리려고 하라.

시비를 걸면 트집을 잡지만 어울리면 서로 밀어주고 끌어 주어 좋은 일은 두 배로 늘고 궂은 일은 반으로 준다. 백지장도 서로 맞들면 가볍다고 하지 않는가! 흥정은 붙이고 싸움은 말리라고 하지 않는가! 서로 돕고 보살피면 쉽게 이루어진다.

세 사람만 모여도 그중에 선생이 있다고 한다. 선생을 하겠다고 자청하는 것보다 서로 제자가 되겠다고 하면 시비를 걸지 않아도 된다. 그러나 서로 선생을 하겠다고 하면 그 셋은 갈라서야 한다.

공자는 사람은 서로 더불어 살 줄 알아야 한다고 했다. 이것이 공자의 화和이다. 그러나 노자는 만물이 서로 어울려 살아야 한다고 했다. 이것이 노자의 화和이다. 그리고 장자는 걸림 없이 자유롭게 살라고 했다. 이것이 장자의 자유自遊이다.

불감위선不敢爲先이란 무엇인가?

만물이 서로 어울리게 하는 것이다.

노자여! 그대는 불감위선을 보물로 지녔으므로 자가선전으로 난장이 된 세파를 쓰다듬어 잠재울 수 있는 할아버지와 같다.

현대에는 노자가 밝힌 세 가지 보물이 없다. 물론 현대만 그런 것은 아닌 모양이다. 노자가 살았던 시대 역시 그 보물은 없었던 모양이다. 만일 목숨을 사랑하는 마음(慈)과 물자를 소중히 하는 마음(儉)과 자기비하의 마음(不敢爲先)이 있었더라면 굳이 노자가 그것을 보물이라고 하지는 않았을 것이다. 본래 흔한 것은 보물이 될 수 없다.

목숨을 사랑하는 마음을 버리고 용맹을 앞세우면 만용이다. 인간이 저지르는 전쟁이야말로 최대의 만용이 아닌가!

물질을 소중히 하는 마음을 버리고 풍족하기를 바라면 그것은 남용이다. 인간의 허세와 허영이 빚어내는 거품경제의 남용이야말로 최대의 탕진이 아닌가!

물러설 줄을 모르고 자꾸 앞으로만 나아가려고만 하므로 서로 다투어 목숨을 잃고 만다. 싸움에는 영원한 승자란 없다고 하지 않는가!

가짜를 보석이라고 고집하지 마라.

목숨을 사랑하는 마음이 없는 용맹을 과시하지 마라. 적만 만들 뿐이다. 물질을 소중히 하는 마음이 없는 풍요를 누리지 마라. 결국 궁해질 뿐이다. 자기비하를 모르고 자가선전만 일삼지 마라. 허풍선이가 될 뿐이다.

대결하지 않고 서로 어울리고 싶으면 노자의 자慈를 빌려라.

궁하지 않고 부족함 없이 살고 싶다면 노자의 검儉을 빌려라.

듬직한 사람으로 신용 있게 살고 싶다면 노자의 불감위선不敢爲先을 본떠라. 노자는 우리들에게 이렇게 말하는 것 같다.

그러나 어느 누가 노자의 말에 귀를 기울이려고 할까? 그렇게 하자면 나부터 자가발전기의 출력出力을 줄여야지 노자의 삼보三寶를 비웃어서는 안 된다.

원문의역

세상 사람들은 내가 말하는 도가 크다고 하면서 어딘가 모자란 데가 있다고 한다. 무릇 큰 것은 크기 때문에 모자란 것처럼 보인다. 모자라 보이는 것이 오래간다. 만일 온전하게 큰 것임을 알 수 있다면 이미 그것은 작은 것이다.

〔天下皆謂我道大似不肖 夫唯大 故似不肖 若肖久矣 其細也夫〕 천하개위아
도대사불초 부유대 고사불초 약초구의 기세야부

나에게는 세 가지 보물이 있다. 나는 그 보물을 잘 간직한다. 첫째가

사랑이요, 둘째가 검약이며, 셋째가 다투어 나서지 않는 것이다.

〔我有三寶 持而保之 一曰慈 二曰儉 三曰不敢爲天下先〕 아유삼보 지이보지 일
왈자 이왈검 삼왈불감위천하선

사랑하므로 용감할 수 있으며, 검약하므로 풍족할 수 있고, 다투어
앞서지 않으므로 사물을 좋게 이룩할 수 있다.

〔夫慈故能勇 儉故能廣 不敢爲天下先故能成器長〕 부자고능용 검고능광 불감위
천하선고능성기장

그러나 지금은 사랑의 마음을 버리고 한사코 용기만을 추구하고, 검
약의 마음을 버리고 한사코 풍족하기만 바라며, 뒤로 물러서기를 버
리고 한사코 앞에만 서려고 한다. 그래서 망하고 만다.

〔今捨其慈且勇 捨其儉且廣 捨其後且先 死矣〕 금사기자차용 사기검차광 사기후차
선 사의

하지만 사랑의 마음으로 싸우면 반드시 승리하며, 사랑의 마음으로
지키면 견고하다. 하늘이 이러한 것을 구하려고 하면 사랑의 마음으
로 하늘의 뜻을 지켜야 한다.

〔夫慈以戰則勝 以守則固 天將救之 以慈衛之〕 부자이전즉승 이수즉고 천장구지
이자위지

도움말

제67장은 난세를 구할 수 있는 것은 인간의 마음이 먼저 변화해야 함을 살피게
하는 장이다. 노자가 밝힌 세 가지 보물은 황금의 보물이 아니라 마음의 보물이
다. 만물을 사랑하고 물질을 소중히 하고 자기를 앞세우려고 다투지 않는다면 세

상은 자연스럽게 될 것을 밝혀 주고 있다.

불초不肖의 초肖는 모습(像)을 뜻한다. 모습이 온전치 못한 것이 불초이다. 처지는 것 같고(若遺), 비루한 것 같으며(若鄙), 굽실거리는 것 같고(若屈), 치졸한 것 같은 것(若拙)이 불초不肖이다. 도道를 인간이 형언하려고 하면 할수록 도는 이지러진 데가 있는 것처럼 보인다. 인간이 도를 알 수 없는 까닭이다. 이를 노자는 빗대고 있는 셈이다.

기세야부其細也夫의 세細는 인간이 알 수 있는 것을 이른다. 인간이 알 수 있는 것은 작은 것이라고 노자는 보았다. 장미는 장미꽃만을 피우고 도는 온갖 초목에 온갖 꽃을 피운다. 장미는 작고(細) 도는 크다.

자慈는 세상 만물을 고루 사랑하는 마음이다. 자慈는 천하를 하나의 가정으로 여기고 인류를 제 몸처럼 여긴다. 불가의 자비慈悲와 같은 경지이다.

검儉은 세상 만물을 소중히 하는 마음이다. 검약하면 허세, 허영, 허욕은 없어진다. 그러면 세상은 바르게 된다.

불감위선不敢爲先은 겸손하고 신중하면서 사양하는 마음으로 처신하는 것이다. 일에는 앞뒤가 있다. 억지로 앞서서 일을 끌고 가려고 하면 자기가 아니면 안 된다는 아집을 부리게 된다. 그러면 일은 제대로 될 수 없고 세상은 혼란스러워진다.

사기자차용捨其慈且勇의 용勇은 만용과 객기, 무모함 등을 말한다.

사기검차광捨其儉且廣의 광廣은 남용과 탕진, 과소비 등을 뜻한다.

능성기장能成器長의 기器는 사물, 물질, 문명, 물건 등을 말하고 장長은 바람직하게 되는 것을 뜻한다.

제68장 덕은 저절로 강성하게 한다

졸장은 덕장을 미워한다

병영이 들어선 자리에는 가시가 돋고 흉년이 들어 백성이 굶주리
게 된다고 노자는 말했다. 임금이 세력을 넓혀 천하를 통일하려는 야
심을 품으면 아까운 목숨이 수없이 죽는다. 노자는 이를 괴로워했다.
노자의 고뇌는 생명을 소중히 하라는 말로 압축된다.

노자는 전란의 태풍이 휘몰아치기 시작했던 시대에 살았다. 전란
의 시대에 생명을 소중히 하라는 절규보다 더 절실한 것은 없다. 왜
노자는 이와 같은 절규를 했을까? 국가를 빙자해 인간의 목숨이 상
할 수 없다는 도덕 사상 때문이었다.

노자의 도덕 사상은 어떤 것인가?

생명은 도덕의 것이지 의지의 것이 아님을 밝히는 사상이다. 이러
한 사상은 생명의 존엄성을 지키려고 한다. 노자의 사상은 바로 생명
의 존엄성에서 그 근본이 드러난다. 인간의 생명만 소중한 것이 아니
다. 모든 생명은 소중하다는 것이 곧 노자의 도덕 사상이다.

목숨을 성명性命이라고도 한다. 성性은 하늘이 내리고 명命은 땅이
주는 것을 말한다. 천지가 준 목숨을 어떤 인간이라도 마음대로 할

수 없다는 것을 성명性命은 밝힌다. 군왕이 전쟁을 도모하는 것은 곧 성명을 어기는 꼴이 되고 만다. 소중한 목숨이 생죽임을 당하는 까닭이다.

사람의 목숨은 하늘에 있다〔人命在天〕. 백성들이 아무리 이렇게 말해도 나라는 마치 인간의 목숨이 나라의 수중에 있는 것〔人命在國〕처럼 하려고 한다. 노자는 만리장성을 축조한 진시황 따위를 경멸한다.

군대가 강한 나라는 망한다. 왜냐하면 군대의 강한 힘만 믿고 전쟁을 일삼기 때문이다. 이것이 노자의 주장이다. 나라를 강하게 하고 튼튼하게 하는 것은 백성의 배를 부르게 하고 백성의 마음을 편하게 하는 데 있다고 노자는 주장한다.

진시황을 생각해 보라. 징기즈칸을 생각해 보라. 히틀러를 생각해 보라. 군대의 힘만 믿고 전쟁을 일삼다가 그 전쟁으로 망해 버리지 않았던가! 그러나 인간의 역사는 덕을 믿지 않고 힘을 믿으려고 한다. 이러한 역사는 군웅群雄들에 의해서 점철되었고 군웅의 야망과 야심은 평화롭게 살고 싶어하는 백성의 꿈을 앗아 버리곤 했다. 백성이 전쟁을 일으키는 것이 아니라 군웅이 되고 싶어하는 치자가 전쟁을 일으킨다. 한 나라의 통치자가 전쟁을 일으키면 상대국의 통치자도 맞붙어 싸워야 한다. 그래서 아무리 전쟁을 하지 말자고 해도 전쟁은 도처에서 일어나게 마련이다.

전쟁 중에 목숨은 무사武士의 손에 달려 있다. 무사도 하나 같지 않다. 덕장德將도 있고 지장智將도 있으며, 용장勇將이 있는가 하면 졸장拙將도 있다.

전쟁이 터지면 오직 덕장만이 병사의 목숨을 소중하게 할 줄 안다. 용장은 병사의 목숨을 쏟아부어 승리를 쟁취하려 하고, 지장은 목숨의 소모를 줄이고 승리할 수 있는 꾀를 찾아내려 하며, 졸장은 병사의 목숨을 칼날 앞의 풀잎처럼 쓰러지게만 하고 패망을 자초한다. 그러므로 전쟁이 인간의 역사에서 피할 수 없는 것이라면 덕장이 무엇보다 필요하다. 덕장은 어떤 무사인가? 이에 대해 노자는 다음처럼 밝힌다.

훌륭한 무사는 무력을 믿지 않고〔善爲士者不武〕, 전쟁을 잘 치르는 자는 노기를 품지 않으며〔善戰者不怒〕, 적을 잘 물리쳐 승리를 거둔 자는 과시하지 않으며〔善勝敵者不與〕, 사람을 잘 쓰는 자는 남의 밑으로 들어간다〔善用人者爲之下〕. 이러한 것들을 다투지 않는 덕이라고도 하고〔是謂不爭之德〕, 사람을 쓰는 힘이라고도 하며〔是謂用人之力〕, 자연의 섭리에 따르는 것이며 예부터 있는 극치라고 한다〔是謂配天 古之極〕.

전쟁이 나면 충무공 같은 무인은 여러 갈래의 말을 듣게 마련이다. 왜군의 장수들은 충무공을 지장으로 무서워했다. 명나라 수군의 장수였던 진린陳璘은 충무공을 용장으로 존경했다. 그러나 백성들은 충무공을 덕장으로 모셨다. 충무공이 왜 백의종군하였는가? 궁궐 안 소인배들의 주둥이에서 쏟아지는 음해 탓이었다.

침략을 당하면 적을 물리치는 것이 제일 급하다. 그러나 소인배의 치자는 전쟁이 끝난 다음의 제 몫만 챙기려고 한다. 그런 못난 짓들이 충무공을 죄인으로 만들었다. 참으로 어이없는 일이다.

명장을 졸장이라고 음해했던 간신들의 거짓말을 믿었던 선조는 바보 같은 임금과 다를 바가 없다. 충무공이 떠난 뒤 수군이 패전만 거듭하자 다시 충무공을 장수로 앉혔다. 그러자 피난갔던 백성들이 충무공을 믿고 모여들었다. 임진왜란 때 남해의 백성은 나라를 믿는 것이 아니라 충무공을 믿었던 셈이다.

지금도 한려수도에 가면 충무공은 해신海神으로 추앙되고 있다. 그만큼 남해 바닷가 백성들은 충무공을 잊지 못하고 있다. 백성은 졸장만 미워하는 것이 아니다. 용장도 싫어한다. 승전의 대가로 목숨을 남용하는 까닭이다. 지장도 무서워한다. 지장 역시 승전을 먼저 생각하기 때문이다. 그러나 백성은 덕장을 사랑한다. 왜냐하면 덕장은 승전 이전에 백성의 목숨을 소중히 지켜 주려고 하기 때문이다.

왜 충무공은 남해 부근 어부의 후손들이 믿고 따르는 신이 되었는가? 충무공이 덕장이었다는 증거이며 노자의 말을 빌리자면 배천配天의 깊은 섭리를 따랐던 무인이었기 때문이다. 충무공에게 나라 사랑은 곧 백성을 사랑하는 것이었다. 이것이 배천의 현실적인 실천이 아닌가!

불무不武란 무엇인가?

그것은 총칼을 믿지 않고 사람을 믿는 것이며, 힘으로 군림하는 것이 아니라 덕으로 보살피는 것이다. 힘의 손에 들린 칼은 무섭고 덕의 손에 들린 칼은 든든하다. 그래서 무력武力은 백성을 겁나게 하지만 불무不武는 백성을 안심하게 한다.

불노不怒란 무엇인가?

성급하지 않고, 조급하지 않고, 조바심이 없는 마음은 신중하다. 신중한 마음이 신중한 행동으로 이어지는 것이 곧 불노이다. 성급한 마음은 앞뒤를 분간 못하며 조급한 마음은 처음과 끝을 분간치 못하며 조바심을 무모한 짓인 줄 모르고 일을 망친다. 그러나 신중한 마음은 사태의 전후를 살피고 시종始終을 따져 미리 후환을 없앤다. 불노는 후환을 사전에 짚어 낼 수 있는 신중함과 같다.

불여不與란 무엇인가?

소문난 잔치에 먹을 것 없고 짖는 개는 물지 못한다는 말과 같은 뜻이다. 메뚜기 앞에서 힘을 과시하는 사마귀는 까치의 밥이 된다. 과시하지 않고 허세를 부리지 않으면 그것이 곧 불여이다. 항우는 태산을 뽑을 수 있다며 제 힘[力拔山]을 과시하다 패하지 않았던가!

위지하爲之下란 무엇인가?

남의 입장으로 돌아가 생각하는 것[易地思之]이나 남의 말을 새겨듣는 것[耳順]과 같은 것이 위지하爲之下이다. 독불장군은 언제 어디서나 주변 사람을 잃게 마련이다. 내 의견을 앞세우고 남의 의견을 무시하거나 경시하면 스스로 아래가 되는 것[爲之下]을 모른다. 독불장군은 사람을 억지로 부리려고 하지만 위지하爲之下는 저절로 사람을 모여들게 하여 울력을 얻는다.

부쟁不爭이란 무엇인가?

불무는 힘을 앞세워 부리지 않는 것이요, 불노는 무모한 짓을 범하지 않는 것이며, 불여는 허세를 부리지 않는 것이므로 이 모두는 다 투지 않는 것[不爭]과 같다. 다투지 않으면 시비是非는 없어진다. 개인과 개인이 시비하면 싸움이 일어나고, 나라와 나라가 시비를 붙으면 전쟁이 터진다. 개인의 싸움이든 나라의 전쟁이든 모두 목숨을 해치는 짓에 불과하다. 목숨을 해치는 짓을 범하지 않는 것이 부쟁이므로 그것은 덕이다. 그래서 덕장은 싸우지 않고 이긴다고 한다.

부쟁不爭의 덕德이란 무엇인가?

사람의 힘[人力]을 강하게 하는 것이다. 인력은 어울리면 강強이고 흩어지면 취脆이다. 취의 힘은 아무리 거세도 조각나고 부서지는 것이고 강의 힘은 아무리 연약해 보여도 끈끈하고 질기다. 재물을 보고 모여든 무리는 취약한 것이고 마음으로 뭉쳐진 무리는 강성한 것이다.

강성한 힘으로 백성을 보살피고 든든하게 지켜 준다면 적이 넘볼 수 없다. 이러한 것을 부쟁의 덕이라고 한다. 덕장은 백성의 강성한 힘을 믿지 군왕의 세력을 믿지 않는다.

세력은 바깥의 힘이지만 덕력德力은 안에서 나오는 힘이다. 노자가 이미 남을 이기려는 힘은 역[勝人者力]이고 자기를 이겨내는 힘은 강[自勝者强]이라고 밝혔다. 무는 남을 이기려고 하는 힘이지만 불무는 먼저 자기를 이겨내는 힘을 지니고 있으므로 최강이 된다. 이처럼 인간의 무리를 최강의 힘으로 뭉치게 하는 것이 곧 부쟁의 덕인 셈이다.

부쟁의 덕은 무엇보다 목숨을 사랑하는 힘이므로 하늘의 뜻을 어기지 않고 순응한다. 이러한 순응을 배천配天이라고 노자가 말한 셈이다. 그러나 현대인은 하늘이 어디 있느냐고 비웃는다. 하늘을 따른다는 것[配天]은 백성의 뜻을 따른다는 것이다. 요즘 말로 하면 국민이나 시민의 뜻을 따른다는 뜻이다. 이러한데 배천의 참뜻을 비웃을 수 있는가? 없다.

원문
의역

훌륭한 무사는 무력을 믿지 않고, 전쟁을 잘 치르는 자는 노기를 품지 않으며, 적을 잘 물리쳐 승리를 거둔 자는 과시하지 않으며, 사람을 잘 쓰는 자는 남의 밑으로 들어간다.

〔善爲士者不武 善戰者不怒 善勝敵者不與 善用人者爲之下〕 선위사자불무 선
전자불노 선승적자불여 선용인자위지하

이러한 것들을 다투지 않는 덕이라고도 하고, 사람을 쓰는 힘이라고
도 하며, 자연의 섭리에 따르는 것이며 예부터 있는 극치라고 한다.
〔是謂不爭之德 是謂用人之力 是謂配天 古之極〕 시위부쟁지덕 시위용인지력 시
위배천 고지극

도움말

제68장은 용병用兵의 도道를 말하고 있다. 목숨을 소중히 하는 마음〔德〕이 없다면
아무리 강한 무력이라도 소용이 없다는 말을 깊이 살펴보게 하는 장이다.
선위사善爲士의 사士는 무사武士를 뜻한다.
불무不武는 무력을 사용하지 않음을 말한다.
불노不怒는 경박하지 않고 신중함을 뜻한다.
불여不與는 허세를 부리지 않고 과시하지 않음을 말한다. 여기서 여與는 드러내
보이는 것〔示〕으로 통한다.
위지하爲之下는 남의 밑으로 들어간다는 뜻으로, 그 속뜻은 남의 생각을 경청한다
는 것이다.
배천配天은 자연에 따라 하나가 됨을 뜻한다. 즉 순리順理의 순응順應이다.

제69장 병兵을 함부로 쓰면 화禍가 된다

병의 진퇴란 무엇인가

노자는 군사력이 막강한 나라는 망하고 만다고 말했다. 군이 막강한데도 왜 망한다고 했을까? 막강한 군인을 하늘의 뜻[天道]에 따라 쓰지 않고 그 힘만을 믿어 못하는 일이 없다[無所不爲]고 호언하는 무리가 나라를 뒤흔들어 버리기 때문이다.

하늘의 뜻에 따르는 군軍이란 무엇인가?

그것은 삶을 좋아하고[好生] 죽는 것을 싫어하는[惡殺], 목숨을 소중히 하려는 군이다. 아군의 목숨만 소중하고 적군의 목숨은 천하다고 여기면 적개심이 샘솟는다. 하늘의 뜻에 따르는 군은 적개심을 멀리한다. 오직 목숨을 해치려는 무리가 나타날 때만 그 무리를 막으려고 한다. 이것이 참다운 용병用兵이다.

그러나 군대가 한 사람의 치욕治欲의 수중에 들어가면 탈이 된다. 군은 세상을 지키는 것[衛]이지 다스리는 것[治]은 아니다. 다스리려는 욕심[治欲]보다 더 큰 야심도 없으며 야망도 없다. 군이 그러한 야망의 뜻에 따라 사용되면 치세治世의 수단으로 전락한다. 그리고 세상은 힘으로 다스리려는 무리들로 들끓는다.

이 세상에서 잘사는 나라는 군이 정치에 개입하는 일이 없다. 못사는 나라에나 있는 현상이다. 잘사는 나라의 군은 지키는 사명에 철저하고 못사는 나라의 군은 정치를 넘본다. 군대는 힘이 있다. 그 힘을 정치에 접을 붙이면 정치는 곧 권력이 된다. 힘을 행사하는 정치를 무단武斷이라고 한다.

군은 덕을 무서워한다. 그러나 군의 힘이 권력이 되면 그 권력은 덕을 무시하려고 한다. 방패막이로 쓰이는 권력은 피아彼我를 나누어 패를 짓고 적을 만들어야 힘을 발휘한다. 만일 적이 없다면 권력은 쓸모가 없다. 법이 있으면 치세治世는 족하다. 그러나 권력은 법을 제 시녀로 만들어 코에 걸면 코걸이, 귀에 걸면 귀걸이로 만든다.

결국 권력의 횡포는 항상 법을 불신하게 한다. 그리고 세상을 무법의 천지로 만들어 무엇이 바른 것[正]이고 무엇이 그른 것[邪]인가를 분간할 수 없게 한다. 정사正邪를 분간하지 못하는 세상을 난세라고 한다.

육군 소장 박정희가 5.16쿠데타를 일으킨 후에 최고회의 의장이 되고 억지로 대통령이 된 다음부터 비록 배고프던 보릿고개는 없어졌지만 세상은 난세였다. 힘 있는 자는 겁 없이 설치고 힘 없는 자는 숨을 죽이고 살아야만 하는 세상이 되었던 까닭이다. 자유 유보自由留保가 헌법에 명시되었던 것은 무엇을 뜻하는가? 군을 정치의 도구로 사용했던 약점을 보강하려는 시도였다.

군이 세상을 다스리는 주主가 되면 안 된다. 군은 세상을 안전하게 지키는 객客이 되어야 한다. 그러나 5.16쿠데타 때 군은 이 세상의 주인을 자처했다. 나라를 지키는 수문장인 군이 나라의 주인 행세를 하면 백성의 보물은 전리품이 되어 노략질을 당하게 된다. 그래서 무단 시대는 언제나 정직하질 못했다. 5.16쿠데타 이후 차관경제借款經濟 시대의 부패상은 고려 말기 무단 정치 때의 그것을 연상시켰다. 정치가 이권에 놀아나면 이익만 노리고 백성을 혹독하게 한다〔趨利殘民〕는 옛말은 틀림이 없다.

중이 고기 맛을 알면 절간에 파리가 없다는 것이다. 군이 정치 맛을 알면 못하는 일이 없다. 한때 '할 수 있다'는 표어가 관청의 건물 정면에 나붙기도 했다. 전쟁터에서 돌격하는 것처럼 세상을 끌고 가면 무리無理를 범하게 되고 그 무리가 다른 무리로 꼬리를 문다. 목표를 향해 진군하는 것만이 능사가 아닌 줄을 모른다. 한 뼘 나아가기만 할 뿐 몇 발 뒤로 물러설 줄을 모른다. 말하자면 행동만 알지 무행無行을 모른다. 무행을 모르는 군은 힘만 앞세우고 덕을 밀쳐 내 탈인 것이다. 그리고 세상의 병폐는 점점 깊어져 손톱 밑이 아리는 것이 아니라 심장이 곪게 된다. 이렇게 되지 않으려면 노자의 다음과 같은 말을 새겨들어야 할 것이다.

병을 쓰는 것에 관한 말이 있다〔用兵有言〕. 나는 감히 주가 되지 않고 객이 되며〔吾不敢爲主而爲客〕, 감히 한 뼘쯤 나아가지 않고 몇 발 뒤로 물러선다〔不敢進寸而退尺〕. 이는 행동하지 않기를 행하는 것이며〔是謂行無行〕, 완력을 사용하지 않고 물리치는 것이요〔攘無臂〕, 적의 저항 없이 나아가는 것이요〔扔無敵〕, 병을 일으키지 않고 붙잡는 것이다〔執無兵〕.

임진왜란 때 쫓겨다녔던 조정의 무리들은 충무공을 놓고 시비를 걸었지만 백성들은 충무공을 믿고 따랐다. 이는 충무공이 나라를 지키는 장수였지 궁궐의 문턱이나 지키는 장수가 아니었던 까닭이다.

백성이 믿고 따르는 장수는 덕장이다. 충무공은 침입해 온 왜군과 먼저 싸움을 걸지 않았다. 길목을 찾아 기다렸다가 쳐들어오는 적을 물리쳤을 뿐이다. 우리 수군의 허술한 장비로 막강한 왜군의 해군력을 맞아 맞받아치면 달걀로 바위를 치는 것과 같다는 것을 충무공은 헤아렸던 것이다.

이름난 사냥꾼은 사냥개를 혹사시키지 않는다. 못난 사냥꾼이 사냥개를 온 골짜기를 헤매게 할 뿐이다. 명포수는 산짐승이 길목을 먼저 살펴 사냥개를 풀어 놓고 사냥감의 뒤를 쫓도록 한다. 그리고 목에 기다리고 있다가 사냥감을 채는 것이다.

충무공은 왜군을 섬멸하는 데 병졸을 혹사시키지 않았다. 주변을 잘 살핀 뒤 왜군이 들이닥칠 길목을 잡고 기다리게 한 다음 왜군이 힘을 과시할 때 허를 찔러 무찌르게 했다.

충무공이 열세 척의 군선으로 이백여 척의 왜군 선단을 무찌른 원동력을 군사력 때문이라고 말할 수는 없다. 충무공이 싸움을 먼저 걸지 않고 기다렸다가 걸어 오는 싸움을 이길 수 있었던 것은 용병의 나아감〔進〕은 지모와 용기를 과시하는 것〔智勇當先者〕이고 물러남〔退〕은 겸손하게 제 자리를 아는 것〔謙遜自處者〕임을 알았던 까닭이다.

그래서 충무공은 용의 도덕을 알아 백성의 목숨을 보살피고 나라를 지키는 덕장이 되었다. 충무공은 용병의 진퇴를 알았고 그래서 수병을 보호하면서 싸움을 막아 낼 수 있었으므로 천하의 명장이었다.

용병의 주객은 무엇인가?
싸움을 먼저 걸어 오는 쪽이 주主이고 그 싸움을 기다렸다가 물리치면 그것이 객客이다.
용병의 진퇴는 무엇인가?

지모와 용기만 앞세워 나아가 싸우는 것이 진進이며, 싸움을 걸어 오는 쪽의 허점을 찾아 기다린 뒤 그 허점을 찾아내 물리치는 것이 퇴退이다.

용병의 무행無行은 무엇인가?

싸움을 먼저 걸지 않고 걸어 오면 기다렸다 싸우는 것이 곧 무행이고, 용기를 앞세워 무모하게 나아가지 않고 적의 허점을 찾을 때까지 기다리는 것이 또한 무행이다.

용병의 무비無臂란 무엇인가?

어깨〔臂〕가 없으면 팔을 휘두를 수 없다. 팔은 어깨를 믿고 힘을 부린다. 힘을 앞세워 함부로 쓰지 않고 비축해 두면 그것이 무비이다.

용병의 무적無敵이란 무엇인가?

적이 패하고 도주하면 적은 없어진다. 진군해 오는 적을 족족 물리쳐 버릴 수 있는 용병술 앞에는 무적이다. 적의 저항을 받지 않는 상태가 되면 무적이다. 그러므로 무적은 승전의 징표인 셈이다.

용병의 무병無兵이란 무엇인가?

병사의 손에 들린 총을 믿지 않고 병사의 마음을 믿는 것이 곧 무병이다. 말하자면 병기보다는 병사를 소중히 여기고 병력은 병기에 있는 것이 아니라 병사에 있다는 것이 곧 무병인 셈이다.

위와 같은 무행, 무비, 무적, 무병 등은 용병의 도덕에 해당한다. 도덕이란 하늘의 뜻을 말하며 그 뜻은 목숨을 소중히 하는 데 있으므로 군 역시 그 도덕에서 벗어날 수 없다.

전쟁을 하지 않는 것이 용병의 도덕이다. 그러나 전쟁이 일어났을 때라도 그 도덕을 따라야 한다고 노자는 보았다. 그래서 노자는 다음처럼 절실하게 말하고 있다.

적을 얕보는 것보다 더 큰 탈은 없다[禍莫大於輕敵]. 적을 얕보고 소홀히 하면 내가 지닌 보물을 단번에 잃게 된다[輕敵幾喪吾寶]. 그러므로 병력을 일으켜 서로 증강하는 것을 슬퍼하는 자는 승리한다[故抗兵相加哀者勝矣].

왜군의 장수들이 충무공의 병기를 얕보고 덤볐다가 참패를 했다. 이는 싸움을 건 쪽[主]은 패하고 걸어 오는 싸움을 기다렸던 객[客]이 승리한다는 용병[用兵]의 증거이며, 병기의 힘만을 믿고 나아가는 쪽[進]이 기다리는 쪽[退]을 이길 수 없다는 이치를 증명하는 것이다. 용병의 주[主]와 진[進]은 적을 경시하는 데서 비롯되고 용병의 객[客]과 퇴[退]는 적을 소홀하게 다루지 않는 데서 이루어진다.

적을 얕보고 전쟁을 일으키면 백성은 가시밭길을 걷게 된다. 장수가 주둔한 병영에는 가시나무가 돋아나고 논밭은 잡초로 무성하게 된다는 말은 곧 백성이 굶주리게 된다는 말과 같다. 그러면 백성은 소중한 것을 잃고 만다. 소중한 것이란 무엇인가? 목숨이다. 그러므로 병기의 힘만을 앞세워 전쟁을 도발하는 것은 백성의 생명과 재산을 탕진하는 꼴이 된다.

군비를 증강하고 힘으로 강대국 행세를 하려 했던 소련이 결국 망하는 꼴을 목격했다. 무기를 만들어 내는 중공업은 발달했으면서도 백성의 생활을 돕는 경공업은 보잘것없었던 소련의 옛 모습은 무엇을 말해 주는가? 군대가 강하면 나라가 망한다는 것이 사실임을 입증해 준 셈이다. 군사력 증강을 서로 경쟁하는 것[抗兵相加]을 슬퍼하는 쪽이 승리를 거둔다는 노자의 말은 냉전 시대의 종말에서 참말이 되었다. 여기서 승리란 전쟁을 하지 않고 얻는 것이고 그러한 승리는 백성을 행복하게 할 수 있다.

전쟁을 일삼는 군대만 무서운 것이 아니다. 정치의 맛을 본 군도 역시 무섭다. 군사정치 역시 항병상가抗兵相加의 일종인 까닭이다. 정권의 안보가 군의 수중에 있다면 나라는 곧 병영인 셈이고 모든 백성은 병졸과 다를 바가 없다. 나라를 지킨다는 것과 나라를 다스린다는 것을 혼동하면 시민이 곧 군대처럼 되어 인생을 훈련받는 것처럼 살아야 한다. 그러면 소중한 보물은 명령의 복종에 저당 잡히고 만다. 노자는 이를 슬퍼했다.

원문의역

병을 쓰는 것에 관한 말이 있다. 나는 감히 주가 되지 않고 객이 되고, 감히 한 뼘쯤 나아가지 않고 몇 발 뒤로 물러선다. 이는 행동하지 않기를 행하는 것이며, 완력을 사용하지 않고 물리치는 것이요, 적의 저항 없이 나아가는 것이요, 병을 일으키지 않고 붙잡는 것이다.

〔用兵有言 吾不敢爲主而爲客 不敢進寸而退尺 是謂行無行 攘無臂 扔無敵 執無兵〕 용병유언 오불감위주이위객 불감진촌이퇴척 시위행무행 양무비 잉무적 집무병

적을 얕보는 것보다 더 큰 탈은 없다. 적을 얕보고 소홀히 하면 내가 지닌 보물을 단번에 잃는다. 그러므로 병력을 일으켜 서로 증강하는 것을 슬퍼하는 자가 승리한다.

〔禍莫大於輕敵 輕敵幾喪吾寶 故抗兵相加哀者勝矣〕 화막대어경적 경적기상오보 고항병상가애자승의

도움말

제69장은 용병의 도덕이 무엇인지를 살펴보게 하면서 제68장의 불무不武를 더 상세히 헤아리게 한다. 목숨을 해치는 전쟁을 위해 용병 해서는 안 되고 백성의 목숨을 소중히 하는 데 용병의 참뜻이 있음을 제69장은 말하고 있다.

불감위주이위객不敢爲主而爲客의 주主는 전쟁을 일으키는 쪽이고 객客은 걸어 오는 전쟁을 기다리는 쪽이다. 나아가 군대의 힘을 한 인간의 야망으로 사용하는 것도 용병의 주에 해당한다고 할 수 있다. 충무공은 용병의 객을 보였고 박정희는 용병의 주를 보였다. 주는 적을 얕보고 객은 적을 세심하게 경계한다.

불감진촌이퇴척不敢進寸而退尺의 진進은 전쟁을 일으켜 나아가 싸우는 것이고 퇴退는 걸어 오는 전쟁을 기다리는 것이다. 진은 적을 얕보는 것이며 퇴는 적을 무시하지 않는 것이다.

무행無行은 전쟁을 도발하지 않음이다.

양무비攘無臂의 양攘은 물리친다는 뜻이다.

잉무적扔無敵의 잉扔은 나아가 취就함이다.

집무병執無兵의 집執은 승리를 거둔다는 말이다.

상오보喪吾寶의 상喪은 잃어버리는 것[亡]이며 보寶는 목숨이라고 보아도 된다. 소중한 것은 보寶이며 노자는 목숨을 소중히 하는 것을 자慈, 검儉, 불감위선不敢爲先이라고 밝혔고 이를 삼보三寶라고 말했다.

항병상가抗兵相加의 항抗은 들어 일으킴을 뜻하고 상가相加는 군사력을 다투어 서로 증강함을 말한다.

애자승의哀者勝矣의 승勝은 전승을 뜻하지만 백성의 안녕을 뜻한다고 보아도 된다.

제70장 언제쯤 노자의 탄식이 멈출까

왜 인간은 노자를 울리는가

아무리 무위자연을 말하지만 노자 또한 인간이다. 노자의 목숨과 우리의 목숨이 다를 것이 없다. 노자 역시 살기를 바랐으므로 섭생攝生을 소중히 했다. 섭생이란 목숨이 내 것은 아니란 생각이다.

성인이라도 살아 있기를 좋아하고(好生) 죽기를 싫어하는(惡殺) 목숨의 본능에서 벗어날 수 없다. 그러나 성인은 삶을 구걸하지 않으며 명命에 따라오는 죽음을 두려워하지 않는다. 그래서 성인은 인명재천人命在天을 의심하지 않는다. 다만 범인이 그것을 모를 뿐이다.

노자의 무위자연은 무릇 목숨이라면 무엇이든 소중히 하라는 것에서 시작된다. 도의 품안을 떠나지 않는 것이 무위요, 자연이다. 도를 만물의 어머니라고 밝힌 것도 그 때문이다. 어머니의 품안에 안겨 있는 것처럼 마음을 쓰고 행동을 하면 그것이 곧 자연이요, 무위이다.

노자는 영악스런 사람이 되지 말고 갓난아이같이 되라고 한다. 갓난아이는 어머니의 품안을 떠나지 않는다. 갓난아이는 어머니가 없으면 울고 품에 안기면 젖을 빨다 편안히 잠을 잔다. 그 품안이 목숨의 둥지요, 보금자리가 아닌가? 천지를 그렇게 맞이하고 누리는 것이 무위자연이다.

어머니의 품안을 떠나 안타깝게 사는 인간을 향해 그 품안으로 되돌아가라고 노자가 아무리 말해도 인간들은 못들은 척한다. 인간이여! 생활의 윤택함을 원하는가 아니면 목숨의 윤택함을 원하는가? 노자는 목숨의 윤택함을 택하라고 한다. 그러나 인간은 생활의 윤택함에 조급증을 떨며 생활의 윤택함이 곧 목숨의 윤택함이라고 착각한다.

좀 더 많은 부를 소유하고 쟁취하기 위해 얼마나 마음을 태우는가? 목이며 손가락을 값비싼 보석으로 치장하려고 얼마나 속을 태우는가? 온갖 가전제품을 마련하고 문화생활을 한다면서 얼마나 피곤한가?

정말 부귀영화가 나를 행복하게 하는가? 이렇게 자문해 보라. 결코 생활의 윤택함이 마음을 편케 하는 것이 아님을 깨달을 것이다. 마음이 불편하고 초조하고 괴로우면 그만큼 목숨은 상처를 입는다. 몸이 귀중한 줄만 알고 마음이 귀한 줄 모르면 목숨은 편할 수가 없다. 현대인은 이를 모른다. 그래서 겉치장만 하고 속은 썩든 말든 애를 태우고 끓여 제대로 사는 것을 잊어버렸다.

목숨을 아끼면서도 소중한 줄 모르는 것보다 더 큰 착각은 없다. 이러한 착각을 노자는 안타까워했다. 그래서 노자는 무위를 말했고 자연을 말했다. 그러나 아무도 들어 주지 않는다. 인간은 여전히 인생을 시비의 저울에 달고 물질의 탐욕에 바람이 나 몸둘 바를 모른다. 그러므로 노자의 다음과 같은 말은 아직도 살아 있다.

내가 하는 말은 아주 알기 쉽고[吾言甚易知] 행하기도 쉽다[甚易行]. 그러나 세상은 내 말을 알아듣지도 못하고 행하지도 못하는구나[天下莫

能知莫能行)! 말에는 근원이 있고[言有宗] 일에는 근본이 있다[事有君]. 나에게는 오직 무를 아는 것만 있다[夫唯無知]. 이 때문에 세상은 나를 알지 못한다[是以不我知]. 그러나 나를 알아보는 사람들이 적다면 그만큼 나는 귀한 셈이다[知我者希則我貴矣]. 그래서 성인은 갈옷을 입고 옥을 가슴에 품는다[是以聖人被褐懷玉].

자유당 정권이 싫었다. 무능해서 6.25를 막지 못했고 간신들이 판을 쳐 부정부패가 극심해 나라를 썩게 했다. 소인배의 치자들이 정권욕에만 놀아나 백성만 보릿고개의 배고픔에 시달리게 해 자유당 정권을 미워했다. 4.19혁명은 필연이었다.

민주당 정권은 4.19혁명 덕으로 이루어졌으면서도 자리다툼으로 세월을 보냈고 여전히 배고픈 세상은 벌집처럼 웅성거렸다. 그러한 틈에 군인들이 야망을 품고 5.19쿠데타를 도모했다. 그리고 도탄에 빠진 나라를 지키기 위해 군대가 일어섰노라고 선언했다.

패거리 싸움만 할 뿐 나라 걱정을 뒤로 밀쳤던 정객들에게 백성들은 진절머리를 앓고 있었던 터여서 백성의 마음속에는 '오죽하면 군대가 앞장서 나라를 구하겠다고 하겠는가!' 라는 정서가 없었던 것도 아니다. 그러나 권력의 고기 맛을 본 군대는 물러가지 않고 나라를 지키는 것만이 아니라 다스리겠다고 나왔다. 그러자 백성은 곧 밀어닥칠 무단 정치의 시대를 예감하면서도 보릿고개를 없애겠다는 말에 체념했다.

용병의 도덕은 없어지고 용병의 권력만 난무하기 시작하면서 군사 정권은 백성을 훈련시켜 병영의 병졸처럼 만들려고 덤볐다. 정보부가 백성을 정권의 졸개로 만드는 훈련소 구실을 맡으면서 백성들은 눈조심, 입조심, 귀조심을 하면서 숨죽이고 살았다.

그러나 백성의 마음은 군사 정권의 말을 듣지 않는 쪽으로 기울었다. 비록 배고픈 설움은 면해 주었지만 백성은 코를 뚫고 끌려가는 소와 같다는 마음을 품게 되었다. 정권의 발표는 곧 명령의 하달처럼 백성을 지휘하려 했다. 백성은 명령을 싫어하고 지휘 통제를 견디지 못한다. 병兵은 명령에 복종하지만, 민民은 천심天心에 순종한다는 것을 5.16정권은 몰랐다. 천심은 목숨을 소중히 하므로 백성의 심신을 편하게 하고 억누르지 않는 것을 말한다. 5.16정권은 힘만 믿고 천심이 곧 인심이라는 사실을 얕보았다. 이는 생존의 근원과 근본이 무엇인지를 몰랐던 탓으로 세상을 병영처럼 만들려고 했던 셈이다.

알기 쉽고(易知) 행하기 쉽다(易行)는 것은 무슨 내용인가?

무위자연을 말한다고 보면 될 것이다. 억지를 부리지 않는 것이 무위요, 있는 그대로 가만히 두는 것이 자연이다. 둘 다 욕심을 부리지 말라 함이다. 이를 노자는 쉽다 했고 사람들은 어렵다고 한다. 욕심을 버리면 죽는 것으로 착각한 까닭이다. 이러한 착각에서 벗어나면 노자의 말은 점점 쉽게 들리게 된다.

말의 근원(言有宗)은 무엇일까?

말을 참말이 되게 하는 것이다. 말을 제 마음대로 부려 먹으면 거짓말이 된다. 남을 속여 먹는 말은 남을 해치는 독과 같다. 근본이 있고 사물이 있다는 것(有本有物)에 따라 말하고 들으면 참말이 되고 참말이면 저절로 정직할 수 있다. 즉 정직한 말은 도덕을 근원으로 한다.

일의 근본(事有君)은 무엇일까?

일을 진실이 되게 하는 것이다. 없는 일을 있다 하고, 있는 일을 없다 하는 것은 거짓이다. 일의 근본은 갖가지 일들이 얽히지 않고 풀리게 하는 푯대와 같은 것이다. 일을 차분하게 하고 낱낱이 살펴 의심 가는 데가 없게 하는 것이 곧 법이며, 하는 것이 기준이 된다는 것〔爲法爲則〕에 따라 일하면 저절로 성실할 수 있다. 즉 도덕에 성실하면 일은 근본을 취한다.

무지無知란 무엇일까?

없는 것〔無〕을 아는 것이다. 무無를 안다는 것은 있는 것〔有〕의 근원과 근본을 아는 것을 뜻한다. 노자는 그러한 근원과 근본을 다음처럼 분명하게 말해 두었다. 있는 것은 없는 것에서 생긴다〔有生於無〕. 이러한 이치를 알려고 하면 무지는 여러 가지 말을 전해 준다.

범인이 욕심을 줄일 때 무의 터득은 시작되고, 욕심을 버릴 때면 무가 어떤 것인지를 이해한다. 그러므로 무지는 무심無心이 허심虛心이고 허심이 무욕無欲임을 아는 것과 통한다.

노자는 무를 알고 유有를 알았다. 말하자면 노자는 죽는 것〔死〕을 알고 사는 것〔生〕을 알았다. 그리고 이것들이 서로 오고간다는 것〔反者〕을 알았다. 나아가 무엇이 이것들로 하여금 서로 오고가게 하는지를 알았다. 이를 노자는 지지知止라고 했다. 지지는 도에 멈출 줄 안다는 말이다. 이처럼 노자는 무를 통해 유를 알았고 무를 통해 도를 헤아렸다. 그리고 도의 모습을 대상大象이라 했다.

대상이 곧 도의 손길임을 알았다. 도의 손길을 크다고 한 것〔德〕은 그 손길이 우주 만물의 어머니와 같기 때문이다. 만물을 이렇게 사랑할 줄 알았던 노자를 사람들은 몰라본다. 노자 자신이 이 점을 잘 알고 있었던 모양이다. 그러나 노자는 남들이 자기를 알아 달라고 자가 선전을 하지 않는다. 오히려 남들이 노자를 몰라주므로 노자는 스스로 더 귀하게 됨[貴]을 알았던 까닭이다.

노자가 말하는 귀貴란 무엇인가?

귀한 것도 흔해지면 천해진다. 현대인은 이렇게 확신한다. 모래알은 흔하므로 귀하지 않고, 진주는 얻기 힘들므로 귀한 것이다. 이렇게 현대인은 단언한다. 그래서 진주 보석에 욕심이 사나워지면 완두콩도 진주처럼 보인다. 이처럼 귀하다는 진주가 사람을 욕심사납게 한다. 욕심이 사나워지면 마음이 험악하게 된다. 사랑하는 마음은 귀하고 험악한 마음은 천한 것이다. 그러므로 목숨을 사랑하는 것[慈]보다 더 귀한 것은 없다.

목숨을 사랑하는 것은 물질 탓으로 목숨을 천하게 하지 않는다. 그러면 저절로 수수하고 물질을 아끼는 것[儉]이 따라오며, 검약은 겸손하게 하므로 잘난 척하지 않는 것[不敢爲先]으로 이어진다. 이것이 노자가 지녔다고 자랑했던 삼보三寶가 아닌가! 그러므로 노자의 귀를 그 삼보라고 보아도 된다. 덕이 귀할 뿐 욕欲은 천하다.

왜 갈옷을 입고 가슴에 옥을 품을까?

현대인은 자기가 널리 알려질수록 귀하게 된다고 생각한다. 그래서 스스로 빛 좋은 개살구처럼 되려고 수작을 부린다. 말을 꾸미고 행동을 꾸미며 겉모습을 치장해 멋을 내려고 한다. 자기를 과시해야 하고 자기를 과소평가하면 싸움을 마다하지 않는다. 이렇게 현대인은 자존심을 밖에서 인정받으려고 한다. 현대인은 다투어 보기 좋은 떡이 되려고 한다.

겉모습은 말끔하지만 속은 너절한 인간들이 너무나 많다. 너절한 속셈은 겉치장으로 속임수를 쓰는 것이다. 남의 지갑을 노리는 소매치기는 비싼 옷을 걸쳐 의심받지 않고, 남의 재산을 노리는 사기꾼의 입은 성인을 흉내 내고, 뇌물을 받아 치부를 일삼는 관리는 법을 강조한다. 이처럼 사악할수록 겉치장을 일삼는다[形有所粧].

그러나 덕은 치장 따위는 신경 쓰지 않고 잊는다[形有所忘]. 마음이 곱고 선하므로 모습을 꾸밀 필요가 없다. 사랑하는 마음은 선을 낳고 길러 주며 오래게 한다. 이러한 마음이 곧 덕의 파수꾼이다. 그래서 덕은 낳아 주고 길러 주어 오래간다[德有所長]고 하는 것이다.

성인은 누구인가?

도를 따르는 것[聖]을 삶으로 삼는 자이다. 도를 따르면 저절로 덕을 베풀게 되는 것[賢]을 일삼는다. 도를 따르고 덕을 베푸는 사람을 성인이라고 한다. 성인은 남들이 몰라줄수록 귀하게 되는 사람이다.

모란꽃이 인기인[人氣人]이라면 이름 없는 풀꽃은 성인을 닮았다고 말해도 무방하다. 무대 위에서 대중의 갈채를 받는 자일수록 사생활은 너절하기 쉽다. 남의 호감을 얻으려고 발버둥치다가 그렇게 된다. 이는 바깥만 아는 것이고 속을 모르는 것과 같다.

성인은 무지하다. 무지는 없는 것을 알려고 할 뿐 있는 것은 있는 대로 만족하게 한다. 성인은 이러한 만족을 부[富]로 삼는다. 겉은 초라하고 가난하지만 속은 윤택하고 풍족하다. 그래서 성인은 갈옷을 입고 있지만 가슴에는 옥이 있다고 한 것이 아닌가!

성인이 가슴에 품고 있는 옥은 무엇일까?

분명 그 옥은 비취도 아닐 것이고 묘안석猫眼石도 아닐 것이며 전황석全黃石도 아닐 것이다. 비취나 묘안석, 전황석 등은 값비싼 보석들이다. 이것들을 패물로 갖자면 돈이 많아야 한다. 성인은 그러한 옥 같은 패물로 몸을 치장할 재력이 없다. 재물로 치면 성인은 극빈자보다 더 가난하기 때문이다.

성인이 품고 있는 옥은 분명 무지의 옥이다. 없는 것을 아는 것〔無知〕이 옥이 된다. 이보다 더 귀한 옥은 없다. 만물을 사랑할 줄 아는 옥인 까닭이다. 그러한 옥을 도덕이라고 한다.

값비싼 비취는 부자의 목에 걸려 자랑거리가 되지만 도덕은 성인의 가슴속에 안긴다. 도덕은 드러나지 않는다. 그래서 노자는 도를 만물 속에 숨어 있는 것〔萬物之奧〕이라고 했으며 덕은 깊고 깊어 멀고 아득하다〔玄德深兮遠兮〕고 하지 않았던가!

공자의 군자는 사람을 사랑하지만 노자의 성인은 만물을 사랑한다. 군자는 가슴에 인의仁義라는 옥을 품지만, 성인은 가슴에 도덕道德이라는 옥을 품는다. 성인의 가슴에 우주애宇宙愛의 옥이 품어져 있다면, 군자의 가슴에는 인류애人類愛의 옥이 품어져 있는 셈이다.

공자여! 소인화小人化가 다 되어 버린 현대인에게 인류애는 잠꼬대나 헛소리 같은 말로 들린다. 왜냐하면 자기애自己愛로 인간을 저울질하기 때문이다.

노자여! 물질화가 다 되어 버린 현대인은 우주애 따위를 넋두리로 치부하고 내팽개쳐 버린다.

소인화된 인간은 자기밖에 모르고 물질화된 인간은 마음보다 물질이 귀하다고 확신한다. 소인배의 증오 때문에 사람이 사람을 살해하고, 물질의 돈 때문에 인간이 인간을 속이고 해치는 사건들이 날마다 꼬리를 문다. 이처럼 세상이 무섭게 된 것은 가슴속이야 썩어 구린내가 나든 말든 비싼 보석으로 목걸이를 걸치고 은행 금고에 돈이 많으면 된다는 현대인의 기질 탓이다.

노자여! 갈옷을 입고 서울에는 오지 마라. 헐벗은 거지라고 내치고 말 뿐 현대인은 그대가 가슴에 품고 있는 도덕이란 옥玉을 모른다.

내가 하는 말은 아주 알기 쉽고 행하기도 쉽다. 그러나 세상은 내 말을 알아듣지도 못하고 행하지도 못하는구나!

〔吾言甚易知 甚易行 天下莫能知莫能行〕 오언심이지 심이행 천하막능지막능행

말에는 근원이 있고, 일에는 근본이 있다.

〔言有宗 事有君〕 언유종 사유군

나에게는 다만 무를 아는 것만 있다. 이 때문에 세상은 나를 알지 못한다. 그러나 나를 알아주는 사람이 적다면 그만큼 나는 귀한 셈이다.

〔夫唯無知 是以不我知 知我者希則我貴矣〕 부유무지 시이불아지 지아자희즉아귀의

그래서 성인은 갈옷을 입고 옥을 가슴에 품는다.

〔是以聖人被褐懷玉〕 시이성인피갈회옥

도움말

제70장은 인간이 올바름〔正〕을 잃어버리고 치우침〔偏〕에 빠져 버린 사실을 상기시켜 준다. 인간의 치우침은 인간의 욕망에서 비롯된 것이며, 성인은 이러한 치우침에서 떠나 있음을 밝혀 준다. 따지고 보면 무위자연의 도덕은 인간의 치우침을 떠나 생각하고 행동하며 사는 것이다.

언유종言有宗의 종宗은 시초와 뿌리를 뜻한다. 즉 종宗은 근원이다.

사유군事有君의 군君은 기준을 세워 법을 존중하게 하는 것을 말한다. 다시 말한다

면 군君은 근본을 뜻한다.

무지無知는 무無를 아는 것이며 유지有知는 유有를 아는 것이다. 노자는 무를 유의 근원으로 보았다. 존재하는 것은 있는 것[有]이 아니라 없는 것[無]을 두루 갖춘다. 존재하는 것은 생성과 소멸의 사실이다.

지아자희知我者希의 희希는 수가 적어 드물다는 뜻이다.

아귀의我貴矣의 귀貴는 노자가 자랑한 삼보三寶를 상기시킨다. 사랑함[慈]과 검소함[儉] 그리고 겸손함[不敢爲先]을 잘 간직해 귀하게 된다는 뜻이다.

피갈회옥被褐懷玉의 피갈被褐은 갈옷을 입는 것을 뜻해 겉치장을 하지 않음을 비유한 것이고, 회옥懷玉은 가슴에 옥을 품는다는 것을 뜻해 귀한 것을 과시하지 않음을 말한다.

제71장 알고도 모르는 것처럼 한다

모르면서 아는 체하지 마라

아는 것이 탈이다. 알면 병이고 모르면 약이다. 왜 이러한 속담이 생겼을까? 아는 것을 힘인 것처럼 부리고, 모르면서 아는 체하여 탈을 내는 까닭이다.

공자는 아는 것을 안다 하고 모르면 모른다고 하는 것이 곧 지知라고 했다. 불가의 선에서도 머리에다 머리를 더하지 말고 입에다 입을 더하지 말라고 한다. 이는 모두 아는 것을 재주로 삼지 말 것이며 모르는 것을 숨기지 말라 함이다.

말이 말을 낳고 말이 말로써 고집을 부린다[重辭復語]. 그래서 시비의 꼬투리가 생긴다. 망기忘機라는 말이 있다. 이는 분별하고 따져 시비를 걸려는 꼬투리[機]를 마음에 두지 말라 함이다. 그러나 인간은 저마다 나름대로 보고 들으며 각양각색으로 느끼며 생각하고 안다는 것[知]을 한사코 무기로 삼으려고 한다. 이러한 무기를 지성이라고 하면서 인간은 저마다 지성을 앞세우고 날카롭게 되려고 한다.

인간이 알면 얼마나 알까? 아는 것이 백사장의 한낱 모래알에 불과함을 안다면 어느 누가 감히 아는 체를 할 것인가! 우주 속에서 기생하는 인간은 누구나 우물 안 개구리와 같다. 전문가 사회가 되면서 부터 인간은 더욱 우물 안 개구리처럼 되어 가고 있는 중이다. 우물 안의 개구리는 하늘이 우물 구멍만 한 것이라고 여긴다. 그러면서도 우물 안 개구리는 하늘을 안다고 한다.

안다는 것(知)은 무엇인가? 두루 통하고 비추어 주며 모나지 않고 밝은 것(普照圓明)을 지知라고 한다. 과연 인간이 이러한 지를 소유할 수 있고 쟁취할 수 있을까? 이렇게 자문해 본다면 내가 지니고 있는 지식이란 것이 보잘것없음을 깨우칠 것이다. 이러한 깨우침이 조금만이라도 있다면 지적 오만을 부릴 수는 없다. 유지有知는 지식의 오만을 부르고 무지는 그러한 오만을 부끄러워한다.

장자는 큰 앎(大知)과 작은 앎(小知)이 있다고 밝혔다. 소지小知는 어떤 것을 의지해야 아는 것이고 대지大知는 걸림 없이 노닐 줄 아는 것(自遊)이다. 무엇을 의지해 아는 것은 거지가 구걸한 동냥과 같다고 본 셈이다. 노자가 앞 장에서 말한 무지가 구걸한 지식으로 치장을 하지 않는 것임을 여기서 짐작할 수가 있다.

자연과학 이론은 항상 새롭게 변화한다고 한다. 이러한 변화를 인간은 미지未知의 부분을 서서히 정복해 가는 과정으로 자위하려고 한다. 사물을 관찰한 지식을 쌓아 가면서도 인간을 알려는 노력은 하지 않는다. 여전히 바깥만 밝히면서 등잔 밑은 어둡게 내버려두고 있는 실정이다.

모르는 것이 약이다. 이 속담은 무를 헤아리게 한다. 그리고 알아서 탈이다. 이 속담은 유를 짚어 보게 한다. 식자들은 세상을 다스린다면서 한 번도 인간을 편하게 하는 세상을 만들어 내지는 못했다. 은행에 거액의 예금이 있고 편리한 생활용품들이 집 안에 다 갖추어져 있다고 해서 마음 편히 살 수 있는 것은 아니다. 왜 인간은 마음 편하게 삶을 누리지 못할까? 이러한 질문에 대해 노자는 다음처럼 진단하고 있다.

알되 모르는 것처럼 하는 것은 위이고[知不知上], 모르면서 아는 체하는 것은 병이다[不知知病]. 무릇 병을 병이라고 알면 그것은 병통이 아니다[夫唯病病 是以不病]. 성인에게 병통이 없는 것은 이 때문이다[聖人之不病也].

조령 남쪽 어느 한 고을에 만석꾼이 살았다. 그 부자는 재물이야 남부러울 것이 없지만 시간이 지나면서 머릿속이 썩어 간다는 걱정으로 하루도 마음이 편할 날이 없었다. 그는 늙어 노망나는 것은 머리가 썩는 것이라고 제멋대로 생각했다.

머리카락이 희게 되는 것도 머릿속이 썩어 가는 것이고, 이마 위에 피는 검버섯도 그 탓이라 여겼다. 명의를 불러 온갖 보약을 지어 머릿속을 썩게 하는 늙음을 막아 보려고 발버둥을 쳤지만 그러면 그럴수록 점점 더 정신은 흐려지고 치매 증세까지 생겨났다. 결국 그는 앓아 누웠다.

늙는다고 해서 머릿속이 썩는 것은 아니라고 여러 사람들이 타일러 보았지만 그는 막무가내였다. 고집을 부리면 부릴수록 병이 더해 간다는 말에도 아랑곳없이 그는 그저 머릿속이 푹푹 썩어 간다고 낙담했다. 결국 그는 그렇게 앓다가 죽었다.

알면서 모르는 것처럼 하는 것[知不知]은 무슨 뜻일까?
이는 알면서 속아 주거나 알면서 모른 척 시치미를 떼는 것은 아니다. 아는 것[知]을 겉으로 드러내 과시하지 않는 것뿐이다. 지부지知不知는 없는 것을 안다는 것[無知]의 모습이라고 생각해도 된다. 무지나 지부지는 무식한 것처럼 보이지만 속으로 알고 있는 것이다. 그래서 알면서 모르는 것처럼 하는 것[知不知]과 무지는 무언無言과 통한다. 말이 가볍거든 그 사람을 믿지 말라고 하지 않는가!

모르면서 아는 체하는 것[不知知]은 왜 병이 되는가?

두루 통하지 못하고 치우치며 모가 나는 앎을 부지不知라고 한다. 한쪽으로 치우쳐 기울면 사달이 나고 모가 나면 시비를 일삼게 된다. 이렇게 되는 것을 앎의 병이라고 한다. 서툰 목수는 집을 기울게 하고 반풍수 집안을 망친다고 하지 않는가!

병을 병이라고 알면 병이 아니라는 것은 무슨 뜻일까?

이는 공자의 말을 연상시킨다. 지知가 무엇이냐고 물었을 때 공자는 아는 것을 안다 하고 모르는 것을 모른다 하는 것이라고 말했다. 이렇게 하면 알아 병이 될 이는 없을 것이다. 노자와 공자가 지에 대해 견해가 다른 것은 앎을 드러내느냐 아니면 속에 간직하기만 하느냐의 차이만 있을 뿐이다. 노자는 지를 드러내지 말기를 바라며 공자는 아는 것이 분명하다면 드러내라고 하는 셈이다.

알 수 없어 모른다는 것[不知]을 알고 있다면 그러한 앎이야말로 자기를 알고 있는 것[明知]이다. 자기를 알려고 하는 것은 명이다[自知者明]라고 한 노자의 말을 새겨들으면 병을 병이라고 알면 왜 병이 아닌지를 살필 수 있다. 사물을 알려고 하기 전에 먼저 자기를 알라고 하지 않는가!

성인은 마음의 병을 앓지 않는다. 두루 통하려고 할 뿐 어느 한편으로 기울어 치우치지 않는 까닭이요, 자기를 과시하여 독단을 부리지 않고 무모한 짓을 멀리하므로 모가 나지 않는 까닭이다. 성인은 항상 푸근하고 넉넉하게 자연의 마음을 누린다. 이러한 성인에게 무슨 마음 고생이 있을 것인가!

현대인은 몸 하나 편하자고 마음 고생을 사서 한다. 욕망의 다툼보다 더 고생스러운 것은 없다. 마음을 초조하게 하고 약점이나 허점이 드러날까 봐 전전긍긍하면서 살얼음판 위를 걸어가듯이 사는 것보다 더한 중병은 없다. 그러나 현대인은 재벌을 원하지 성인을 원하지 않는다. 왜냐하면 현대인은 병을 병인 줄 모르기 때문이다.

현대인은 욕망이 사나우면 탐욕이 된다는 것을 알고 있다. 그런 줄 알면서도 욕망의 노예가 되어도 좋다고 생각한다. 그래서 현대인은 탐욕의 희생물이 되어 가고 있는 중이다. 이러한 현대인의 중병을 치유하자면 편작의 침술로는 안 될 것이다. 먼저 지부지知不知를 날마다 곰곰이 생각해 보는 생활을 한다면 성인이 불병 하는 처방을 알아낼 수도 있을 것이다.

![원문의역]

알되 모르는 것처럼 하는 것은 위이고, 모르면서 아는 체하는 것은 병이다. 무릇 병을 병이라고 알면 그것은 병통이 아니다.
〔知不知上 不知知病 夫唯病病 是以不病〕지부지상 부지지병 부유병병 시이불병

성인에게 병통이 없는 것은 병을 병인 줄 알기 때문이며 이렇게 아는 것은 병이 아니다.

〔聖人之不病也 以其病病 是以不病〕 성인지불병야 이기병병 시이불병

도움말

제71장은 무지無知를 터득하게 하는 장이라고 볼 수 있다. 무지를 아는 것을 부지不知라고 이해하게 하는 까닭이다. 두루 통하고 걸림이 없으며 치우침이 없는 앎이어야 탈이 되지 않음을 살피게 하는 장이다.

부지지不知知의 부지不知는 두루 통하고[普照], 걸림 없이 밝은[圓明] 앎[知]을 간직하되 과시하지 않음을 뜻한다.

상上은 명지明智에서 명明을 근본으로 삼는 것을 암시해 준다. 명明은 '내가 나를 아는 것'이고 지智는 '내 바깥의 사물을 아는 것'이라고 노자가 밝혀 두었다.

병病은 '알아서 탈이고 아는 것이 병이다'라는 속담을 상기하면 이해하기 쉬울 것이다.

성인지불병聖人之不病의 불병不病은 불가의 망기忘機를 연상시킨다. 마음의 작용을 잊는 것은 불도이고[忘機是佛道] 분별하는 것은 마구의 경지이다[分別是魔境]라는 말은 불병不病을 새겨듣게 한다.

제72장 모두 함께 삶을 사랑하라

하늘의 뜻을 무서워하는가

벼락을 맞는다. 천벌을 받는다. 이런 말은 이제 실없는 것으로 치부된다. 하늘이 무섭지 않느냐고 하면 비웃고 하늘의 뜻을 말하면 시대착오적인 발상이라고 일축한다. 달에 사람의 발이 놓인 지가 벌써 반세기가 다 되어 가는 마당에 천벌 따위는 잠꼬대에 불과하다고 일소에 붙인다. 이처럼 현대인은 오만하기 짝이 없다.

하늘을 무서워하라. 이는 죄를 무서워하라는 말과 같다. 죄 중에 가장 큰 죄는 무엇일까? 목숨을 해치는 짓일 것이다. 죄를 두려워하라 함은 곧 목숨을 해롭게 하거나 해치는 짓을 말라 함이다. 그래서 전쟁은 재앙이며 오늘날의 공해도 재앙이다.

인간의 오만이 공해를 낳고 있다. 그러한 오만은 어디서 오는 것일까? 천지와 만물은 오로지 인간을 위해 있다는 착각에서 비롯된다. 만일 천지는 인간의 것이 아니다〔天地不仁〕라고 한 노자의 말을 조금이라도 새겨듣는 세상이라면 지금처럼 천하가 공해로 몸살을 앓지는 않을 것이다.

흙이 썩고 물이 썩고 공기가 썩어 인간이 살 수 없게 된다면 인간의 오만이 저지르는 장난들은 더할 수 없는 재앙이 될 것이다. 땅이 썩어 초목이 못 살면 인간도 못 사는 것이고, 물이 썩어 물고기가 못 살면 인간도 못 사는 것이요, 공기가 썩어 날짐승이 못 살면 인간도 못 사는 것이다. 이렇게 생각하면 하늘의 뜻이 무엇인가를 어렴으로나 짐작할 수 있을 것이다.

먹고 마시고 싸지 않으면 목숨은 살 수가 없다. 무엇이든 목숨이 있는 것이라면 밥을 먹고 물과 바람을 마신 다음 밥을 똥으로 싸고 물을 오줌으로 누고 안으로 들이쉰 숨을 밖으로 뱉어 내야 한다. 이것이 바로 사는 이치[生理]이다. 이러한 생리는 하늘과 땅을 떠나서 부지할 수가 없다. 밥과 물은 땅에 있고 빛과 바람은 하늘에 있는 까닭이다. 이렇게 생각해 본다면 천지의 뜻에 대해 나름대로 헤아려 볼 수 있을 것이다.

밥과 물과 빛과 바람보다 더 큰 위력이 목숨에게는 없다. 하늘을 두려워하라 함은 바로 이러한 위력을 감사하라는 말씀과 다를 바가 없다. 목숨을 부지하게 하는 그 위력은 생명에게 더할 나위 없는 선물이다. 이러한 선물을 받고 명命을 누리므로 사람의 목숨은 하늘에 있다[人命在天]라고 하는 것이다. 어디 인간의 목숨만 천지에 있단 말인가? 인간과 더불어 모든 목숨이 다 그러하다.

목숨의 선물을 내린 천지에 감사하라. 이것이 곧 하늘을 두려워하는 마음가짐이다. 두려워하는 마음이 은혜에 보답하려는 마음이 되면 도덕의 이웃이 된다. 왜냐하면 목숨을 소중히 하고 사랑할 줄 아는 마음씨를 가슴속에 지닐 수 있기 때문이다.

성인은 갈옷을 입고 있지만 가슴속에 옥을 품고 있다[被褐懷玉]고 노자가 밝혔다. 바로 그 옥은 만물을 제 목숨처럼 사랑하는 마음씨와 같다.

만물을 제 몸처럼 사랑하는 마음은 두려워한다. 이러한 두려움[畏]은 공포가 아니다. 크나큰 은혜를 배신하면 두려움은 공포가 되고 그 공포는 재앙으로 드러난다. 이러한 불행을 옛사람은 벼락을 맞는다고 했다. 지금 현대인은 공해의 벼락을 맞고 있는 중이다.

왜 인간은 공해의 벼락을 맞고 있는가? 천지 만물은 인간의 것이므로 인간의 뜻대로 마음껏 사용해도 된다는 물욕 탓으로 그렇게 되어 가고 있는 중이다.

천지에서 인간만이 쓰레기를 내놓는 동물이다. 이는 인간의 과욕이 저지른 뒤탈이다. 그러한 뒤탈은 천지를 얕보는 인간의 오만에서 나오지 않는가!

인간이 이러한 오만을 거두지 않는 한 인간의 미래는 어둡다. 천지를 소모품처럼 착각하는 인간은 노자의 다음과 같은 말을 다시 새겨들어야 한다.

사람이 죄를 두려워하지 않으면 커다란 재앙을 만난다[民不畏威則大威至]. 재앙을 맞지 않으려면 사는 곳을 얕보지 마라[無狎其所居]. 그리고 삶을 싫어하지 마라[無厭其所生]. 그러면 무엇 하나 싫어하는 것이 없으므로 저절로 싫어하지 않게 된다[夫唯不厭 是以不厭]. 이러하므로 성인은 자기를 알되 과시하지 않으며[是以聖人自知不自見], 자기를 사랑하되 대접 받기를 바라지 않는다[自愛不自貴].

아파트에 삼 대가 같이 살면 노인은 불편하다고 한다. 그래서 노인들은 단지 안에 있는 노인정에 모여 이런저런 이야기를 나누며 무료한 시간을 때운다.

"남은 음식을 버리지 말라고 했더니 며느리가 분리 수거를 하니까 괜찮다고 하는데 그 분리 수거란 말이 무슨 뜻인지 모르겠어."

한 노인이 이렇게 말문을 열었다.

"마른 쓰레기와 젖은 쓰레기를 따로따로 버린다는 말이지."

"아니야. 다시 못 쓸 쓰레기와 쓸 수 있는 쓰레기를 분간해서 버린다는 말이야."

이렇게 의견이 갈리자 말문을 열었던 노인이 남은 음식은 쓰레기가 아니지 않느냐고 반문했다.

"젊은 사람들은 남긴 것을 두었다 먹는 것을 싫어하지. 건강에 안 좋다며 멀쩡한 음식도 찌꺼기라고 버리지. 다 먹을 것이 남아돌아 그런 거지."

그러자 한옆에 묵묵히 앉아만 있던 노인이 옛말을 떠올렸다.

"논밭에 떨어진 이삭은 버린 것이 아니며, 밥알을 개수통에 버리면 돼지의 밥이 되지만 시궁창에 흘리면 밥을 버린 죄가 된다고 했었지."

좌중에 모인 노인들은 모두 이런 옛말을 알아들었다.

가을걷이를 할 때면 이삭을 조금쯤은 흘려 두었다. 논 주인은 흘린 이삭을 줍지 않았다. 논에 떨어진 이삭들은 못사는 사람들의 몫으로 여겼고 흙 위에 떨어진 낟알들은 들쥐나 새들의 모이라고 생각했다. 밭에서 고구마를 캘 때도 굵은 것만 땄고 잔챙이는 그냥 두었다. 두더지의 양식거리다. 감나무에서 감을 딸 때도 맨 꼭대기에 몇 알의 감을 남겨 두고 까치밥이라고 했다.

이러한 마음씨를 노인들은 어렸을 때부터 알고 있었기 때문에 남은 음식을 버리면 죄가 된다는 노인의 말을 반갑게 들었다.

불외위不畏威는 무슨 말인가?

요즘 환경 보호란 말을 자주 한다. 공해 때문에 살 수 없다는 사실을 뒤늦게 알고 그렇게 부르짖는다. 그러나 환경 보호란 말부터가 인간의 오만이다. 인간이 환경을 보호하는 것이 아니라 환경이 인간을 보호하는 것이다. 환경은 천지의 것이고 인간은 거기에 세들어 사는 것뿐이다. 그래서 장자는 천지는 하나의 주막이요, 인간은 거기에 머물다 가는 하나의 길손에 불과하다고 했다.

천지라는 주막에는 특실이 없다. 수만 갈래의 목숨들이 다 어울려 묵다가 명이 다 되면 떠나는 길손들이다. 노장老莊은 천지의 입장에서 보면 지렁이의 목숨이나 사람의 목숨이나 서로 다르지 않다고 밝힌다. 이러한 사상이 무위자연이다.

그러나 인간은 천지라는 주막의 주인 행세를 하려고 한다. 집〔天地〕주인이 아니면서 집주인 행세를 하는 것이 인간의 물욕이요, 오만이다. 인간의 물욕이 빚어내는 살기殺氣와 오만은 죄를 두려워하지 않는 것〔不畏威〕과 같다.

대위지大威至는 무슨 말인가?

이삭을 남기면서도 곡식 낱알을 아까워하고 소중히 하는 것은 하늘을 두려워하는 마음〔畏威〕이다. 이처럼 만물을 아끼고 소중히 하면 하늘을 어기지 않는 것이다.

그러나 현대인은 무엇이든 인간의 소유물로 만들어 풍족하게 쓸 수 있어야 하고, 안 되면 전쟁을 해서라도 서로 빼앗는 짓을 서슴지 않으며 물질의 풍요를 독차지해야 한다고 벼른다. 이처럼 인간은 철저하게 쟁취의 살기를 품은 동물로 표변했다. 이러한 표변이야말로 노자가 밝힌 큰 재앙을 만나게 되는 것〔大威至〕이 아닌가!

사는 곳을 얕보지 마라[無狎其所居].

천지를 더럽혀 놓고 뒤늦게 환경을 보호하자고 하는 인간의 심사야말로 사는 곳을 얕보는 생각이다. 하늘을 두려워하고 천지의 고마움을 찾아야 한다. 그렇지 않고 이대로 인간들이 만물을 남용하고 함부로 대하면 천지는 쓰레기통처럼 될 것이다. 오로지 인간만이 쓰레기를 버리는 존재가 되고 말았다.

숲속에 사는 새는 집을 짓되 나뭇가지 하나로 만족하고 강가에 사는 두더지는 목마름을 풀되 한 모금의 물로 만족한다. 그러나 옛날에는 기와집이 오두막을 얕보았는데, 이제는 양옥이 한옥을 얕보기도 하고 큰 평수가 작은 평수를 얕보는 세상이다.

그러나 인간을 제외한 다른 생물은 목숨이 원하는 것만 누린 다음 천지에 다시 고스란히 되돌려준다. 먹고 남아 찌꺼기를 버리는 날짐승은 없고, 오물로 물을 더럽히는 물고기도 없다. 오로지 인간들만 천지를 제 것인 양 함부로 대하면서 사는 곳을 마음대로 다루며 더럽히는 오기를 부린다. 이러한 인간의 오기야말로 사는 곳을 얕보는 짓이다. 사는 곳을 귀천을 두고 따지지 마라. 이것이 사는 곳을 얕보지 마라[無狎其所居]는 말의 속뜻인 셈이다.

사는 바를 싫어하지 마라[無厭其所生].

못되면 조상 탓이고 잘되면 내 덕이다. 이렇게 인생을 잘잘못으로 따지는 것은 가난은 싫고 부자가 좋다는 발상에서 비롯되는 경우가 태반이다. 제 인생을 이렇게 분별해 호오好惡를 가린다면 제 인생을 스스로 업신여기는 꼴이 되기 쉽다.

팔자타령을 하는 것도 제 인생을 미워하고 남의 인생을 부러워하는 허망한 짓이다. 삶을 투정하고 시샘하는 짓을 하면 할수록 삶은 초라해지거나 험하게 되고 심하면 망측하게 된다. 제 오지랖의 삶을 사랑하면 목숨을 소중히 하는 것이고 싫어하면 목숨을 학대하는 것이다. 목숨에는 귀천도 없고 빈부도 없다.

참새는 참새대로 살고 꾀꼬리는 꾀꼬리대로 산다. 토굴을 파고 사는 두더지는 나무 끝에 사는 까치의 집을 부러워하지 않는다. 오로지 인간들만 제 인생을 남의 인생에 견주어 저울질을 하고 스스로 속을 썩인다. 이렇게 속앓이를 해서 무엇이 더 나아질 것인가? 속을 태울수록 살맛만 적어질 뿐이다. 하늘은 스스로 돕는 자를 돕는다고 하지 않는가! 제 인생을 사랑하는 사람만이 남의 인생도 사랑해 줄 수가 있다.

삶에 대한 사랑이 귀천이나 빈부로 분별되는 것은 아니다. 군왕의 삶은 귀하고 백성의 삶은 천하다고 하면 군왕의 목숨은 귀하고 백성의 목숨은 천하다는 말인가?

그렇게 생각한다면 목숨과 삶에 대해 죄를 짓는 것이다. 자기에게 맡겨진 목숨을 소중히 하면 죄를 짓지 않게 되고 자기가 맡은 인생을 사랑하면 그 또한 죄를 범하지 않게 된다. 이것이 사는 바를 싫어하지 말라〔無厭其所生〕는 말의 속뜻이다.

자기를 알되 과시하지 마라〔自知不自見〕.

뱁새가 황새 걸음을 흉내 내면 가랑이가 찢어지고 사슴이 나무를 타는 원숭이의 재주를 부러워하면 발목이 부러진다고 한다. 제 분수를 모르면 다치게 마련이다.

뱁새는 뱁새임을 알므로 황새를 부러워하지 않고 황새인 척하지 않으며, 사슴은 사슴임을 알므로 나무에 올라갈 생각을 하지 않는다. 이처럼 인간을 제외한 모든 생물은 제 분수대로 삶을 꾸린다. 이렇게 사는 것이 무위요, 자연이다.

무엇을 얼마나 안다고 자랑한단 말인가! 깊은 바다일수록 되비춰 주지 않는다〔深海無照〕고 하지 않는가? 이러한 물음에 응하면 자기를 알되 과시하지 말라〔自知不自見〕는 속뜻을 새길 수 있을 것이다.

자기를 사랑하되 대접을 요구하지 않음은 무슨 뜻일까?

홀대를 받아 서운하다고 꽁하게 생각할 것은 없다. 오히려 부뚜막에 먼저 올라간다는 얌전한 강아지 노릇을 하지 않았는지 자신을 되짚어 보는 편이 한결 낫다. 이렇게 마음을 돌려쓴다면 대접 받기를 요구하지 않는다〔不自貴〕는 참뜻을 이해할 것이다.

내숭을 떨거나 속에 없는 염치를 부리면 당장에 그 얕은 속이 드러나게 마련이다. 그러므로 누워 침 뱉는 짓을 하지 않는 것이 자기를 사랑하는 것〔自愛〕이다. 왜 자기를 사랑해야 하는가? 맡은 바 인생을 사랑하고 맡은 목숨을 소중히 해야 하는 까닭이다.

죄를 두려워하는 것도 인생을 사랑하는 것이요, 사는 곳을 얕보지 않는 것도 그러하며 삶을 싫어하지 않는 것 또한 그렇다. 이처럼 인생을 사랑하고 목숨을 소중히 하려면 스스로를 아는 쪽〔自知〕을 택하고 자기를 과시하는 쪽〔自見〕을 버릴 것이요, 자기를 대접해 달라고 요구하는 쪽〔自貴〕을 버리고 자기를 사랑하는 쪽〔自愛〕을 택하라. 그러면 저절로 목숨은 소중하게 되고 살면서 새삼스럽게 염증을 앓지 않아도 된다.

한마디로 죄를 두려워할 줄 알라. 그러면 인생을 고해苦海라고 푸념할 것도 없다.

사람이 죄를 두려워하지 않으면 커다란 재앙을 만난다.

〔民不畏威則大威至〕 민불외위즉대위지

재앙을 맞지 않으려면 사는 곳을 얕보지 마라. 그리고 삶을 싫어하지
마라. 그러면 무엇 하나 싫어하는 것이 없으므로 저절로 싫어하지 않
게 된다.

〔無狎其所居 無厭其所生 夫唯不厭 是以不厭〕 무압기소거 무염기소생 부유불염
시이불염

이러하므로 성인은 자기를 알되 과시하지 않으며, 자기를 사랑하되
대접 받기를 바라지 않는다. 그러므로 성인은 자기를 과시하거나 자
기를 대접해 달라고 바라는 쪽을 버리고 자기를 알고 자기를 사랑하
는 쪽을 택한다.

〔是以聖人自知不自見 自愛不自貴 故去彼取此〕 시이성인자지부자현 자애부자귀
고거피취차

도움말
제72장은 왜 죄를 두려워하며 살아야 하는지를 살피게 한다. 죄를 두려워하면 언
제 어디서나 악을 범하지 않게 된다. 죄를 두려워하라는 말은 목숨을 사랑하라는
말과 통한다.
민불외위民不畏威의 위威는 죄罪를 뜻한다.
대위大威는 재앙을 뜻하고 살육을 범하는 전쟁과 같은 것을 생각하면 될 것이다.

무압기소거無狎其所居의 압狎은 얕보는 것[輕視]과 같다. 귀천을 따져 보려는 것과도 통한다.

무염기소생無厭其所生의 염厭은 싫어하는 것[嫌惡]과 같다. 부유함은 귀하고 가난하면 천하다는 생각이 곧 인생의 염厭으로 통한다.

자지부자현自知不自見의 자지自知는 자기를 아는 것[明知]을 말하고 자현自現은 자기 과시를 뜻한다. 자기를 아는 것은 명[自知者明]이라고 노자는 밝혔다.

자애부자귀自愛不自貴의 자애自愛는 자기를 남과 대비해서 따지는 것이 아니라 자신을 그대로 받아들이는 것을 뜻하고 자귀自貴는 자신이 남보다 낫다는 자부심 같은 것을 뜻한다.

거피취차去彼取此의 피彼는 자현自見과 자귀自貴를 말하고 차此는 자지自知와 자애自愛를 말한다.

제73장 하늘의 그물은 성글지만 빠져나갈 수 없다

하나만 알고 둘을 모른다면 만용이다

목매기아직 코를 뚫지 않고 목에 고삐를 맨 송아지는 억지를 부리다 코를 뚫리고 황소는 고집을 부리다 뿔을 뽑힌다. 인간도 제 고집만 부리다 보면 제 발등을 제 손에 들린 도끼로 찍기도 하고 혹을 떼려다 하나 더 붙이기도 한다. 외고집이든 옹고집이든 고집이란 것은 모조리 마음을 막다른 골목으로 끌고 간다. 막다른 골목에서는 생쥐도 고양이를 공격한다고 하지 않는가! 그러한 공격을 무모한 용기라고 한다.

고집을 일삼는 마음은 하나만 알고 둘은 모른다. 독단이나 아집, 편견 등은 고집스러운 마음의 씀씀이들이다. 벽창호란 말이 있다. 남들이 여러 갈래로 알아듣게 아무리 말을 해 주어도 통하지 않는 사람을 그렇게 부른다.

꽉 막혀서 들고 나는 통로가 없는 마음의 씀씀이[用心]는 한 생각만 옳고 다른 생각은 모조리 그릇되거나 틀렸다고 단정을 내린다. 이렇게 되면 자기가 내린 결정이 유일하고 절대적인 양 착각하게 된다. 어떠한 고집이든 착각의 함정에 빠져 있으면서도 그런 줄 모르는 꼴이다. 외고집이나 옹고집이란 스스로 빠진 함정 속으로 점점 더 깊게

파고들어가 더 넓은 시야를 볼 수 없게 된다.

과감果敢하다는 것을 자랑하지 마라. 결단을 내렸다고 단언하지 마라. 무엇을 하겠다고 생각을 하면 행동은 여러 생각들 중에서 하나만 선택해 실행하기를 좋아한다. 이럴수록 마음은 조급한 결단을 내리고 행동은 과감해진다. 성급한 결단은 언제나 허점을 남기고 과감한 행동은 항상 허술하면서도 거칠게 드러난다. 결국 일이 틀리고 꼬이며 풀리지 않는다.

결단은 하나만 생각하는 마음이며, 과감하다는 것은 하나만 노리는 행동이다. 결決은 하나(一)를 노리는 것이며 단斷은 하나만 옳고 다른 것은 틀렸다는 생각에서 나오는 칼질과 같은 것이다. 과감도 하나만 노리는 행동이다. 감敢은 결決과 통하며 이 또한 하나(一)만 옳고 다른 것들은 틀린 것이라고 단정하고 감행하는 행동이다.

개인이 옹고집을 부리면 그는 패하게 되고, 나라가 외고집을 부리면 그 나라 또한 망한다. 나라의 외고집은 주로 유일 사상唯一思想 따위로 드러난다. 그런 사상은 어떤 이념이 외고집을 부리게 되면 빚어진다. 유일 사상으로 나라가 무장을 하면 그 사상이 백성의 눈을 가리고 귀를 먹게 하며 입을 틀어막는다.

그리고 외고집의 사상은 만용을 부린다. 하나만 알고 둘은 모르므로 백성의 뜻을 헤아리려고 하지 않게 되고 앎(知)은 외곬으로 빠져 막다른 골목으로 백성을 몰아간다.

이념의 시대를 냉전의 시대라고 하는 것은 사상이 무기가 되어 다른 사상을 말살하려고 하는 까닭이다. 무력 전쟁만이 사람을 살상하는 것은 아니다. 살상의 전쟁은 사람을 살려 둔 채로 죽인다. 이러한 만용은 인간사人間事에서 절대 선善도 없고 절대 악惡도 없다는 것을 무시한 까닭에서 자행된다.

선을 지나치게 선이라고 고집하면 악이 되고 악을 지나치게 악이라고 고집하면 선이 되기도 한다는 노자의 말은 위와 같은 만용이 엄청난 착각임을 새기게 한다. 그러므로 다음과 같은 노자의 말을 새겨듣는다면 결단에 앞서 무엇이 이롭고 무엇이 해로운지를 두루 살펴보게 한다.

과감한 것에 **빠져** 용감하면 죽고〔勇於敢則殺〕, 과감한 것에 **빠져**들지 않고 용감하면 산다〔勇於不敢則活〕. 이 두 가지의 용기는 이롭기도 하고 해롭기도 하다〔此兩者或利或害〕. 천하가 싫어하는 까닭을 어느 누가 알 것인가〔天下所惡 孰知其故〕. 이러하므로 성인도 그 점을 어려워한다〔是以聖人猶難之〕.

어느 집이나 새 며느리를 맞으면 시어머니는 집안의 입맛을 알려 주어야 한다. 입맛이란 주로 반찬을 마련할 때 들어가는 양념의 종류와 양에 대한 먹음새이다.

짜게 할 것인가 싱겁게 할 것인가를 알려 입맛에 맞는 간을 내게 하고, 얼마나 맵게 할 것이며 갖가지 양념들을 어떻게 골고루 무쳐 입에 맞는 맛을 낼 것인가를 시어머니는 새 며느리에게 손수 보여 주게 마련이다. 이렇게 해서 시어머니는 새 며느리에게 음식을 마련하는 손끝을 대물림한다.

왜 시어머니는 새 며느리에게 집안의 음식 만드는 손끝을 가르쳐 주려고 하는가? 음식 맛의 대물림으로 식솔들이 건강해진다는 것을 알고 있는 까닭이다.

옛날 시어머니는 새 며느리에게 간장 맛을 보게 하고 된장 맛을 보게 하며 고추장 맛을 보게 했다. 그리고 각각 어느 때 간장, 된장, 고추장으로 간을 맞춰야 하는지를 알려 줬다. 그것은 집집마다 간이 조금씩 다르기 때문이다.

그리고 양념 그릇들을 살피게 한다. 집집마다 입맛을 내는 취향이 다른 까닭이다. 그래서 새 며느리에게 그 취향을 가르칠 때는 찌개를 끓여 손수 보여 준다. 한 집안의 찌개 맛은 입맛의 내력을 구체적으로 보여 주기 때문이다.

이렇게 며칠 동안 길들이기를 한 다음 시어머니는 새 며느리에게 다음과 같은 말을 남긴다.

"내가 막 시집와서 시어머님에게서 들었던 말을 그대로 들려 주마. '곡식도 한 가지 거름만 먹으면 죽는다. 사람의 목숨도 곡식의 목숨처럼 여러 가지를 골고루 먹어야 튼튼하다. 꿀 같은 것은 양념을 치지 않아도 잘 먹는다. 하지만 거친 음식일수록 맛을 잘 내어 먹으려고 한다. 입에 맞는 음식이 따로 없느니라.' 이렇게 돌아가신 시할머니께서 나에게 타이르셨다. 새애기도 잘 들어 두고 그대로 시행하면 가솔들의 몸이 튼튼해질 것이다. 무엇보다 가솔들이 골고루 먹도록 애를 써야 한다."

왜 과감한 것에 빠져 용감하면 죽는 것[勇於敢則殺]인가?

곡식도 한 가지 거름만 먹으면 죽는다고 했던 시어머니의 말을 새겨들으면 그 까닭을 알 수가 있을 것이다. 쇠고기의 영양가가 높다고 그것만 먹어서는 살 수가 없고 쌀밥이 좋다고 그것만 먹어도 살지 못한다. 이처럼 한 가지에만 치우쳐 마음을 쓰고 행동을 부리면 그 끝은 망하게 마련이다.

생각을 결정하고 행동으로 옮기면 그 나름대로 일에 따라 용기를 내야 한다. 그러나 성인은 한 가지 생각에 치우쳐 용기를 부리지 않지만 소인은 한 가지 생각에 치우쳐 용맹을 떨치려고 한다. 그래서 군자의 용기는 치우치지 않는 것〔不敢〕을 따르지만 소인의 용기는 치우치는 것〔敢〕을 따르려고 하는 것에서 차이가 난다.

황희黃熙 정승의 용기는 덕선德善에서 비롯된 것이고, 성삼문의 용기는 충의忠義에서 비롯된 것이며, 임꺽정의 용기는 혈기血氣에서 비롯된 것이기도 하다. 그리고 죽음을 불사하는 전승戰勝의 용기도 있다. 이러한 용기가 성인에게는 선이 되지만 소인에게는 불선이 된다고 하는 까닭은 무엇인가? 성인은 강강맹렬剛强猛烈을 멀리하고 소인은 그러기를 탐하기 때문이다.

하나에 치우치는 용감〔勇於敢〕이란 부드럽고 약한 것이 굳고 강하다〔柔弱勝强剛〕라는 사실을 모른다. 끝까지 굳건해야 하고 강해야 하며 사납고 열렬한 것〔剛强猛烈〕이 이긴다고 여기는 치우침 때문에 여러 가지 탈이 생기게 되는 줄을 소인의 용심은 모른다. 외곬로 치우치면 생각과 행동은 강강剛强하고 맹렬猛烈하게 빠지고 그렇게 빠지는 것을 불선不善이라고 동양 정신은 보는 것이다.

강강하고 맹렬하게 앞으로 나아가려고 할 뿐 피할 것은 피하고 멀리할 것은 멀리하면서 화근을 미리 없앨 줄 모르는 것이 용어감勇於敢이라고 헤아려도 무방할 것이다.

불감不敢이란 무슨 말인가?

중용中庸은 치우침이 없는 마음과 몸가짐에 속하고 중도中道 역시 시비의 분별을 떠나 어울리는 길을 찾는 것을 뜻한다. 중용과 중도는 외곬로 치우치지 말라 함이 아닌가!

노자의 부지不知와 무지無知 또한 중용과 중도의 지知에 속하고 위하爲下 역시 그러하다. 어떠한 일을 해야 할 때와 그 일을 해야 하는 계기를 아는 것(識時知機)은 만용이나 결단을 멀리하게 한다.

어떤 편견이나 독단은 욕심에서 비롯되는 것이며, 용심用心을 비우고 근본 이치를 잘 밝히는 것(虛心達理)을 바탕에 두고 일에 임하면 그 또한 만용이나 결단을 멀리할 수가 있다. 이렇게 해야 하는 것은 인간사人間事에는 이해利害가 끼어들기 때문이다.

이로운 것(利)과 해로운 것(害)이 별개라고 여기면 만용이나 결단이 용솟음친다. 이러한 시비분별을 세상이 싫어하는 것(天下所惡)이라고 노자는 분명히 하고 있다. 그러나 세상이 왜 그러한지는 성인도 몰라 생각을 하고 행동을 옮기는 데 어려워한다는 것이 아닌가!

하늘은 분별해 심판하지 않는다

옳은 것은 선이고 그른 것은 악일까?

좋은 것은 선이고 싫은 것은 악일까?

싱싱한 것은 선이고 썩은 것은 악일까?

향기는 선이고 구린내는 악일까?

깨끗한 것은 선이고 더러운 것은 악일까?

이와 같은 질문을 던지면 인간은 그렇다고 수긍한다. 이처럼 인간은 선악이란 시비의 분별에 따라 나름대로 느끼고 생각하며 이해하고 판단한다. 그러나 노자는 이러한 선악의 분별이나 차별의 시비는 오로지 인간의 것일 뿐 자연은 아니라고 말한다.

낚시꾼에게 낚시질이 악이라고 하면 펄쩍 뛸 것이다. 낚시질이 정신 건강에 좋다고 항변을 늘어놓은 다음 낚시는 악이 아니라 선이라고 할 것이다. 질이 인간의 정신을 건강하게 한다는 판단은 철저하게 인간의 것일 뿐 자연은 아니다. 왜냐하면 물고기에게는 목숨이 달린 문제이므로 물고기의 편에서 본다면 그보다 더한 악은 없기 때문이다.

가뭄이 들어 산하가 타면 비를 바라고 장마가 들어 홍수가 나면 비를 원망한다. 알맞게 내린 비는 선이고 지나치게 많이 내린 비는 악이라고 생각하는 것은 인간의 판단일 뿐이다. 가랑비도 내리고 소나기도 내리고 폭우도 내린다. 비가 내리는 자연일 뿐 선악에 따라 많이 내리고 적게 내리는 것은 아니다. 다만 인간의 편에서 정해 놓고 선악의 분별을 할 뿐이다.

만일 인간 중심에서 벗어나 우주 만물을 바라보면 인간들의 선악이 얼마나 편협한 것인지를 살필 수가 있다. 천지가 인간만을 위해 있는 것이라면 화성이나 금성에 가서는 왜 살 수 없으며, 지구에서도 사막과 설원은 왜 있으며 독거미와 방울뱀은 왜 있는가! 천지는 만물이 있는 곳이지 인간만을 위해 마련된 곳은 아니다.

인간을 중심으로 보면 어느 것 하나 시비 아닌 것이 없고 투쟁 아닌 것이 없는 듯하다. 인간만이 빈부귀천의 호오好惡를 따져 차별하고 선별하기 때문이다.

천지는 그렇게 하지 않는다. 있는 것이면 무엇이든 있고, 있을 만큼 있으면 무엇이든 사라진다. 이처럼 존재하는 것이면 성명性命을 벗어나지 못한다고 동양 정신은 파악한다.

성명은 천지의 뜻이다. 성性은 하늘의 뜻이고 명命은 땅의 뜻이다.

존재하는 것이면 이러한 성명을 벗어날 수가 없다. 인간을 제외한 다른 모든 존재는 그 성명에 순응하며 살지만 인간만이 자연을 어기려고 한다. 노자의 무위자연은 자연의 성명에 어긋나는 짓을 하지 말라 함이다. 물론 아무리 인간이 어긋나는 짓을 할지언정 천지의 그물을 빠져나갈 수는 없다.

진시황이 죽지 않으려고 불사약을 찾아 천하를 누비게 한 것은 부질없는 짓이었다. 태어난 것은 죽는다. 즉 생성된 것이면 소멸하고 그 소멸에서 다시 생성된다. 이러한 생성 소멸에는 억지가 없다. 누구는 한 번만 태어나고 누구는 두 번 태어나는 짓을 천지는 하지 않는다. 그러한 연유를 노자는 다음처럼 밝히고 있다.

하늘의 도는[天之道] 다투지 않고 잘 이기며[不爭而善勝], 말을 하지 않고도 잘 응하며[不言而善應], 부르지 않아도 저절로 오고[不召而自來], 잠자코 가만히 있어도 뜻을 잘 세운다[繟然而善謀]. 하늘의 그물은 넓고 넓어 성글지만 어느 것 하나 빠져나가게 하지 않는다[天網恢恢疏而不失].

깡패 사회에서는 나이가 아니라 힘에 의해 위아래가 결정된다. 그 사회에서 힘이란 것은 돈과 주먹이다. 몸은 약하지만 꾀가 많고 돈이 많으면 두목이 될 수 있고, 싸움 재주가 뛰어나도 두목이 될 수가 있다. 자유당 시절 시라소니는 싸움 재주가 뛰어나 두목 노릇을 했고, 이정재는 꾀가 많아 권력과 밀착해 주먹 사회의 대장으로 군림했다. 시라소니는 제 싸움 재주 하나만 믿고 독불장군처럼 굴었다. 그러나 이정재가 패거리를 모아 조직을 다지며 구역을 넓혀 나가자, 깡패 조직들끼리 돈줄의 구역을 놓고 싸움을 벌이게 됐다.

시라소니는 제 구역이 따로 없었던 모양이다. 이 구역 저 구역 가릴 것 없이 돌아다녔다. 이정재 구역에도 들어갔던 시라소니는 이정재의 부하들에게 붙들려 손목이 잘리고 말았다. 피나는 투쟁을 통해 가름된 승패는 이와 같은 것이다. 패자는 손목이 잘리는 수모를 당해야 하고 승자는 정복자인 양 호기를 부린다.

산짐승은 사람만 보면 도망가고 날짐승은 사람을 보면 날아가 버린다. 사람이 깡패로 보이기 때문이다. 그렇지만 인간은 스스로 만물의 영장이라고 자부하면서 다투고 힘을 겨루어 승패를 나누려는 쟁승爭勝을 버리지 못하고, 정복하고 항복당하기도 하는 구응求應을 일삼으며, 호령하고 소환당하기도 하는 구래求來를 저질러 갖가지 수작을 꾸민다 〔爲謀〕.

그러니 인간의 만용은 손목이 잘릴 수도 있고 심하면 교수대에서 목을 매이기도 하는 것이다.

다투지 않고 잘 이긴다〔不爭而善勝〕.

사람만 사람끼리 싸운다. 싸움에서 승리하려고 서로 치고받고 죽인다. 나아가 제 목숨을 제 손으로 끊는 자살도 해 버린다. 전쟁하는 새 떼를 보았는가? 구역 다툼을 하는 초목을 보았는가? 산토끼가 자살했다는 소문을 들었는가? 이처럼 천지는 만물과 더불어 다투지 않는다. 오직 인간만이 천지를 정복한답시고 다투려고 한다. 이렇게 생각해 보면 부쟁이선승不爭而善勝의 뜻을 헤아릴 수 있을 것이다.

말을 하지 않아도 스스로 응답한다〔不言而善應〕.

콩을 심으면 콩이 나고 팥을 심으면 팥이 난다. 만물은 감을 놓아라 대추를 놓아라 하고 간섭을 하지 않아도 철따라 할 일을 다 한다.

그러나 인간만이 덥다고 선풍기를 틀고 추우면 춥다고 난로를 피운다. 하지 말라고 하면 숨어서 하고, 하라고 하면 빈둥거려 인간의 세상에는 갖가지 형법이 형벌을 내리고 벌금을 부과한다. 천지는 만물을 놓고 송사訟事를 벌이지 않는다. 이런 것들이 불언이선응不言而善應의 참뜻을 살피게 한다.

소환하지 않아도 저절로 온다[不召而自來].

과수원에 꽃 피는 계절이면 산천에 사는 나비와 벌은 꽃들을 찾아 모여든다. 꽃은 나비에게 꿀을 마시게 하고 나비는 꽃이 서로 수분受粉하게 하여 열매를 맺게 돕는다. 인간은 열매를 따서 먹기도 했고 팔기도 했다.

그러나 지금은 과수원을 찾는 나비나 벌이 산천에 없다. 부르지 않아도 저절로 찾았던 나비나 벌들이 농약의 살포로 다 죽어 버린 탓이다. 그래서 지금은 수입한 양봉을 과수원에 풀어 놓고 수분을 하게 한 다음 죽도록 내버려둔다. 이제는 나비나 벌에게 과수원은 독가스실과 같다. 인간이 이렇게 만들었다. 그러나 천지는 만물을 억지로 불러들여 떼죽음을 당하게 하지 않는다. 자유롭게 오고가게 할 뿐이다. 이것이 불소이자래不召而自來가 환기시켜 주는 뜻일 것이다.

그저 말없이 해야 할 일을 한다[繟然而善謀].

옛날에는 굽은 소나무가 선산을 지켜 준다고 했다. 그러나 지금은 굽은 소나무가 돈벌이가 된다고 한다. 소나무를 정원수로 심으면서 나온 말이다. 고층 빌딩 사이에 손바닥만 한 터를 마련해 놓고 산야에서 편안히 살았던 소나무를 뽑아다 심어 놓고는 등걸을 새끼줄로 칭칭 감아 적토를 발라 두기도 하고, 시들시들하면 소나무 껍질을 파고 무슨 영양주사를 꽂아 놓는다. 그리고 조경회사들은 소나무가 정원수로 아름답다고 선전한다. 뽑혀서 강제로 끌려와 정원에 꽂힌 소나무는 사는 것이 아니다. 죽지 못해 사는 꼴에 불과하다.

산야에 그대로 있는 소나무는 청청하고 끌려온 소나무는 시름시름 앓는 것은 어떤 차이인가? 산야의 소나무는 천지의 것이요, 정원의 소나무는 인간의 것으로 전락한 까닭이다. 여기서 천연이선모繩然而善謀의 참뜻을 헤아릴 수 있을 것이다.

천망天網이란 무엇인가?

우주를 말한다고 보아도 될 것이다. 우주 안에는 태양계도 있고 은하수도 있다. 일월日月은 조롱 속에 든 새라고 두보杜甫가 말했던가! 두보가 말했던 그 조롱이 바로 천망일 게다. 그 조롱에서 빠져나갈 새는 한 마리도 없다. 그 새는 무엇인가? 만물이 아닌가!

도둑이 남의 집 돈궤를 훔치고 달아나더라도 인간의 법망은 빠져나갈 수 있을지언정 천망을 빠져나갈 수는 없다. 인간이 만들어 놓은 법망은 날이 갈수록 촘촘해지지만 항상 빠져나갈 구멍투성이다.

그러나 하늘이 쳐놓은 그물은 넓고 넓어 성글지만 어느 것 하나 빠져나가지 못한다. 어디 빠져나가려고 할 것이 있는가? 하늘이 쳐 놓은 그물은 감옥이 아니라 어머니의 품안과 같은 곡신谷神인 까닭이다. 곡신은 보금자리요, 둥지가 아닌가!

왜 천망이 보금자리인가?

다투지 않고 잘 이기는 것[不爭而善勝] 때문이요, 말하지 않아도 스스로 응답하는 것[不言而善應] 때문이요, 소환하지 않아도 저절로 오는 것[不召而自來] 때문이요, 그저 말없이 해야 할 일을 하는 것[繩然而善謀] 때문이다.

이처럼 만물의 보금자리인 천망天網을 누가 갈기갈기 찢고 있는가? 노자는 인간이 그런 짓을 한다고 했다. 노자의 고발을 이제는 아무도 막을 수 없다. 엄연한 사실인 까닭이다.

과감한 것에 빠져 용감하면 죽고, 과감한 것에 빠져들지 않고 용감하면 산다. 이 두 가지의 용기는 이롭기도 하고 해롭기도 하다. 천하가 싫어하는 까닭을 어느 누가 알 것인가.
〔勇於敢則殺 勇於不敢則活 此兩者或利或害 天下所惡 孰知其故〕용어감즉
살 용어불감즉활 차양자혹리혹해 천하소오 숙지기고

이러하므로 성인도 그 점을 어려워한다.
〔是以 聖人猶難之〕시이 성인유난지

하늘의 도는 다투지 않고 잘 이기며, 말을 하지 않고도 잘 응하며, 부르지 않아도 저절로 오고, 잠자코 가만히 있어도 뜻을 잘 세운다.
〔天之道 不爭而善勝 不言而善應 不召而自來 繟然而善謀〕천지도 부쟁이선승
불언이선응 불소이자래 천연이선모

하늘의 그물은 넓고 넓어 성글지만 어느 것 하나 빠져나가게 하지 않는다.
〔天網恢恢 疏而不失〕천망회회 소이불실

도움말

제73장은 인간이 서로 다투어 승리를 쟁취하려고 하는 짓에 대해 경고하고 있다. 인간들이 유위有爲가 빚어내는 작폐들을 버리도록 성인이 천지의 무위無爲를 따르는 연유를 밝히고 있다.

용어감이살勇於敢而殺의 용勇은 생각과 행동의 쓰임새를 말하고 그 쓰임새가 치우치면 불선不善하고 두루 통하게 하면 선이 된다고 보았으며, 감敢은 결決과 통하고 결決은 하나로 단정하는 것을 뜻하므로 감敢은 이념의 고집 같은 것이다. 그리고 살殺은 망해 버리는 것[亡]으로 통한다.

불감不敢은 중용中庸이나 중도中道 같은 것으로 이해해도 될 것이며 장자의 자유自遊나 노자의 지부지知不知의 뜻으로 만나도 될 것이다.

소오所惡는 싫어하는 것을 뜻한다.

회회恢恢는 넓고 넓은 것을 말한다.

소疏는 촘촘하지 않고 성근 것을 이른다.

불실不失은 잃지 않는 것이므로 빠져나갈 수 없는 것으로 이해해도 된다.

제74장 자연을 따르되 범하지 않는다

고문 따위로 협박하지 마라

백성의 입에 재갈을 물려 놓고 세상을 다스리면 겉보기로는 조용하지만 백성의 속을 들여다보면 재갈을 물리게 한 자를 원수로 생각한다. 힘으로 세상을 다스리려고 하면 할수록 위아래로 힘을 앞세우는 무리들이 망나니처럼 설쳐 세상을 살벌하게 하고 험하게 한다.

못난 치자일수록 무서운 법을 만들어 놓고 그 법을 힘의 칼처럼 생각한다. 칼자루를 쥔 것을 권력으로 생각하고 백성으로 하여금 칼날을 쥐게 한 다음 세상을 도마 위에 올려 놓는다.

그리고 못난 치자는 법을 어기면 살아남지 못한다는 것을 백성에게 주지시켜 두려고 한다. 그래서 이들 밑에는 살인을 무서워하지 않는 무리들이 진을 치고 있다.

밤새 안녕하셨습니까? 이렇게 인사를 나누어야 하는 세상은 죽음에 대한 공포가 보이지 않는 그림자처럼 드리운 세상이다. 칼자루를 쥔 자의 눈에 나면 밤에 붙들려가 매를 맞고 나온 후 겁먹은 벙어리가 되거나 아니면 쥐도 새도 모르게 실종자가 되는 일들이 빈번해지면 이런 인사말을 나누게 된다.

소를 잡는 백정만 있는 것이 아니다. 사람 잡는 백정도 있는데 악한이라고 한다. 악한은 여러 부류가 있다. 밤중에 남의 집에 들어가 잠자는 사람의 목에 칼을 대고 목숨을 위협하는 강도라든지, 회칼을 들고 다니면서 돈을 뜯는 양아치 등이 악한의 무리들이다. 이러한 악한들은 남의 목숨을 위협해 붙어 사는 기생충과 같다.

그러나 이러한 악한들보다 더 무서운 부류가 있다. 그것은 독재권력의 비호를 받는 조직 속의 악한들이다. 그 조직 속에는 갖가지 고문기술자들이 있고 그들은 권력자의 개 노릇을 서슴지 않는다.

백성은 강도나 양아치 무리보다 권력의 비호를 받는 개들을 더 싫어한다. 그 개들은 백성의 목을 무는 짓을 도맡아 하는 일꾼[有司]들이다.

폭정의 개들이 백성을 계속 물면 결국 백성은 그 개들의 주인을 물어 버린다. 이를 역성혁명易姓革命이라고 했다. 본래 사람을 잘 무는 개는 맞아 죽는 법이다.

그러나 권력의 칼자루를 쥔 것이 마치 천하를 쥐었다고 착각하는 못난 치자는 그런 줄 모르고 권력의 칼질을 함부로 하다 제 목에 칼을 맞는다. 이보다 더한 어리석음이 어디 있을 것인가!

백성을 죽음의 공포로 떨게 하면 할수록 백성은 죽음을 두려워하지 않게 된다. 이것이 노한 민심이요, 노한 민심은 하늘을 두려워할 뿐 권부의 폭정이나 학정을 무서워하지 않는다. 노자는 이를 다음처럼 밝히고 있다.

사람이 죽음을 두려워하지 않는다면[民常不畏死], 어떻게 죽음 따위로 백성을 두려워하게 할 수 있단 말인가[奈何以死懼之]? 만일 인간으로 하여금 목숨을 위협하여 못된 짓을 시키는 자가 있다면[若使人常畏

死而爲奇者], 내가 그런 놈을 잡아 죽이고 싶다[吾得執而殺之]. 하지만 누가 감히 죽이겠는가[執敢]?

신문에 이근안以根安이란 이름이 등장하면서 고문기술자란 무서운 낱말이 생겨났다. 사람을 죽이지 않으면서 죽이는 짓을 고문이라고 한다. 고문하는 기술을 업으로 삼는 자도 있고 돈을 받고 살인을 맡아 하는 청부 살인업자도 있는 것이 험한 세상이다.

강도는 법의 보호를 받지 못하는 살인자이고 고문기술자는 법이 보호하는 살인자인 셈이다. 권력이 고문기술자를 고용하면 권력 자체가 고문하는 집단이란 생각을 버릴 수가 없다.

50년대 지리산 자락에 살았던 백성은 사람의 목숨이 파리 목숨만도 못하다는 말을 자주 했었다. 밤이면 산에서 빨치산이 내려와 목숨을 위협했고, 낮이면 자치대가 찾아와 빨치산과 내통하지 않았느냐고 위협했다. 그 틈새에서 백성의 목숨은 실낱 같았다.

거창 신흥면 사건을 아는 사람은 다 알 것이다. 마을사람들을 초등학교 운동장에 모이라고 한 다음 빨갱이들이라고 모조리 죽였다. 그리고 한 구덩이에다 모두 묻어 버렸다. 어디 백성이 신흥면에서만 몰살당했던가? 제주도의 4.3사건에서도 남자의 씨가 마를 정도로 살인이 자행되었고 여순 사건麗順事件에서도 죄 없는 백성이 떼죽음을 당했다. 이것은 자유당 정권이 사상을 앞세워 저지른 살인이었다.

4.19혁명 때 경무대 앞에서 학생들이 죽었다. 젊은 목숨에 총질한 무리는 하수인이었고 그 무리의 우두머리들은 백성의 목숨보다 정권이 더 중하다고 여겼던 무뢰한들이었다. 그들은 사람의 목숨보다 돈이 중하다고 여기는 살인강도와 다를 바가 없다. 이것은 자유당이 정권 유

지를 위해 저질렀던 살인이었다.

정권이 살인 행위를 마다하지 않으면 오래갈 수가 없다. 참다 못한 백성이 살인 행위를 자행하는 무뢰한들을 쓸어 내기 위해 주먹을 쥐기 때문이다. 온 백성이 주먹을 쥐고 일어나면 못난 정권은 바닷가의 모래성처럼 무너지고 만다. 인심이 천심이 되면 못난 치자들은 천벌을 받고 세상은 제 길을 찾아 나선다. 이것이 정치의 자연이다.

어찌 죽음으로 백성을 겁줄 것인가〔奈何以死懼民〕?

목숨을 소중히 하는 치자는 공포정치를 하지 않는다. 그러나 권력을 독식하려고 하는 치자는 백성의 목숨을 담보로 세상을 소유하려고 한다. 그러나 세상은 어느 누구의 것도 아니다. 세상은 자연일 뿐이다. 옛날 임금들이 천하를 소유한다고 했지만 어림없는 일이었음을 노자는 알았다. 그러므로 무서운 형법을 만들어 백성의 주리를 틀지 말라고 위와 같이 말한 셈이다.

왜 노자는 악한을 죽이고 싶다고 했을까〔吾得執而殺之〕?

생명은 천지의 것이므로 인간이 그것을 약탈하면 안 된다. 생명을 빼앗는다는 점에서는 살인과 자살이 다를 바가 없다. 내 목숨이므로 내 마음대로 할 수 있다고 여기는 것도 생명을 준 천지를 모독하는 까닭이다. 모든 생물은 섭생할 뿐이다. 생명을 받아 맡아 누리다 그대로 돌려주어야 하는 것이 천명이요, 순천順天이다. 천명에 따라 사는 것을 섭생이라고 한다.

유가에서는 부모가 생명을 물려주었으므로 부모를 모시라고 했다. 도가에서는 천지가 생명을 주었으므로 천지에 따르라고 했다. 음양으로 보면 부모나 천지가 한 가지이므로 같은 말이다. 여기서 왜 섭생을 잘해야 하는가를 알 수 있고 목숨을 소중히 하라는 말씀의 참뜻을 새길 수 있다.

목숨을 위협하는 짓은 천명을 어기는 짓이다. 천명을 어기는 짓이 잦으면 세상은 난세가 된다. 행복해야 할 세상을 암담하게 하는 난세를 노자는 무엇보다 안타깝게 여겼다. 세상을 난세로 몰아가는 악한들을 모조리 잡아 죽이고 싶은 심정을 노자 역시 인간이었으므로 지녔던 모양이다. 그러나 목숨을 빼앗는 짓을 어느 누구도 감히 할 수 없다는 것 또한 노자가 알았던 까닭에 위와 같이 안타까운 심정을 토로했을 뿐이다.

생사는 천명이 정한다.

그래서 인명재천人命在天이란 말이 생겼다. 하늘이 부여한 성性과 땅이 내린 명命을 받아 생물은 태어나고 살다가 죽는다고 동양 정신은 보았다. 이러한 생각은 목숨의 근원을 알고 근본에 따라 살아야 하는 연유를 살펴보게 하는 것이다. 태어나 갓 죽은 영아가 장수한 것이고 칠백 년을 살다 죽은 팽조彭祖는 요절한 것이다. 이렇게 장자가 말한 것도 생명은 천명이란 생각이다.

그러므로 어느 누가 목숨을 죽이는 짓을 감히 할 것인가? 하나만 알고 살상을 하면 만용이라〔勇於敢則殺〕고 이미 노자는 앞 장에서 말했다. 그리고 제72장에서는 사는 바를 싫어하지 말라〔無厭其所生〕고도 했다. 목숨을 소중히 하는 것은 삶을 사랑하는 것이고 목숨을 험하게 하는 것은 삶을 미워하는 것이다. 결국 살殺이란 삶을 미워하는 짓일 뿐이다.

죽음을 두려워하지 않는 것〔不畏死〕에서 살기殺氣가 번져 나온다. 불외사不畏死 역시 불외위不畏威와 같다. 이는 모두 하늘의 뜻을 두려워하라는 말이다. 외畏는 공恐과 다른 두려움이 아닌가! 겁을 주어 무섭게 하는 것은 공의 두려움이고 어려우면서도 안기게 하는 것이 외의 두려움이다. 그러므로 죽음을 두려워하라는 것[畏死]는 목숨을 소중히 하라는 말이다.

목숨을 소중히 하는 마음은 하늘이 무서운 줄을 안다. 하늘이 무섭다는 말은 무슨 뜻인가? 본분에 어긋나고[犯分] 이치에 어긋나는 짓[越理]을 하지 않는다는 뜻이다. 죽음을 두려워하면 결국 생을 소중히 하는 것이고 생을 소중히 하면 사는 일을 사랑하는 것이 된다. 이러한 사랑을 못하게 하는 것을 살殺이라고 보아도 무방할 것이다.

살기를 스스로 부리는 자이든 살기를 청부 받아 부리는 자이든 모두 악한이요, 무뢰한들이다. 살인을 자행하는 자나 살인 지시를 받고 자행하는 자는 모두 제 목숨을 해치는 짓을 하고 있는 것과 다를 바가 없다. 생명은 서로 다른 것이 아니라 다 같기 때문이다. 천명의 입장에서 보면 내 목숨과 네 목숨이 다를 바가 없고 사람의 목숨과 고슴도치의 목숨이 다를 바가 없다.

그러므로 살기를 부리지 마라. 살殺은 사람이 목숨을 해치는 짓이고 사死는 하늘이 하는 일이다. 살이 목숨을 죽이는 것은 사를 범하는 것이고 사를 범하면 하늘을 범하는 것이다. 이러한 이치를 노자는 다음처럼 비유해 주었다.

항상 살인을 맡아 하는 자가 있으며[常有司殺者殺], 살인 청부업자의 소행 또한 죽이는 짓이다[而代司殺者殺]. 이를 일러 도목수를 대신해서 나무를 베는 짓이라고 한다[是謂代大匠斲]. 도목수를 밀쳐 내고 나무를 베는 자[夫代大匠斲者]는 제 손을 상하게 하지 않는 경우가 거의 없다[希有不傷其手矣].

사람이 죽음을 두려워하지 않는다면, 어떻게 죽음 따위로 백성을 두려워하게 할 수 있단 말인가? 만일 인간으로 하여금 목숨을 위협하여 못된 짓을 시키는 자가 있다면, 내가 그를 잡아 죽이고 싶다. 하지만 누가 감히 죽이는 짓을 하겠는가?

〔民常不畏死 奈何以死懼之 若使人常畏死而爲奇者 吾得執而殺之 孰敢〕
민상불외사 나하이사구지 약사인상외사이위기자 오득집이살지 숙감

항상 살인을 맡아 하는 자가 있으며, 살인 청부업자의 소행 또한 죽이는 짓이다. 이를 일러 도목수를 대신해서 나무를 베는 짓이라고 한다. 도목수를 밀쳐 내고 나무를 베는 자는 제 손을 상하게 하지 않는 경우가 거의 없다.

〔常有司殺者殺 而代司殺者殺 是謂代大匠斲 夫代大匠斲者 希有不傷其手
矣〕상유사살자살 이대사살자살 시위대대장착 부대대장착자 희유불상기수의

도움말
제74장은 세상을 다스리는 사람에게 죽음을 앞세워 백성을 두렵게 하지 말라는 이치를 말하고 있다. 덕치와 학정이 왜 다른지를 살피게 하는 장이다.
불외사不畏死의 외畏는 더할 바 없이 감사하는 마음이다. 그러므로 불외不畏는 감사하는 마음을 버리고 경멸하는 마음의 짓이 된다.
위기자爲奇者는 못되고 어긋나는 짓을 말한다. 여기서는 인간의 살기殺氣가 빚어내는 짓 따위라고 보아도 된다.
오득집이살지吾得執而殺之에서 살지殺之의 지之는 목숨을 경멸하게 하고 살인 따위를 하게 하는 자를 나타내는 대명사이다.

상유사살자常有司殺者의 사司는 일을 맡아 하는 자를 뜻한다. 살인 청부업자 따위를 생각해 보면 이해가 될 것이다.

대대장착代大匠斲의 대장大匠은 도목수都木手를 이르며, 착斲은 톱 같은 연장을 써서 나무를 베는 것을 말한다.

제75장 부정부패는 백성을 굶주리게 한다

백성의 삶을 꺾지 마라

어느 사람이든 잘살고 싶어한다. 이것은 생존의 본능이다. 누가 굶기를 바랄 것이며 누가 행복을 마다할 것인가? 아무도 없다. 세상을 다스리겠다는 사람[治者]은 무엇보다 이러한 진리를 잘 알아 두어야 한다.

만일 치자가 나만 잘살면 그만이라고 속셈을 차리면 그 나라는 거덜나고 만다. 나라가 도둑을 키우고 법망이 도둑의 피신처를 제공해 주는 까닭이다. 권력형 부정, 권력형 부조리와 같은 말이 신문에 자주 오르내리면 그 나라는 도둑이 관청을 넘나들고 도둑질이 관청 안에서 이루어진다.

권부가 썩으면 관리들의 눈에 백성의 세금은 마치 도둑질해 온 장물인 것처럼 보이고 나라는 도둑의 장물아비처럼 되어 버린다. 고금에 걸쳐 망한 나라는 모두 권부가 썩은 탓이지 국민이 잘못한 적은 없다.

금술잔의 맛있는 술은 백성의 피요, 옥소반의 맛있는 안주는 백성의 기름이라. 촛불이 눈물지을 때 백성도 눈물짓고, 노랫소리 질펀한

곳에 원성만 쌓이네.

《춘향전》에 나오는 구절이다. 권부가 높은 곳이 되어 잔치를 벌이면 백성은 낮은 곳에서 굶주리고 허덕인다. 그러한 권부는 마치 참깨를 넣고 참기름을 짜내는 기름틀과 같다.

백성을 돌보는 나라는 백성이 간지러워하는 곳을 찾아 긁어 주지만 백성을 등치는 권부는 백성의 곳간을 뒤져 빼앗아 간다. 조선조 오백 년은 양반이 상민을 울렸던 시대라고 해도 과언이 아니다. 조선조의 권력층은 놀고도 배불리 먹었지만 상민은 뼈빠지게 일하면서도 허기진 몸으로 피땀을 흘려야 했다. 그래서 위와 같은 시구가 나온 것이 아닌가!

조선조 권부의 마지막을 보면 흉하기 짝이 없다. 싸우다 힘이 모자라 패망한 나라는 있어도 사직社稷을 통째로 사례금을 받고 팔아먹은 나라는 조선을 제하고는 천하에 찾아보기가 어렵다. 결국 조선의 백성은 사대부 벌열의 부정부패 탓으로 나라를 뺏긴 셈이다.

나라란 무엇인가? 백성이 마음 놓고 살 수 있는 터전과 같다. 그러나 백성의 마음이 불편하고 삶의 터전이 불안하다면 그것은 오로지 못난 정치 탓이다.

못난 정치는 백성에게 세금을 턱없이 훑어 내지만 제대로 하는 정치는 백성들이 납득할 만큼의 세금을 받아 나라 살림을 꼼꼼하고 알뜰하게 꾸려 간다. 못난 정치는 백성이 낸 세금을 전리품이나 장물처럼 여겨 패거리들끼리 착복하고 횡령하면서 부정 축재를 하고 특권층이나 신흥 세력을 만들어 낸다.

백성이 믿는 정치는 튼튼하고 백성이 믿지 않는 정치는 바람 앞의 촛불과 같을 뿐이다. 백성이 싫어하는 정치일수록 특권층을 양산하고 권력의 비호세력들이 세금을 축내는 기생충으로 서식한다. 권력의 비호를 받는 쪽이 마음 놓고 특혜를 받아 백성의 조세 부담을 비웃는 꼴이 되는 세상은 못난 정치의 수작들 때문이다.

못난 정치 밑에 있는 백성일수록 별의별 수단을 다 동원해 세금을 내지 않으려고 수작을 부린다. 나라가 백성의 것을 훔쳐 먹는다는 근심 때문이다. 그러므로 백성이 세금 내기가 억울하다고 여기는 세상이라면 정치권은 먼저 노자의 다음과 같은 말을 경청해야 한다.

백성이 굶주리는 것은〔民之飢〕 치자들이 너무 많은 세금을 받아먹기 때문이다〔以其上食稅之多〕. 그러므로 백성은 굶주리게 된다〔是以飢〕. 백성을 다스리기가 어려운 것은〔民之難治〕 치자들이 못할 짓을 하기 때문이다〔以其上之有爲〕. 그러므로 다스리기가 어렵게 된다〔是以難治〕. 백성들이 죽음을 가볍게 여기는 것은〔民之輕死〕 치자들이 자기네들만 잘살려고 하기 때문이다〔以其求生之厚〕. 그러므로 백성은 죽음을 가볍게 여긴다〔是以輕死〕.

전라도 고부 땅에서 전봉준全琫準이 동학군東學軍을 일으켜 조정에 반기를 들었을 때 죽지 못해 살았던 백성들이 벌떼처럼 일어나 동학군에 들어갔다. 참다 못한 상것들이 봉기를 한 것이다. 전봉준의 외침이 백성의 눈을 뜨게 했던 까닭이다.

"어디 양반 상놈이 따로 있느냐? 없다. 사람은 다 같다〔人乃天〕. 어디 사대부가 나라의 주인이냐? 아니다. 백성이 주인이다〔輔國安民〕. 세상이 이대로는 안 되겠다. 반상班常이 따로 없는 새로운 세상을 열어야 한다〔後天開闢〕."

이렇게 전봉준은 허덕이는 백성을 향해 절규했다.

일소처럼 코뚜레를 걸어 놓고 시키면 시키는 대로 일할 줄 알았던 상것들이 몽둥이, 죽창, 괭이나 삽을 들고 일어서자 패싸움과 노략질에만 놀아났던 조정의 무리들은 질겁했다. 막다른 골목에서는 쥐도 고양이를 공격하는 것이 아닌가! 양반의 등살에 빌붙어 삶을 구걸하느니 차라리 죽는 편이 낫다는 생각을 백성은 버릴 수 없었다. 그래서 동학군은 봉기했다.

동학군은 관군과 맞붙어 싸우는 족족 이겼다. 그럴수록 조정은 몸둘 바를 몰랐다. 드디어 전주가 함락되고 동학군의 기세는 하늘을 찔렀다. 그러자 조정은 일본군을 끌어들여 동학군을 무찔러 달라고 구걸하기에 이르렀다. 이 얼마나 흉측한 일인가! 남의 나라 군대를 빌려 제 나라 백성을 죽이라고 하는 나라가 어디 있단 말인가?

관군에게도 조총은 있었지만 동학군의 몽둥이만도 못했다. 관군은 죽음을 무서워했지만 동학군은 죽음을 내놓고 있었던 까닭이다. 굶주려 죽으나 맞아 죽으나 다를 바가 없다고 여긴 동학군은 무서울 것이 없었다. 그러나 일군日軍의 신식 총이 쏟아붓는 총알은 동학군을 가을 바람에 날리는 낙엽처럼 쓰러지게 했다.

주먹밖에 없는 주인이 권총을 든 강도에게 이길 수는 없는 법이다. 동학군은 산산히 흩어지고 전봉준이 생포되어 한양으로 압송되는 비운을 맞았을 때 백성들은 피눈물을 삼키며 노래를 불렀다.

새야 새야 파랑새야
녹두밭에 앉지 마라
녹두꽃이 떨어지면
청포장수 울고 간다.

전봉준은 키가 작았다. 그래서 사람들은 그를 녹두장군이라고 불렀다.

잡혀 가는 녹두장군을 보고 백성은 청포장수 울고 간다고 노래를 불렀다. 절망의 한이 맺혀 절규하는 백성의 노래는 치자들이 도둑떼로 둔갑할 때 불려진다. 그러면 나라는 망하는 법이다.

세금을 많이 받아먹는다[上食稅之多].

세금을 내는 쪽은 백성이고 세금을 받는 쪽은 정부이다. 정부가 그 세금을 맡아 백성이 원하는 대로 일해 주면 백성의 돈을 제대로 쓴 셈이다. 그러나 받은 세금을 정부가 별의별 구실을 달아 잘라 먹으면 백성은 도둑질을 당하는 것과 같다. 관리가 뇌물을 받으면 백성을 등치는 것이고 급행료를 요구하면 백성을 들치기하는 것이요, 치자가 이권에 놀아나면 백성은 강도를 만난 것과 다를 바가 없다. 이러한 꼴들을 두고 상식세上食稅라고 하는 것이다.

왜 백성을 다스리기 어렵게 되는가[民之難治]?

백성으로 하여금 목구멍이 포도청이라고 여기게 하면 치자는 천벌을 받는다. 치자에게만 금강산도 배부른 다음인 것이 아니다. 백성도 매양 같다. 백성을 굶주리게 하면 할수록 백성은 굶주린 이리 떼처럼 돌변하게 마련이다.

굶주린 이리 떼는 호랑이도 피한다고 하지 않는가! 백성을 억울하게 하고 한스럽게 하면 백성의 마음을 굶주리게 하는 것이고, 백성의 허리띠를 졸라매게 하고 배를 곯게 하는 것은 백성의 몸을 굶주리게 하는 짓이다. 백성의 마음과 몸을 굶주리게 하면 백성은 다스릴 수 없는 장벽이 되고 만다. 그 장벽은 어떠한 폭군도 허물지 못한다. 이것이 가장 무서운 난치難治이다.

백성이 죽음을 가볍게 여긴다[民之輕死].

민불외사民不畏死는 목숨을 얕잡아 보고 남의 목숨을 죽이는 것이고 민지경사民之輕死는 혹독한 세상 탓으로 제 목숨을 스스로 버리는 것을 뜻한다. 무엇이 세상을 혹독하게 하는가? 난세를 빚어내는 무리들이다. 그러한 무리는 악한이다. 치자가 악한 노릇을 하면 세상에는 독기가 서린다. 그러한 독기에서 유언비어도 나오고 투쟁도 나오고 심하면 세상을 뒤집어 버리는 백성의 한풀이도 나온다.

백성의 것을 빼앗아 제 뱃속을 채우는 치자가 있으면 세상은 난세가 되고 난세가 되면 백성은 삶을 절망한다. 살맛을 꺾이고 죽지 못해 억지로 산다는 심정을 심어 주는 것보다 더한 악惡은 없다. 이러한 악을 치자의 부정부패〔求生之厚〕라고 한다. 치자의 악은 백성으로 하여금 목숨을 걸게 한다. 이것이 민지경사民之輕死이다.

백성은 목숨을 구걸하지 않는다는 것〔以生爲者〕을 모르는가?

참을 때까지 참고 살아 보는 것이 백성이다. 어제도 속고 오늘도 속으면서도 내일은 좀 나아지겠지 하면서 견딜 줄 아는 것이 백성이다. 빈대를 잡자고 초가삼간을 태울 수 없고 된장이 썩었다고 장독을 깰 수는 없다는 것을 백성은 안다. 백성의 피를 빨아먹는 치자는 빈대와 같고 집은 나라와 같다. 빈대를 잡아 없애야지 집을 태울 수는 없다. 독 안에 든 썩은 된장은 못난 치자들이고 다시 쓸 수 있는 장독은 나라와 같다. 썩은 된장을 퍼내고 새 된장을 담으면 된다.

빈대 같은 치자를 잡고 집을 지키기 위해, 썩은 된장을 퍼내고 장독을 새로 쓰기 위해 백성은 목숨을 걸 수가 있다. 그래서 노자는 다음과 같이 밝혀 두었다.

목숨을 부지하려고 구걸하지 않는 것이〔無以生爲者〕 생에 애착을 갖는 것보다 더 현명하다고 여기기 때문이다〔是賢於貴生〕.

이와 같으므로 백성의 삶을 꺾으려고 하면 꺾으려는 쪽이 결국 백성에게 꺾이고 만다. 이것이 바로 치세治世의 자연自然이다.

원문
의역

백성이 굶주리는 것은 치자들이 너무 많은 세금을 받아먹기 때문이다. 그러므로 백성은 굶주리게 된다.
〔民之飢 以其上食稅之多 是以飢〕민지기 이기상식세지다 시이기

백성을 다스리기가 어려운 것은 치자들이 못할 짓을 하기 때문이다. 그러므로 다스리기가 어렵게 된다.
〔民之難治 以其上之有爲 是以難治〕민지난치 이기상지유위 시이난치

백성들이 죽음을 가볍게 여기는 것은 치자들이 자기네들만 잘살려고 하기 때문이다. 그러므로 백성은 죽음을 가볍게 여긴다.
〔民之輕死 以其求生之厚 是以輕死〕민지경사 이기구생지후 시이경사

대체로 목숨을 부지하려고 구걸하지 않는 것이 생에 애착을 갖는 것보다 더 현명하다고 여기기 때문이다.
〔夫唯無以生爲者 是賢於貴生〕부유무이생위자 시현어귀생

도움말
제75장은 부패한 정치의 종말이 어떠한지를 살피게 한다. 제 욕심만 채우고 제

배만 불리는 치자는 결국 스스로 죽음의 함정에 빠지고 만다는 것은 변함없는 진리이다.

기飢는 굶주림이다.

유위有爲는 자기 이익과 자기 욕심에서 행하는 짓 따위를 뜻한다.

경사輕死는 목숨을 구걸해 목숨을 천하게 하는 것보다 목숨을 버려 구차한 삶을 당당하게 하는 마음에서 나온다.

생지후生之厚는 남을 못살게 하고 자기만 잘살려고 하는 짓을 범하는 것이다.

제76장 산 것은 부드럽고 연약하다

왜 군대가 강한 나라는 망하는가

떨어지는 것은 지는 것이고 돋는 것은 피는 것이다. 새싹은 돋는 것이고 가랑잎은 지는 것이다. 싹이 돋는 것은 잎의 생生이고 가랑잎이 지는 것은 잎의 사死이다.

생의 현상을 유약柔弱이라 하고 사의 현상을 강강剛强이라고 노자는 밝힌다. 새싹은 부드럽고 연약하지 않은가! 가랑잎은 메마르고 까칠하지 않은가! 이처럼 생사의 모습을 노자는 유약과 강강으로 밝혀주고 있다. 그리고 솟아나는 것을 생生으로 보고 떨어져 지는 것을 사死로 본 것 역시 노자가 자연을 살핀 결과라고 생각된다.

이기는 것[勝]은 일어나는 것이고 지는 것[敗]은 쓰러지는 것이다. 말하자면 생은 승勝이고 사는 패敗인 셈이다. 생사는 곧 존재의 승패인 것이다. 어떤 생물이든 생을 바라고 사를 저어한다. 그래서 어떤 생물이든 이기기를 바라고 지기를 싫어한다.

강풍이 불면 초목은 이리저리 흔들린다. 바람이 강하고 초목은 약해 그렇게 한다고 보는 것은 힘을 따져 생각하는 것에 불과하다. 강한 힘에 맞서 버티면 가지는 부러지고 꺾여져 초목의 생명은 상처를 입는다. 그러나 바람결에 따라 흔들리는 나무는 상처를 입지 않는다. 죽은 나무는 강풍에 쓰러지지만 살아 있는 나무는 흔들어 주므로 넘어지지 않는다. 여기서 노자가 말한 생의 유약을 헤아릴 수 있다.

그러나 인간이 힘을 믿는 존재가 되면서 자연을 어기려는 버릇이 생겼다. 어떻게 어겼단 말인가? 강하면 살고 약하면 죽는다고 믿게 되었다. 그러나 자연은 강한 것은 죽은 것이고 약한 것이 산 것임을 보여 준다. 이를 두고 노자는 도의 쓰임새[道之用]라고 말했다.

같은 물이면서도 얼면 쪼개진다. 그러나 얼음이 풀려 물이 되면 쪼개질 수가 없다. 생이란 이러한 물처럼 부드럽고 약한 것[柔弱]이다. 습기濕氣가 없으면 생기生氣가 돋지 못한다고 한다.

거칠고 메마른 사막에서 들쥐가 죽으면 그냥 메말라 버린다. 그러나 습지에서 들쥐가 죽으면 구더기가 생긴다. 이처럼 생은 물기를 타고 돋는다. 죽은 들쥐는 진 것이고 태어난 구더기는 이긴 것이다.

이겨야 살아남고 지면 죽는다고 걱정할 것은 없다. 생을 부지하게 하는 생명이란 생물의 소유가 아닌 까닭이다. 모든 생물이란 섭생의 존재라고 여기는 것이 동양의 사생관死生觀이다. 이러한 사생관에서 인명재천人命在天이란 생각이 나왔다.

그러나 현대인은 내 생명은 내 것이고 네 생명은 네 것이라고 확고하게 믿는다. 모든 사물을 자기중심으로 보려는 의식이 강해지면서 내 생명이 남의 생명보다 더 소중하다는 생각을 했다. 그래서 인간은 개인 대 개인으로 다투기도 하고 인간의 집단인 나라 대 나라로 전쟁을 벌이고 치른다. 전쟁은 인간으로 하여금 아군은 죽지 않아야 하고 적군은 최대한으로 죽여야 한다는 살기殺氣를 품는다.

살기는 자연을 어기는 짓이다. 왜냐하면 강한 것이 이기고 약한 것이 진다고 단정하기 때문이다.

그러나 생사의 현상으로 보면 강한 것은 지고 죽는 것이며 약한 것이 이기고 사는 것이 아닌가! 현대인은 이러한 자연의 섭리를 외면한다. 그래서 힘이 지배하는 세상에서 아픔을 견디지 못해 어렵사리 인생을 짊어지고 가는 행군을 계속하려고 한다.

현대인이여! 인생을 행군처럼 생각지 마라. 자신을 천지에 들른 한 나그네로 여기고 천지에 왔다가 편안히 머물다 간다고 생각해 보라. 그러면 다음과 같은 노자의 말이 절실하게 울려올 것이다.

인간의 산 몸은 부드럽고 연약하다〔人之生也柔弱〕. 인간의 죽은 몸은 굳고 단단하다〔其死也堅强〕. 살아 있는 초목은 부드럽고 연약하다〔草木之生也柔脆〕. 그러나 죽은 초목은 말라 딱딱해진다〔其死也枯槁〕.

살아 있는 것은 썩지도 않고 부서지지도 않는다. 이처럼 목숨보다 더 끈질긴 것은 없다. 목숨은 기운을 간직한 까닭이다.

죽은 것에는 기운이 없다. 목숨이란 천지가 주는 기운을 받을 줄 알아야 생겨나 자라고 큰다. 밥을 먹고 물을 마시고 숨을 쉬는 것은 천지가 주는 기운을 목숨이 받아들일 줄을 안다는 것을 말한다.

가장 어린 목숨을 씨앗이나 알이라고 한다. 짐승은 알을 배고 초목은 씨앗을 맺는다. 알이나 씨앗의 껍질은 굳고 단단하다. 그 껍질 속에 살아 있는 목숨이 있다.

밤을 보면 목숨이란 것이 얼마나 부드럽고 연약한지를 알 수 있다. 밤의 목숨은 세 겹의 껍질로 쌓여 있다. 밤송이는 맨손으로 만질 수 없는 가시투성이의 껍질이다. 그 밤송이 속에 밤이 간직돼 있다. 밤의 단단한 껍질을 벗기고 나면 다시 털보숭이 같은 비늘이 보자기처럼 밤 속을 싸고 있다. 세 겹의 껍질을 벗기고 난 다음에야 밤 속이 있고 그 밤 속 모서리에 털끝만 한 씨눈이 있다. 그 씨눈이 곧 밤의 목숨과 같고 밤 속은 씨눈이 먹을 밥이다.

밤알 속에 붙어 있는 씨눈처럼 밤의 목숨은 연약하고 부드럽기 짝이 없다. 그러나 그 씨눈에서 우람한 밤나무가 생겨난다는 것을 상상해 보면 목숨이 이긴다는 것[勝]을 알 수 있다. 이를 두고 생은 이기는 것이고 사는 지는 것이라고 한다.

생이 이기는 것은 부드럽고 연약한 까닭이고 사가 지는 것은 굳고 단단하며 강한 까닭이다. 이러한 이치를 안다면 인간들이 믿고 있는 승패는 생사를 뒤집어 놓은 짓에 불과하다. 왜냐하면 인간은 강한 것이 이기고 약한 것이 진다고 믿기 때문이다. 그래서 인간은 목숨을 팔아 죽음을 사는 싸움이나 전쟁을 하는 게다. 이처럼 인간은 천지에 어긋난 짓을 하면서 목숨이 이기는 짓을 버리고 지게 한다.

굳고 강한 것은 죽음의 현상이다[堅強者死之徒].

돌을 보라. 쇠붙이를 보라. 모래알을 보고 죽은 나뭇등걸을 보라. 어느 것 하나 굳고 단단하지 않은 것이란 없다. 이것들은 모두 죽은 것이기 때문이다. 죽은 것을 물질物質이라고 한다. 그러나 죽은 것이 없다면 산 것 또한 있을 수 없다. 산 것이 죽은 것을 소중히 하고 죽은 것이 산 것을 소중히 하는 것을 노자는 무위無爲라고 했다. 죽은 것이 없다면 산 것이 어디서 밥을 얻을 것인가!

그러므로 물질의 욕망에 사로잡힌 인간은 산 것을 팽개치고 죽은 것에 매달린 꼴이다. 밥을 알맞게 먹어야 목숨이 산다. 지나치게 많이 먹으면 목숨이 체해 죽을 수 있다. 그러면 밥도 목숨의 독이 되는 법이 아닌가! 이러한 법을 모르고 인간은 죽은 것처럼 굳고 강한 것을 힘이라고 믿는다. 이것은 생을 사랑하는 것이 아니라 탕진하는 것과 같다. 생을 탕진하는 것은 죽음의 현상을 재촉하는 것과 다를 바 없다.

부드럽고 연약한 것은 생의 현상이다[柔弱者生之徒].

초목은 생이 이기는 것이고 사가 지는 것임을 지킬 줄 안다. 천 길 벼랑의 깎아지른 바위 틈새에 뿌리를 내리고 사는 소나무를 보라. 척박한 곳에서도 먹을 것을 찾아 뿌리를 내리고 강풍이 불어도 부러지지 않으며 햇빛을 받아 잎새들은 먹을 것을 마련한다.

천 길 벼랑에서 소나무가 사는 것은 바위보다 건강한 까닭이 아니라 유약한 까닭이다. 목숨을 누리게 하는 것을 덕이라고 하지 않는가! 소나무는 그러한 덕을 누릴 줄 안다.

생이란 무엇인가? 도가 덕을 누리게 하는 것이다.

사란 무엇인가? 도가 덕을 거두어 가는 것이다.

생명이란 무엇인가? 덕을 누리게 한 다음 거두어 가는 것이다.

명命의 길고 짧음은 인간이 재는 치수일 뿐 도의 품안에는 긴 것도 없고 짧은 것도 없다. 도는 만물의 어머니일 뿐 편애하는 계모가 아니다. 그래서 노자는 유약을 도가 사용하는 것[道之用]이라고 했다.

생의 현상이란 유약함에 있음을 인간이 안다면 삶이란 기운을 누리는 순간이지 힘을 남용하는 순간이 아님을 알 것이 아닌가! 그러나 현대인은 목숨의 힘[强]을 잊어버리고 물질이 내는 힘[力]만을 앞세우려고 한다. 마치 현대인은 돈으로 목숨을 살 수 있는 것처럼 생각한다.

유약한 목숨이 내는 힘은 강하다. 그러나 건강한 물질이 내는 힘은 약하다. 그래서 노자는 부드럽고 연약한 것이 굳고 강한 것을 이긴다〔柔弱勝剛强〕라고 했다. 약한 것이 강하고 강한 것이 약하다는 것은 목숨과 물질의 관계를 말하는 것이다.

천 길 벼랑에 붙어 사는 연약한 소나무를 생각해 보라. 그 소나무의 지혜를 이해한 사람이라면 나를 이기는 것은 강이다〔自勝者强〕라고 한 노자의 말을 알아들을 것이며, 남을 이기는 것은 역이다〔勝人者力〕라고 한 말 또한 알아들을 것이다.

겉은 연약하지만 속이 강한 것을 생이라 하고 겉과 속이 다같이 강한 것을 물질이라고 여겨도 무방하다. 물질은 그저 강한 것이고 목숨은 강약을 두루 갖추고 있는 존재라고 여겨도 된다. 강약 중에서 무엇이 근본일까? 강이 아니라 약이 근본임을 알면 곧 덕을 아는 것과 같다. 이러한 진리를 노자는 밝히고 있다.

병기가 강하다고 이기는 것은 아니다.

무기의 힘만 믿고 목숨을 소중히 할 줄 모르는 군대는 아무리 강한들 망한다. 손에 들린 칼만 믿고 남의 집 담을 넘어 들어온 강도는 반드시 붙들려 감옥으로 가는 것과 같다. 물질의 힘만 믿고 목숨을 해치는 무모한 짓을 겁 없이 남용하는 패거리는 아무리 강한들 결국 지는 것이다.

현대인이 신뢰하는 병기는 돈이다. 돈이면 못할 일이 없다고 믿는 현대인만큼 무서운 존재는 없을 것이다. 현대인의 금전 숭배의 속셈을 보면 목숨의 유괴범이 아닌 자가 별로 없으리라.

남의 목숨을 저당 잡고 돈을 강요하는 유괴범만 있는 것이 아니다. 돈 때문에 스스로 제 목숨을 유괴당하고 정신없이 살아가는 것이 현대인의 허망한 생존의 현주소가 아닌가!

현대인은 물질의 힘을 상징하는 돈이야말로 병기라고 믿고 산다. 그러한 신앙으로 산다면 인간은 모두 전선에 나가 있는 병사와 다를 것이 없다. 어디 인간만 그러한가? 나라들도 그와 같다. 물질의 힘만 강하면 된다고 믿는 나라가 세상의 주인인 것처럼 행세를 하고 있다. 그래서 현대는 노자의 다음과 같은 말을 허황된 말이라고 일소에 붙인다.

군사가 강하기만 하면 이기지 못하고〔兵强則不勝〕, 나무가 강하기만 하면 부러지고 만다〔木强則共〕.

약은 목숨의 힘이고, 강은 물질의 힘이다. 이것이 도덕이 밝히는 말씀이다. 이러한 도덕을 인간이 잊었다. 노자가 무위자연을 강조한 것은 인간으로 하여금 다시 도덕으로 돌아가게 하려는 것이다. 목숨을 소중히 하면 도에 가깝게 가는 것이고 목숨을 보살피면 덕의 근처에 가는 것이다.

그러나 현대인은 목숨의 힘을 모르고 물질의 힘만을 알려고 한다. 그래서 강한 것이 으뜸이요, 약한 것은 버릴 것이라고 고집한다. 물질도 목숨을 위해 있는 것이 아닌가? 이렇게 물으면 모두 그렇다고 대답은 한다. 그러나 생존의 실제 모습을 보면 목숨이 물질을 위해 있다는 생각을 버릴 수 없는 지경이다. 물질은 굳고 강한 것〔堅强者〕이고 목숨은 부드럽고 약한 것〔柔弱者〕임을 이해한다면 다음과 같은 노자의 말을 알아들을 것이다.

굳고 강한 것은 아래에 있고〔堅强處下〕, 부드럽고 약한 것이 위에 있다〔柔弱處上〕.

아랫것〔處下〕은 천한 것이고 윗것〔處上〕은 귀한 것이다. 노자가 귀천을 따지지 말라 한 것은 목숨을 두고 그렇게 하지 말라 함이요, 목숨과 물질을 놓고 보면 귀한 것은 목숨이고 천한 것이 물질임을 밝히고 있는 셈이다. 이러한 노자의 말씀을 제대로 현대인은 듣는가? 듣는 체만 할 뿐이다. 왜냐하면 내 목숨은 물질보다 소중하지만 남의 목숨은 내 물질보다 천하다고 잔인한 속셈을 하기 때문이다. 이러한 속셈을 저마다 하지 않는다면 돈이 사람 잡는 일은 일어날 수가 없을 것이다.

겉만 단단하고 속이 빈 열매는 씨앗을 갖지 못한다. 현대인이란 나무에 알찬 열매가 열려 있는가 아니면 쭉정이만 달려 있는가? 저마다 자신에게 한번쯤은 물어볼 사항이다. 부드럽고 약한 것이 생의 모습이라는 노자의 말씀에 귀를 기울이며 자기自己라는 나무에 매달린 목숨이란 열매가 보기 좋은 개살구인지 살펴본다면 귀한 목숨이 천한 것으로 되어 있다는 사실을 알고 놀랄 것이다.

원문
의역

인간의 산 몸은 부드럽고 연약하다. 인간의 죽은 몸은 굳고 단단하다. 살아 있는 초목은 부드럽고 연약하다. 그러나 죽은 초목은 말라 딱딱해진다.

〔人之生也柔弱 其死也堅强 草木之生也柔脆 其死也枯槁〕 인지생야유약 기사야견강 초목지생야유취 기사야고고

그러므로 굳고 강한 것은 죽음의 현상이고 부드럽고 연약한 것은 생의 현상이다.

〔故堅强者死之徒 柔弱者生之徒〕고견강자사지도 유약자생지도

이러하므로 군사가 강하기만 하면 이기지 못하고 나무가 강하기만
하면 부러지고 만다. 굳고 강한 것은 아래에 있고 부드럽고 약한 것
이 위에 있다.

〔是以 兵强則不勝 木强則共 堅强處下 柔弱處上〕시이 병강즉불승 목강즉공 견
강처하 유약처상

도움말

제76장은 생사를 헤아리게 하는 장이다. 생은 유약하므로 이기고 사는 견강하므
로 진다는 사실을 터득하게 한다. 강하면 이기고 약하면 진다는 인간의 생각은
결국 목숨을 해치는 짓이 됨을 깨우치게 된다.

유약柔弱은 부드럽고 약한 것을 뜻한다.

견강堅强은 굳고 강한 것을 말한다.

유취柔脆는 부드럽고 연약한 것을 이른다.

고고枯槁의 고枯는 수명이 다한 것을, 고槁는 죽어서 메말라 버린 것을 뜻한다.

도徒는 한 무리의 모습이나 현상을 말한다.

병강兵强은 군사력이 강한 것을 뜻하며 그런 나라로 보아도 된다.

목강木强은 죽은 나무가 메말라 부러지기 쉬운 것을 뜻한다.

제77장 남으면 덜어 내 부족한 것을 메운다

높은 것은 눌러 내리고 낮은 것은 추켜올려라

어떤 목숨이든 먹지 않고서는 살 수가 없다. 생존의 설움 중에 배고픈 설움이 가장 아프고 집 없는 설움이 그 다음이라고 한다. 이처럼 목숨은 먹을 것이 있어야 하고 잘 곳이 있어야 하는 법이다.

천지는 만물의 집이고 만물은 다같이 어울려 살도록 하는 것이 도덕이다. 도덕은 분별하지 않고 차별하지 않는다. 목숨에 귀천이 없으므로 도는 생물을 하나로 가슴에 안고[抱一] 천지는 만물의 둥지이므로 덕은 곡신谷神에서 만물을 어루만진다.

곡신은 빈 고을 같은 것이다. 거기에는 온갖 것이 다투지 않고 머물러 산다. 무생물이든 생물이든 서로 어울려 있을 뿐이다. 초목은 흙 속에서 먹이를 얻어 먹고 자라며 숲속에서는 온갖 짐승이 초목에서 먹이를 얻어 먹고 산다. 이처럼 있는 그대로 네 것 내 것 없이 사는 곳을 곡신이라고 하며 이는 어머니의 품안 같은 도의 모습을 말해주는 셈이다.

도에 부익부 빈익빈이란 것은 없다.

부자는 더욱 부유해지고[富益富], 가난한 자는 더욱 가난해지는 짓

[貧益貧] 따위는 인간의 세상에만 있을 뿐이다.

　사자가 들쥐처럼 많으면 어떻게 되겠는가? 수풀 속에 짐승이 남아나지 못할 것이다. 그러면 사자도 먹이를 얻지 못해 굶어죽을 것이다. 상어가 멸치 떼처럼 많다면 어떻게 되겠는가? 바다에 생선의 씨가 마를 것이다. 그 또한 상어는 먹이를 찾지 못해 굶어죽을 것이다.

　사자는 체력은 엄청나지만 번식력이 부족하다. 그러나 들쥐는 체력은 형편없지만 번식력은 대단하다. 사어와 멸치와의 관계도 같다. 이처럼 자연은 치우침도 없고 모자람도 없다.

　모란보다 민들레가 행복한 편이다. 민들레는 제 자리를 차지하고 꽃을 피우지만 모란은 산천을 잃어버리고 인간의 노리개감이 된 까닭이다. 경마장에서 뛰는 말은 당근을 얻어먹고 살지만 질긴 풀만 뜯어 먹고 사는 야생마는 천지의 품안에 있다. 천지의 품안을 떠나 인간의 수중에 들면 만물이 저마다 지니고 있는 제 몫을 잃게 되어 안타깝게 된다.

　"열 걸음 종종거려 물 한 모금 마시고 백 걸음을 뛰어야 모이 하나를 찾아 먹는 들꿩은 조롱 속에 사는 새를 부러워하지 않는다. 왜냐하면 마음이 편치 않기 때문이다." 이렇게 장자가 말한 것도 만물은 천지의 품안에 있어야 마음이 편안함을 말해 준다.

　넘치고 처지는 꼴이 빚어지면 마음은 편치 못하게 된다. 한쪽은 먹을 것이 남아돌고 다른 쪽은 먹을 것이 없어 굶주리면 난리가 저절로 일어나는 법이다. 어떠한 난리이든 인간의 욕심에서 빚어지는 것일 뿐이다. 도덕은 욕심을 부리지 않으므로 천지를 무위자연으로 포용하는 것이 아닌가! 도의 포일에는 치우침도 없고 모자람도 없다. 어떻게 그처럼 하는지를 노자는 다음처럼 밝히고 있다.

하늘의 도는 활을 메우는 것과 같도다[天之道 其猶張弓乎]. 활을 메울 때 위는 눌러 주고[高者抑之] 아래는 추켜올리며[下者擧之], 남는 긴 줄을 덜어 내[有餘者損之] 모자란 줄에 더해 준다[不足者補之]. 이처럼 하늘의 도는 남는 것에서 덜어 내 부족한 것에 보태 준다[天之道 損有餘而補不足]. 그러나 인간의 도는 이와 같지 않아 부족한 것에서 덜어 내 남아도는 쪽에 바친다[人之道則不然 損不足以奉有餘]. 누가 남는 것으로 천하에 봉사할 것인가[孰能以有餘奉天下]? 오로지 하늘의 도를 따르는 자밖에는 없다[唯有道者].

큰 나무 밑에서 작은 나무는 살지 못한다. 이러한 속담은 사람이 만들어 낸 것이지 자연은 그런 짓을 하지 않는다. 큰 나무 밑이 없다면 버섯은 살 곳이 없어지는 까닭이다.

사람을 키우면 호랑이 새끼를 키우는 것과 같다. 키워 준 은혜를 모르고 덤벼드는 것은 호랑이 새끼가 아니라 사람이다. 호랑이 새끼가 호랑이를 물지는 않는다. 오로지 사람만이 서로 물고 헤집고 해치려고 할 뿐이다. 그래서 인간은 클 성싶은 싹은 처음부터 도려 내야 한다는 심술을 부린다.

구백 냥을 가진 자가 백 냥을 가진 자를 등쳐서 천 냥을 채우려고 하는 것이 졸부의 욕심이 부리는 심술이다. 이러한 심술만 없다면 서로 어울려 살 수가 있다. 그러나 졸부들의 심술 탓으로 인간 사회는 언제나 앓는다.

농촌의 거농巨農은 장리를 놓고 도시의 거상巨商은 돈놀이를 한다는 옛말이 있다. 장리는 봄에 양식을 빌려 준 다음 가을에 곱으로 받는 것이고 돈놀이는 물건이 많을 때 헐값으로 사들였다가 물건이 귀할 때 비싼 값으로 파는 짓이다. 한편 현대 졸부들의 돈놀이는 돈으로 횡포를 부려 서민의 호주머니를 터는 온갖 짓거리를 서슴지 않는다.

이제 장리란 약탈은 없어졌지만 여전히 졸부들의 돈놀이는 기승을 부린다. 요즈음은 그러한 돈놀이 중 하나를 매점매석이라고 한다. 동태의 내장을 들어내고 겨울 햇살에 말린 명태를 황태라고 한다. 그 황태가 한때는 황금태가 된 적이 있었다. 매점매석으로 황태가 금값이 되었다는 말이다.

황태가 왜 금값만큼이나 비싸진 것일까? 동해 연안에서 생태를 많이 잡을 수 없다는 것을 안 졸부들이 동태를 모조리 사서 황태로 만든 다음 창고에 넣어 두고 조금씩 내다 팔아 그렇게 된 것이다. 이 얼마나 기막힌 졸부의 돈놀이인가!

황금태가 되었다고 명태를 잡은 어부가 떼돈을 버는 것은 아니다. 이 잣돈을 내다 물질하는 어부는 이자를 갚느라 호주머니에 돈이 남아날 수가 없지만 돈놀이를 하는 졸부의 금고에는 이자에 이자가 붙어 돈이 날이 갈수록 불어나고, 그 돈으로 생선 값을 올릴 수도 있고 내릴 수도 있는 장난을 칠 수 있어 고기 잡는 어부들은 꼼짝못하게 된다. 그래서 부자는 더욱 부자가 되고 가난뱅이는 더욱 가난뱅이로 처지는 일이 인간 사회에서 없어지지 않는다.

도마뱀은 급하면 제 꼬리를 자를 줄 안다. 그러나 졸부가 달고 있는 욕심의 꼬리는 잘릴 줄을 모른다. 긴 것이 짧은 것을 잘라 오면 제 꼬리가 더욱 길어진다고 욕심을 부리며 졸부의 꼬리는 게걸스러워진다. 그래서 졸부는 도둑촌에 살고 가난뱅이는 달동네에 산다는 유행어가 생기게 되었다. 그러나 자연에는 도둑촌도 없고 달동네도 없다.

위는 내려 누르고 아래는 추켜올린다〔高者抑之 下者擧之〕.

인간 사회에는 다스리는 쪽이 있고 다스림을 받는 쪽이 있다. 다스리는 쪽이 높기만 하고 낮출 줄을 모르면 다스림을 받는 백성은 허리를 펴지 못하고 항상 허덕인다. 그렇게 되면 관리가 나라의 주인 노릇을 하고 백성은 머슴 노릇을 하는 꼴이 된다. 이를 관존민비라고 한다.

그러나 백성을 추켜올리고 관리의 작폐를 금하면 세상은 물길처럼 흘러갈 수가 있다. 공무원의 급료는 박봉이지만 살기는 부자처럼 산다는 소문이 자자하면 자자할수록 세상은 얽힌 실타래처럼 꼬이게 된다. 이 모두가 인간들이 하늘의 길을 벗어난 짓이라고 노자는 밝혀 준다. 도덕道德:天之道을 활을 메는 것〔張弓〕에 비유해 위쪽〔高者〕을 눌러 주고〔抑之〕 아래쪽〔下者〕은 추켜올린다〔擧之〕고 말한 것이다. 이 말을 들으면 부패한 사회가 왜 생겨나는지 알 수가 있다. 썩은 사회는 억지抑之하지 않고 거지擧之하고 아래쪽을 등쳐먹는 꼴인 까닭이다.

남는 데서 덜어 내 모자란 데에 보태 준다.

백성이 세금을 내고 억울해하지 않으면 도둑이 드문 세상이다. 그러나 백성이 세금 내기를 꺼린다면 나라에 도둑이 많다는 말과 같다. 있는 자에게는 있는 만큼 세금을 물리고 없는 자에겐 형편에 맞게 세금을 내게 한다면 서로 함께 사는 세상이 될 수가 있다.

있는 자는 베풀고 없는 자가 보답하는 세상이라면 인간의 세상도 수풀이 어우러져 사는 숲속처럼 된다. 밤숲에 다람쥐가 많은 것은 떨어지는 알밤을 주워먹을 수 있는 까닭이다. 다람쥐는 떨어진 밤을 먹이로 주워 가되 털지는 않는다. 그러나 인간은 훑어 가 감추어 두는 짓을 한다. 그래서 남아도는 쪽이 있는가 하면 없어 굶주리는 쪽이 있다. 이렇게 빈부의 골을 파는 짓은 도덕이 아니다.

남으면 덜어 내 모자란 쪽을 채워 주는 것이 덕이다. 베푸는 부잣집에는 도둑도 담을 넘지 않는다. 남는 것에서 덜어 낸다[損有餘]는 것은 베푸는 것이요, 모자란 것에 보태 준다[補不足]는 것은 보답하는 것이다. 베풀고 보답하면 인간인들 어찌 어울려 살지 못할 것인가! 어울려 산다는 것은 은혜를 주고받는 것이다. 이렇게 하는 것이 하늘의 뜻이다.

모자란 것에서 덜어 내 남는 것에 바친다[損不足以奉有餘].

땀 흘려 번 돈은 귀한 것이고 훔쳐 먹은 돈은 천한 것이다. 이러한 말이 진실로 통하는 세상이라면 도둑질은 없을 것이다. 부정 축재란 말도 없을 것이고 특혜라는 말도 없을 것이다.

세금을 모아 목돈을 만들어 한 사람의 욕심을 채우는 밑천으로 삼게 하는 일이 있다면 백성이 내는 세금은 깨진 독에 붓는 물과 다를 바가 없다. 기업은 망해도 기업주가 부자가 된다는 말이 바람처럼 불고 다니면 세상은 소 잃고 외양간마저 날려 버리는 꼴이다. 빈자의 좁쌀을 팔아 부자의 금고를 사 주는 꼴로 돌아가면 세상이 조용할 수가 없다.

인간의 욕심이 환장을 하면 가시방석에 앉아도 아픈 줄을 모르고 얼굴에 침을 뱉어도 구유에 주둥이를 박은 돼지처럼 꿀꿀거리기만 한다. 그리고 세상을 한덩이 살코기쯤으로 아는지 칼자루만 쥐면 한 칼씩 잘라다 숨겨 두면 된다고 용심用心을 부린다. 이러한 용심이 사기를 치고 횡령을 하고 약탈해 축재를 하는 것이다. 그리고 부익부 빈익빈의 마찰이 온 세상을 찢어 놓고 마는 것이다.

시궁창은 열어 두고 샘물은 닫아 두라. 왜 이런 말이 생겼을까? 인간의 속은 시궁창처럼 될 수도 있고 샘물처럼 될 수도 있기 때문이다. 시궁창에는 햇빛이 들어야 썩지 않는다. 그러나 샘물은 맑고 깨끗해 덮어 두어도 썩지 않는다. 욕심은 나를 더럽게 하고 욕심을 떠나면 깨끗해진다는 말을 인간은 듣기 거북해하며, 썩은 인간일수록 숨어서 노략질을 범한다.

털어서 먼지 안 날 사람 어디 있느냐? 다들 도둑과 같다는 자조적인 말이다. 서로 제 몫만 차지하려는 자기 변명일 수도 있다. 고을 원님이 부호의 뒤주를 넘보면 부호는 머슴의 오지랖을 턴다는 게다. 이처럼 인간들이 서로 물고 물리면 터는 쪽이 털리는 쪽을 밟는다. 이러한 짓은 모두 시궁창 같은 욕심이 빚어내는 약탈이다.

인간이여! 노략질을 말 것이요, 약탈을 말 것이다. 이것이 바로 하늘의 길(天之道)에서 벗어난 인간의 짓(人之道)이라고 노자는 밝힌다. 노자는 이렇게 폭로해 둔 셈이다. 빈자의 것을 털어 내(損不足) 부호에게 보태 주는 꼴(奉有餘)이다.

누가 남는 것을 베풀까(孰能以有餘奉天下)?

마음이 옹졸하면 베풀 줄 모른다. 넉넉한 마음이 베풀 줄을 안다. 콩 한쪽도 나누어 먹고 백지장도 맞들면 가벼운 법이다. 재물이 있다고 마음이 넉넉해지는 것은 아니다. 재물을 소중히 여길수록 목숨을 사랑할 줄 모른다. 소인은 자기와 인연된 것만을 위할 뿐 그 외에는 인색하다. 소인의 마음은 옹색하고 옹졸한 까닭이다. 그래서 소인은 도를 멀리하고 비웃는다. 소인배가 치자가 되면 세상은 흐려지고 더러워진다.

누가 세상을 훈훈하고 깨끗하게 할 수 있는가? 도를 따르는 자(有道者)이다. 유도자有道者를 성인이라고 한다. 성인만이 세상을 받들어 모실 수가 있다.

성인은 세상을 받든다. 이것이 곧 봉천하奉天下인 것이다. 천하를 만물과 백성이라고 보아도 된다. 성인은 만물을 사랑하고 백성을 사랑한다. 왜냐하면 성인은 우주 만물을 형제로 보기 때문이다. 천하의 모든 것들은 도의 자손이다. 치자가 성인을 닮으면 세상은 맑은 샘물처럼 된다. 백성은 목이 마르면 그 샘물을 마시고 삶을 누린다.

현대인이여! 성인을 전설 속의 초인처럼 생각하지 마라. 성인은 살아 있는 인간의 선생이라고 생각하라. 성인의 삶을 생활의 본보기로 삼아 보라. 노자는 이렇게 절규하고 싶은 것이다. 성인은 다음처럼 삶을 누리는 당사자인 까닭이다.

성인은 일을 하되 그 대가를 바라지 않으며〔聖人爲而不恃〕, 공을 이루고도 그것에 연연하지 않으며〔功成而不處〕, 남보다 현명한 체하지 않는다〔不欲見賢〕.

노자는 위와 비슷한 말을 제51장에서 이미 밝혔다. 왜 다시금 되풀이했을까? 아마도 도덕의 생활을 잊거나 잃지 말라는 경고가 아닌가 싶다.

도는 만물을 낳아 주되 소유하지 않는다.
이것이 도생지道生之요, 생이불유生而不有가 아닌가!
덕은 키워 주되 대가를 요구하지 않는다.
이것이 덕축지德畜之가 아닌가!
도덕은 키워 주고 길러 준다.
이것이 도덕의 장지육지長之育之가 아닌가!
도덕은 편안히 누리게 해 준다.
이것이 도덕의 정지독지亭之毒之가 아닌가!

도덕은 보살피고 안아 준다.

이것이 도덕의 양지복지養之覆之가 아닌가!

높은 자리에 있을수록 아래를 억누르지 말 것이요, 남는 것에서 덜어 내 모자란 것에 보태 주어라. 그러면 저절로 도덕은 귀하게 된다.

높은 자리에 있다고 우쭐대고 아래를 짓누르고, 빈자의 것을 빼앗아 부자의 뱃속을 채워 주면 도덕은 멍들고 세상은 난장처럼 시끄럽고, 시궁창처럼 썩은 냄새를 피우며 난세를 이루고 만다.

언제나 난세에서 벗어날까? 먼저 도덕이 돈보다 귀하다는 것을 뼈저리게 뉘우치는 날이 오기를 기다려야 한다.

하늘의 도는 활을 메우는 것과 같도다.
〔天之道 其猶張弓乎〕 천지도 기유장궁호

활을 메울 때 위는 눌러 주고 아래는 추켜올려 주며, 남는 긴 줄을 덜어 내 모자란 줄에 더해 준다.
〔高者抑之 下者擧之 有餘者損之 不足者補之〕 고자억지 하자거지 유여자손지 부족자보지

이처럼 하늘의 도는 남는 것에서 덜어 내 부족한 것에 보태 준다. 그러나 인간의 도는 이와 같지가 않아 부족한 것에서 덜어 내 남아도는 쪽에 바친다.

〔天之道 損有餘而補不足 人之道則不然 損不足以奉有餘〕천지도 손유여이보
부족 인지도즉불연 손부족이봉유여

누가 남는 것으로 천하에 봉사할 것인가? 오로지 하늘의 도를 따르
는 자밖에는 없다.

〔孰能以有餘奉天下 唯有道者〕숙능이유여봉천하 유유도자

이러하므로 성인은 일을 하되 그 대가를 바라지 않고, 공을 이루고도
그것에 연연하지 않으며 남보다 현명한 체하지 않는다.

〔是以 聖人爲而不恃 功成而不處 不欲見賢〕시이 성인위이불시 공성이불처 불욕
현현

도움말

제77장은 인간의 욕심이 짓는 아픔을 생각하게 한다. 힘이 있는 자가 힘 없는 자
를 억누르고, 있는 자가 없는 자를 더욱 못살게 하는 것보다 포악한 짓이 없다는
것을 깨우치게 하는 장이다.

장궁張弓은 활을 메우는 것을 뜻한다.

유여자有餘者는 부유한 사람을 말한다.

부족자不足者는 가난한 사람을 뜻한다.

봉유여奉有餘의 봉奉은 억지로 받쳐 모시게 하는 것을 이른다.

봉천하奉天下의 봉奉은 진심으로 받들어 봉사하는 것을 뜻한다.

불시不恃의 시恃는 대접 받기를 바라는 것을 말한다.

불처不處의 처處는 논공행상 따위를 생각해 보면 될 것이다.

현현見賢의 현見은 남 앞에 과시하는 것이고 현賢은 덕을 따르는 것이다.

제78장 부드러운 물을 이기는 것은 없다

제왕은 고통을 떠맡는다

제왕帝王이 백성의 안위를 생각하다 밤잠을 설치면 백성은 편안히 잠을 잔다. 이 말은 지금도 변함이 없다. 세상이 잘되고 못되고는 위쪽에 달려 있지 아래쪽에 달려 있는 것이 아니다. 권력이 썩기를 바라는 백성은 없다.

백성을 두려워하라는 것은 백성을 무슨 괴물처럼 보라는 것이 아니다. 백성은 양처럼 순하지만 분노하면 장강을 뒤엎고 산하를 덮는 홍수의 물더미같이 변할 수 있다.

천하에 바다보다 더 큰 힘은 없고 한 나라에는 백성보다 더 큰 힘이 없다. 바다가 힘이 있어도 과시하지 않는 것처럼 백성은 힘을 물길처럼 간직할 뿐 폭약처럼 터뜨리지 않는다.

속심이 빈 것일수록 겉이 야하다. 그래서 짖는 개는 물지 못한다고 하는 게다. 바닷물은 물그림자를 띄우지 않고 바람이 불면 겉만 일렁일 뿐 속은 언제나 고요하다. 백성의 마음도 이와 같다. 그래서 민심은 천심이라고 한다.

잘난 사람이 판을 치고 된사람이 뒤로 밀려나는 세상은 물 위에 뜬 거품과 같을 뿐이다. 비누질을 해 빨래를 빨면 물 위에 거품이 인다. 그러나 물은 스스로 거품을 내지 않는다. 오로지 이물질이 들어와 거품을 일게 한 것일 뿐이다.

힘센 사람이 호기를 부리고 나약한 사람은 주눅들게 하는 세상은 출렁이는 물결과 같다. 바람이 불면 바다는 파문을 짓고 강풍이 불면 이랑을 짓고 태풍이 불면 너울을 친다. 그러나 바닷물이 그렇게 하는 것은 아니다. 바람이 그렇게 할 뿐이다. 인생에 모진 바람을 일게 하면 인심은 물보라를 일렁이는 노한 바다처럼 된다.

인심에 거품을 일게 한다거나 인심에 물보라를 치게 하면 백성은 물줄기처럼 용트림을 하게 된다. 이를 민중 봉기라고 한다. 총칼이 어찌 민중 봉기를 막을 수 있을 것인가! 산하를 태우는 불길도 노한 민심을 사르지 못한다. 아무리 불길이 강해도 물길을 만나면 꺼지고 만다.

불은 태워 재를 남기지만 물은 적실 뿐 그대로 둔다. 강한 성질과 부드러운 성질의 차이는 이와 같다. 강한 것은 파괴하려 하고 부드러운 것은 보살펴 주려고 한다. 파괴의 위력을 가진 병기는 강하고 거칠다. 그러나 사랑의 활력을 지닌 덕성은 약하고 부드럽다. 무력은 불 같고 덕력은 물 같다.

강한 것은 힘으로 목숨을 정복해 굴복시키려고 하지만, 약한 것은 목숨을 소중히 할 뿐 목숨을 해치지 않는다. 목숨을 해치면 그것은 지는 것이고 목숨을 소중히 하면 그것은 이기는 것이다. 강자가 남의 목숨을 해치는 짓을 하면 이겨도 지는 것이요, 약자가 목숨을 소중히 하면 져도 이기는 것이다.

그러나 소중한 목숨이 능멸당할 때는 죽음을 택해 목숨을 더럽히지 않는다. 굴복당한 목숨을 부지하면 그것은 목숨을 더럽히는 것이기 때문이다. 덕은 목숨을 구걸하게 하지 않는다. 목숨을 구걸하는 짓을 하지 않는 것〔無以生爲者〕이 목숨을 아끼는 것보다 더 현명하다〔是賢於貴生〕는 것을 유약자柔弱者는 안다. 이러한 유약자를 이기는 것은 없다. 덕은 상선上善인 까닭이다. 상선은 물 같다〔上善若水〕고 하지 않는가! 그러나 사람은 물처럼 살지 않고 불길처럼 살려고 한다. 그러지 말라고 노자는 다음처럼 밝힌다.

세상에서 부드럽고 약하기로는 물보다 더한 것은 없다〔天下柔弱莫過於水〕. 그리고 굳고 강한 것을 공격하자면 물보다 더 나은 것이란 없다〔而攻堅强者莫之能勝〕. 그렇게 하는 데에는 물을 대신할 것이 없다〔其無以易之〕. 그러므로 부드러움이 단단한 것을 이기고〔故柔勝剛〕, 연약함이 강한 것을 이긴다〔弱勝强〕.

솔개가 하늘을 빙빙 돌면 암탉은 병아리를 품안으로 끌어들여 내리꽂힐 솔개와 대결하려고 한다. 그럴 때 암탉의 기운은 솔개의 것보다 약하지만 솔개를 이긴다. 병아리의 목숨을 구하기 때문이다.

들쥐가 사는 구멍으로 뱀이 기어 들어오면 어미 쥐는 새끼들에게 꼬리를 물게 하여 엮어서 뒷구멍으로 빠져나가 새끼들의 목숨을 구하고 뱀을 허망하게 한다. 어미 쥐의 기운은 뱀보다 약하지만 뱀을 이기는 것이다. 새끼 쥐의 목숨을 구하기 때문이다.

전쟁이 나면 전선으로 젊은이들이 끌려 나간다. 전선으로 아들을 보내며 어머니는 하염없이 눈물만 흘린다. 나라의 징병령徵兵令이 강하지만 병사는 그 명에 복종할 뿐 고향에 남은 어머니의 눈물은 잊지 못한다. 나라를 사랑하는 마음도 강한 법령에 있는 것이 아니라 어머니의 나약한 눈물과 같은 것에 있는 것이다.

맞은 자는 발을 뻗고 자지만 때린 자는 밤잠을 설친다고 한다. 강한 것은 더 강한 것에게 쫓김을 당하지만 약한 것은 더 약한 것을 두려워하지 않아도 된다. 마음을 불편하게 하는 것은 지게 하는 것이요, 마음을 편하게 하는 것이 이기게 하는 것이다. 힘을 과시하면 명을 재촉할 뿐이다. 강한 것이 지는 까닭이다.

부드럽고 약한 것이 단단하고 강한 것을 이긴다[柔弱勝剛强].

유약은 산 것이고 강강은 죽은 것이다. 쇠를 잘라 내는 금강석은 물이 아니면 깎을 수가 없고 산천을 태우는 불길은 빗물이 아니면 끌 수가 없다. 물이 있으면 생명이 있고 물이 없으면 생명을 부지하지 못한다. 이처럼 생명적인 것은 물처럼 부드럽고 약하다.

그러나 물질적인 것이 생명적인 것을 이긴다고 인간은 착각한다. 그래서 깡패도 생기고 강도가 남의 집을 넘나들며 썩은 치자들이 부정 축재를 하기도 한다. 그러나 그 종말은 하나같이 험하지 않는 것이 없다. 강한 것이 험한 짓을 하면 죄가 된다. 죄를 짓는 것보다 더 험한 패배는 없다. 언제나 죄는 강기强氣를 부려서 빚어진다. 강기는 항상 남의 목숨을 해치는 짓을 탐하므로 지게 된다.

현대인이여! 물질을 탐하다 강기를 부리지 마라. 천하를 호령한다는 영웅도 제 몸이 지치면 포근한 어머니의 품안을 그리워하는 법이 아닌가! 살아 있는 수양버들 가지는 나긋나긋해 강풍을 이기고 죽은 수양버들 가지도 메마르면 부러지지 않는가! 생명은 유약한 것이므로 인생도 부드럽고 연약한 길을 걸을수록 물길처럼 순탄하게 된다. 욕심이 물길을 막으려고 할 때 유약승강강柔弱勝剛强이란 말을 되새긴다면 불길 같던 욕심도 꺼지리라.

그러나 욕심이 탈을 낸다는 것을 알면서도 사람들은 실제로는 따르지 않는다. 돈을 밝히면 도둑질을 하기 쉽고 남을 등치면 남의 가슴에 비수를 품게 한다는 것을 잊어버린다. 그래서 노자는 다음처럼 말해 놓았다.

세상은 유약柔弱이 강강剛强을 이긴다는 것을 모르는 것이 아니지만 〔天下莫不知〕, 한사코 실천하려 하지 않는다〔天下莫能行〕.

성인은 누구인가?

부드럽고 약한 것이 단단하고 강한 것을 이긴다는 진리를 실천하는 자이다. 그러한 실천을 귀덕貴德이라고 한다. 참으로 성인은 비단 옷을 입고 밤길을 걸어가는 자와 같다. 베풀되 생색을 내지 않는 까닭이요, 섬기고 돌보아 주되 논공행상을 하지 않는 까닭이다.

침소봉대針小棒大는 소인의 짓일 뿐이다.

성인에게 제왕이란 누구냐고 물으면 어떻게 대답할까?

부귀영화를 누리는 것이 제왕이 아니다. 나라의 궂은 일을 도맡아 짊어져야 제왕이다. 노자는 임금은 백성의 머슴 노릇을 해야지 주인 노릇을 하면 안 된다고 했다. 도덕정치란 바로 그 점을 말하는 것이다. 임금이 백성의 어버이인 것은 대접을 받기 위해서가 아니라 뒷바라지를 하기 위해서이다.

궁궐의 치장이 찬란하고 신하들이 호화로운 복식을 걸치고 허리에는 빛나는 칼을 차고 거드름을 피우며 때마다 산해진미로 포식하면 할수록 백성은 굶주리고 허덕인다. 이렇게 노자는 제53장에서 밝혔다. 이를 상기하면서 다음과 같은 말을 들으면 가슴에 와닿는 것이 있을 것이다.

나라의 허물과 치욕을 맡는 것이 사직의 주인이요〔受國之垢 是謂社稷主〕, 천하의 불상사를 떠맡는 것이 황제이다〔受國之不祥 是謂天下王〕.

윗물이 맑아야 아랫물이 맑다고 한다. 그리고 백성이란 물이 맑으면 마시기도 하고 낯을 씻지만 물이 더러우면 발을 씻고 버리는 법이다. 하나의 정권을 한 사발의 물로 친다면 그 물이 맑으면 마실 것이요, 더럽다면 버릴 것이다. 백성이 정치를 못 믿고 정부를 싫어하면 그 탓은 백성에게 있는 것이 아니라 치자와 관리에게 있는 것이다.

정치의 물이 더러울수록 변명하고 구실을 붙인다. 물이 맑으면 고기가 못 산다고 둘러대며 백성의 비윗장을 거슬리게 한다. 이것은 백성이 무서운 줄을 알고 속이는 것이다. 그러나 손바닥으로 하늘을 가릴 수 없고 우산을 들었다고 비를 피할 수는 없다. 독재나 폭정은 속이는 짓을 일삼다가 백성의 분노와 미움을 사는 것이다.

바른 말은 뒤집혀 들린다〔正言若反〕.

간신의 입은 꿀을 발라 둔다는 것이고 충신의 입은 소태를 씹는다고 한다. 바른 말은 쓰고 그른 말은 달게 들린다는 말이다. 폭군은 간신의 말을 소중히 하고 충신의 말을 접어 듣거나 고깝게 듣는다.

임금은 백성의 가려운 곳을 찾아 시원하게 긁어 주어야 하고 아픈 곳을 찾아 고쳐 주어야 왕이 된다. 왕이란 군림하는 자가 아니라 천지와 백성 사이를 오고가는 것〔往〕을 맡은 자가 아닌가! 그래서 왕王을 왕往이라고 하는 것이다.

임금이 나라의 허물을 맡아야 하는 것은 백성을 편안히 하기 위해서이다. 만일 관료층이 부패해 백성을 얕볼 때 누가 병든 관료층을 도려 낼 것인가? 바로 임금이 책임지고 해야 하고 대통령이 해야 하는 것이다. 그렇지 못해 백성이 빗자루를 들고 쓸어 낼 때는 정권이 바뀌는 법이다.

왕은 신하에게 군림하되 백성에게는 봉사해야 한다고 성인은 말한다. 그러나 이러한 성인의 말을 들었던 임금은 없었다. 임금은 백성이 웃고 살 수 있도록 눈물을 흘려야 한다. 이것이 바른 말[正言]이다. 임금의 눈물이 백성의 웃음이 된다는 것은 반反이다. 말하자면 임금이 불행을 짊어짐으로써 백성은 행복하게 된다는 것이 곧 정언약반正言若反인 셈이다.

대권을 쥔 치자가 노자가 밝힌 정언약반正言若反을 귀담아들어 새기고 정치로 실천한다면 어느 백성인들 그 치자를 어버이로 받들지 않을 것인가? 주인이 머슴을 존경하면 그 머슴은 주인의 길잡이 노릇을 당당하고 떳떳하게 할 수 있다.

정치의 길잡이야말로 물길을 닮아야 한다. 아래를 향해 흐르므로 바다를 만나고 크게 되는 것이 아닌가! 그래서 대인의 마음은 하류下流와 같고 소인의 마음은 상류上流의 맨 끝에 있는 옹달샘과 같다. 옹달샘이 바다 흉내를 내면 탈이 나는 법이고 백성은 목말라 조갈증이 드는 것이다. 백성의 갈증을 풀어 주기 위해 임금은 항상 목마름의 고통을 알아야 한다. 그래서 노자는 임금이라면 나라의 허물과 고통을 짊어져야 한다고 한 것이다.

원문 의역

세상에서 부드럽고 약하기로는 물보다 더한 것은 없다. 그리고 굳고 강한 것을 공격하자면 물보다 더 나은 것이란 없다. 그렇게 하는 데에는 물을 대신할 것이 없다.

〔天下柔弱莫過於水 而攻堅强者莫之能勝 其無以易之〕 천하유약막과어수 이공
견강자막지능승 기무이역지

그래서 부드러움이 단단한 것을 이기고, 연약함이 강한 것을 이긴다.

〔故柔勝剛 弱勝强〕 고유승강 약승강

세상은 유약柔弱이 강강剛强을 이긴다는 것을 모르지 않지만 한사코
실천하려 하지 않는다.

〔天下莫不知 天下莫能行〕 천하막부지 천하막능행

그러므로 성인이 말하기를 나라의 허물과 치욕을 맡는 것이 사직의
주인이요, 천하의 불상사를 떠맡는 것이 황제라고 했다. 바른 말은
뒤집어 놓은 것처럼 들린다.

〔故聖人云 受國之垢 是謂社稷主 受國之不祥 是謂天下王 正言若反〕 고성
인운 수국지구 시위사직주 수국지불상 시위천하왕 정언약반

도움말

제78장은 인간의 미혹迷惑을 밝혀 주고 있다. 인간은 강한 것이 약한 것을 이기고
거친 것이 부드러운 것을 이긴다고 여긴다. 이러한 생각은 목숨의 소중함을 몰라
짓는 착각이다. 목숨이 유약한 것이고 죽음이 강강한 것임을 밝혀 승패의 참뜻이
무엇인가를 헤아리게 한다.

막지능승莫之能勝의 지之는 물〔水〕을 대신하고 있다. 아무리 강한 것이라도 물을 이
길 수 없다는 뜻이다.

국지구國之垢의 구垢는 더러운 것을 뜻하고 그 더러움이란 백성을 고통스럽게 하
는 것이라 여겨도 무방하다.

사직주社稷主는 군왕을 말한다. 지금의 수상 정도로 이해하면 될 것이다.

천하왕天下王은 황제나 천자天子를 말한다. 대통령으로 생각해도 될 것이다.

정언약반正言若反의 정언正言은 이치에 맞는 말이며, 반反은 이치에 맞는 것을 뒤집어 놓은 말과 같다. 즉 여기서 반反은 역설逆說이요, 배리背理와 같은 셈이다.

제79장 자연에는 집달리가 없다

빌려 주고 욕먹는 짓을 마라

열 번 잘하다 한 번 잘못하면 허사다. 주인을 알아보던 개도 미치면 제 주인을 문다. 이는 사람을 조심하라는 말이다. 조심한다는 것은 믿지 않고 의심하며 경계하는 것이다. 그래서 사람은 서로 마음을 트고 살지 못하고 서로 담을 쌓으려고 한다. 왜 인생을 이렇게 요리하는가? 인생은 거래하는 것과 같다고 보는 까닭이다.

그러나 인생은 팔고 사는 것이 아니다. 인생은 소유하는 것이 아니고 누리는 것이다. 세상은 참으로 아름답고 찬란하게 보일 수 있다. 그러나 세상을 장사꾼의 눈으로 바라보면 항상 어둡고 침침할 뿐이다. 사사건건 흥정을 해야 한다면 모든 일이 힘들고 벅차다.

어디 손쉬운 흥정이 있는가! 어떤 흥정이든 몫을 다투어 서로 더받자고 하지 깎으려고 하지 한다. 그러므로 인생을 거래감으로 치면 몫을 더 차지하는 쪽이 덜 차지하는 쪽에 상처를 남긴다. 그 상처가 바로 원한이다.

원한을 사지 않으려면 매듭처럼 맺지 말고 저고리 옷고름을 매듯이 하라. 맺은 것이면 풀어야 하는데 풀 때는 맺힌 결을 따라 풀어야 한다. 그러나 상처를 입은 인생은 옹이처럼 굳어져 풀리기가 어렵다. 그래서 한이 원한이 되면 오뉴월에도 서리가 내린다고 한다.

약속을 잘 지키려면 약속을 하지 않는 것이 상책이고 돈을 떼이지 않으려면 빚놀이를 하지 않으면 된다. 그러나 인생이란 현실에서는 강자는 채권자처럼 군림하고 약자는 채무자처럼 밀리는 일들이 빈번하다. 그래서 백성이 춤을 추고 한숨을 잊게 되면 대원大怨은 없는 것이다.

대원은 나라가 짓지 개인이 짓기는 어렵다. 대원을 풀려고 할 때는 이미 늦은 것이다. 대원을 풀려고 할 것이 아니라 짓지 말아야 하는 까닭이다.

4.19혁명의 뒤처리로 대통령을 떠나게 하고 내무장관을 교수형에 처하고, 수유리 산자락의 4.19묘지를 성역화한다고 해서 정권 유지의 총탄 앞에 아이들을 잃은 어머니의 가슴에 박힌 못을 뽑아 낼 수는 없는 일이다. 그래서 노자는 원한의 자리를 덕으로 메우라〔報怨以德〕고 했다. 원한을 덕으로 갚는다는 것은 처음부터 원한을 짓지 말라 함이다.

원한을 없애자면 사정私情을 떠나면 된다. 사정을 떠나면 그것이 곧 덕으로 통하는 길이다. 그러나 인간은 덕의 길을 잃은 지 오래여서 하는 일마다 사리사욕에 걸려들어 원한을 낳고 쌓는다.

성인은 원한을 살 일을 하지 않으며 원한을 낳을 일도 하지 않는다. 그러므로 원한이 쌓일 이유가 없다. 왜 그런지를 노자는 다음처럼 밝혀 준다.

큰 원한을 풀려고 하면 앙금이 남아 있게 마련이다〔和大怨必有餘怨〕. 그러니 큰 원한을 푼다고 해서 어찌 선하게 될 수 있단 말인가〔安可以

爲善]? 이러하므로〔是以〕 성인은 빚문서를 지니고 있을 뿐 채무자에게
빚 독촉을 하지 않는다〔聖人執左契 而不責於人〕.

지리산 남쪽 고을에 만석꾼이 살았다. 그는 제 목구멍에 넘어가는 것
마저도 아까워했으며, 재물은 쓰면 없어지고 모으면 쌓인다는 것을 하
늘처럼 믿었다. 그래서 고을 사람들은 그를 자린고비라고 불렀다.

만석꾼에게 빚진 사람들은 빚 갚는 날을 잘 기억해 두어야 했다. 빚 갚
는 날을 하루만 어겨도 빚보증으로 잡아 두었던 땅문서를 되찾을 수
없었던 까닭이다. 그렇게 그는 만석꾼의 땅 부자가 되었다.

만석꾼은 빚을 갚으려고 제 날에 온 사람에게 항상 똑같은 말로 능청
을 부리곤 했다.

"이 고을에서 내 땅을 밟지 않고 사는 사람은 없어. 온종일 걸어도 내
땅을 벗어날 수가 없지. 이자가 높다고 고깝게 여길 것은 없어. 모두
내 땅에 붙어 사는 꼴 아닌가! 내 것 아닌 것이 어디 있나? 물도 내 땅
에서 나오니 내 것 아닌가?"

어렵사리 맞추어 온 돈을 만석꾼은 여러 번 세어 본 후에야 문서함을
열어 잡아 두었던 땅문서를 꺼낸 다음 다시 채무자를 다음처럼 떠보곤
했다.

"후하게 쳐줄 테니 땅을 넘길 생각은 없는가?"

한 고을을 통째로 차지하고도 만석꾼은 가난뱅이의 게딱지만 한 논을
욕심냈던 것이다. 빚을 갚고 만석꾼 집에서 땅문서를 찾아 나올 때마
다 빚쟁이들은 속으로 땅 욕심이 목구멍까지 찬 저 자린고비는 천벌을
받을 것이라고 저주했다.

빚 갚는 날을 넘긴 사람이 오면 만석꾼은 보는 체도 하지 않았다. 왜

왔느냐고 곁눈질을 할 뿐이었다. 돈 마련하기가 쉽지 않아 날짜를 넘겼으니 이자를 더 붙여 갚겠다고 해 봤자 소용없다. 만석꾼의 문서함에서 땅문서가 나올 수 있는 것은 약속한 바로 그날밖에 없었다.

만석꾼은 그냥 빌려 주는 법이 없었다. 반드시 높은 이자를 붙였고 빚 보증으로 잡은 땅값을 제 마음대로 쳐서 그 절반 이하만을 빌려 주었다. 빚을 제대로 받으면 이자를 더 벌어들인 셈이고 빚을 받지 못하면 절반도 안 되는 값으로 땅을 사들인 셈이니 이러나저러나 밑질 것은 없다고 만석꾼은 쾌재를 불렀다.

하루를 넘겨 빚을 갚으려고 온 한 사람이 그 땅을 넘기면 살길이 없으니 한 번만 봐 달라고 애걸했다. 그러나 만석꾼은 이미 땅 주인은 바뀌었다고 문서를 들이대며 윽박질렀다. 채무자가 엽전꾸러미를 들고 땅문서를 돌려 달라고 수없이 빌고 애걸했지만 아무 소용 없었다.

살길이 막막해진 채무자는 분노가 치밀었다.

"네 이놈! 너 죽고 나 죽자!"

마침내 그 채무자는 엽전꾸러미로 정수리를 내리쳐 만석꾼을 죽이고 말았다.

온 고을에 만석꾼이 맞아 죽었다는 소문이 퍼졌다. 소식을 들은 사람들은 저마다 죽어 마땅한 놈이 맞아 죽어 속이 시원하다고 했다. 그리고 빚 독촉을 심하게 하면 엽전에 맞아 죽는다는 유행어가 돌았다.

왜 대원大怨은 생길까?

군자는 어울리되 패를 짓지 않고[和而不同], 소인은 패를 짓되 어울리지 않는다[同而不和]. 이렇게 공자는 말했다. 노자는 따뜻이 사랑하는 마음[慈]을 지니고 자연의 품안에 안기라고 했다. 자연에 안기는 것은 어울리는 것이요, 이해利害를 따져 만나고 헤어지는 것은 패를 짓는 것이다.

팔이 안으로 굽지 않느냐고 반문하지 마라. 그것은 동료이면 이롭게 해 주고 동료가 아니면 해롭게 한다는 말이 아닌가! 그래서 성인은 무정無情하고 소인은 사사로운 정[私情]에 치우쳐 사악한 정[邪情]을 범한다. 사정은 결국 바른 것을 그르게 하고 그른 것을 바른 것처럼 둔갑시키는 짓을 범한다. 이는 이해 탓으로 생기는 것이다. 그러므로 이利를 독차지하고 남에게 해害를 입히면 원怨이 생기는 법이다.

남의 가슴에 못질을 마라. 이 말은 원한을 사지 말라 함이다. 원怨이란 남의 가슴에 입혀 준 깊은 상처이다. 원怨은 한恨이 되게 마련이다. 한이란 마음의 상처 때문에 겪는 아픔이요, 신음이다. 나만 잘살자고 남을 못살게 하면 그보다 더 큰 원한은 없다.

원한은 말끔히 가셔지지 않는다[必有餘怨].

한번 지어진 원한은 지울 수가 없다. 입은 상처가 흉터를 남기는 것과 같다. 맺힌 원한을 푼다는 것은 용서를 하되 잊지는 못한다는 단서를 달자는 것과 다를 것이 없다. 마음에 상처를 입으면 앙금처럼 가슴속 깊이 남는다. 그러므로 원한은 애시당초 짓지를 말아야 한다.

그러나 인간은 날마다 원한을 사고 팔며 삶을 아파한다. 이렇게 아파하면서 삶을 사는 것은 누리는 것이 아니라 소모하는 것이라고 노자는 생각했다. 그래서 억지를 부리지 말고 물 흐르듯이 살라고 했다. 억지를 부려 욕심사납게 하면 그것이 곧 유위有爲인 것이고 그 유위有爲는 욕망에 치우친 사람의 짓[人爲]이라고 보아도 된다.

원한을 짓지 않으려면 귀덕貴德을 명심하면 된다. 덕을 귀하게 여기면 저절로 보살피고 도와주는 것이 사랑의 길임을 알게 된다. 덕의 길을 걸으면 원한은 없다. 그래서 노자는 원한을 덕으로 갚으라[報怨以德]고 했다. 덕이 있는 곳에는 여한餘恨이 없다. 덕은 원한을 짓지 않으므로 처음부터 삶의 상처 따위는 없다. 그러나 인간은 덕에 인색해 원한을 짓고 여한을 남긴다. 원한은 부덕不德의 탓으로 비롯된 셈이다.

성인은 빌려 주되 받지 않는다[執左契].

집좌계執左契는 빚을 받지 않았으나 받은 것으로 친다는 말이 된다. 성인은 덕을 베풀지만 그 대가를 요구하지 않는 것을 노자가 비유해 말한 셈이다. 어디 성인이 빚을 놓아 이자를 따먹는 돈놀이를 할 것인가!

본래 성인은 일을 해 주되 대가를 바라지 않고[爲而不恃] 돕는 일을 하되 그 일을 앞세워 공치사를 하지 않는다[功成而不處]. 성인이 덕을 베푸는 것은 범인凡人들이 빚지고 사는 것과 같은 셈이다. 신세를 지는 것도 빚이요, 은혜를 입는 것도 빚이다.

계契는 빚 받을 사람과 빚 갚을 사람이 함께 작성한 문서를 말한다. 옛날은 문서[契]만으로 빚보증이 되었지만 지금은 돈을 빌려 줄 때 사람을 믿지 않고 부동산을 담보물로 잡아 공증해 놓는다. 옛날은 사람을 믿고 빚을 놓았지만 지금은 담보물을 믿고 빚놀이를 한다.

빚 문서를 절반으로 접어 찢은 다음 오른쪽 반장은 빚을 갚을 사람이 갖는 것[執右契]이고, 왼쪽 반장은 받을 사람이 갖는 것[執左契]으로 계약을 했다. 오른쪽 반장은 채무자의 것이고 왼쪽 반장은 채권자의 것이다.

옛날은 빚 갚는 것을 합동合同이라고도 했다. 빚을 갚을 때 채권자의 왼쪽 반장[左契]과 채무자의 오른쪽 반장[右契]을 서로 맞추어 본

다음 채권자는 돈을 받고 채무자에게 좌계左契를 주면 빚 관계는 청산되었다. 그러므로 빚을 놓고도 왼쪽 반장을 쥐고만 있다는 것[執左契]은 빚을 주되 처음부터 받을 생각이 없다는 뜻이다.

이처럼 성인은 덕을 베풀되 그 대가를 바라지 않는다. 베푸는 것은 무엇을 주되 돌려받지 않는 것이다. 자식에게 쏟는 어머니의 사랑과 같은 것이 베풂이다. 그래서 노자는 다음처럼 말한다.

덕이 있으면 빚은 스스로 갚아지고[有德司契], 덕이 없으면 놓은 빚을 억지로 받아 내야 한다[無德司徹].

천도天道에는 사사로움[私親]이 없다.

불가에서는 중생유정衆生有情을 고苦라고 한다. 도가에서는 불가의 고苦를 원怨이라고 보았던 모양이다. 고도 삶의 아픔이요, 원 역시 삶의 아픔이다. 삶의 아픔은 정 때문에 빚어진다는 것이다.

인간의 정은 미추美醜를 분별하고 호오好惡를 분별하며 이해利害를 가려 내 것 네 것을 차별한다. 그래서 생모의 슬하에서는 겨울도 따뜻하지만 계모 밑에 있으면 여름도 춥다는 게다. 유정有情은 미운 정 고운 정을 따지지만 무정無情은 그렇게 하지 않는다.

금붙이는 소중하고 모래알은 천하다고 하는 것이 인간의 유정이요, 금과 모래는 다같이 소중하다고 하는 것은 자연의 무정이다. 장미꽃을 곱다 하고 호박꽃을 못났다고 하는 것이 인간의 편애다. 그러나 자연에는 편애가 없다. 있는 것이면 무엇이든 품안에 껴안아 주는 것이 자연이요, 무위요, 하늘의 길[天道]이다.

성인은 하늘의 길을 따라 걷는다. 그래서 성인에게는 내 편 네 편이 없고 모든 것을 사랑하고 보살펴 주는 덕으로 그득할 뿐이다. 덕이란 무엇인가? 그것은 원한을 처음부터 없게 하는 사랑인 셈이다.

큰 원한을 풀려고 하면 앙금이 남아 있게 마련이다. 그러니 큰 원한을 푼다고 해서 어찌 선하게 될 수 있단 말인가?

〔和大怨必有餘怨 安可以爲善〕 화대원필유여원 안가이위선

이러하므로 성인은 빚 문서를 지니고 있을 뿐 채무자에게 빚 독촉을 하지 않는다.

〔是以 聖人執左契 而不責於人〕 시이 성인집좌계 이불책어인

그러므로 덕이 있으면 빚은 스스로 갚아지고, 덕이 없으면 놓은 빚을 억지로 받아 내야 한다.

〔有德司契 無德司徹〕 유덕사계 무덕사철

천도에는 사사로움이 없고, 언제나 선한 사람과 더불어 어울린다.

〔天道無親 常與善人〕 천도무친 상여선인

도움말

제79장은 삶의 고통이 왜 비롯되는가를 생각해 보게 한다. 서로 돕고 이해하며 살지 못하고 서로 오해하고 해를 지으며 산다는 것은 곧 원한을 사는 것과 같다. 왜 인간은 괴롭게 사는가? 이러한 문제에 대해 제79장은 유덕有德하면 괴로운 삶이란 없음을 밝힌다.

집좌계執左契는 무위를 행하면 백성은 저절로 잘된다는 것〔無爲而民自化〕을 비유한 말이다. 이는 빚을 되돌려받지 않았지만 받은 것으로 친다는 뜻과 같다.

계契는 채무와 채권의 증서를 말한다. 계를 좌우로 나누어 채권자가 오른쪽 반장〔右契〕을 갖고 채무자는 왼쪽 반장〔左契〕을 가졌다. 채무자가 빚을 갚고 채권자가 지녔던 좌계左契를 받아 가면 빚 관계는 청산되는 것이다.

책어인責於人의 인人은 빚진 사람, 즉 채무자이고 책責은 채권자가 빚을 갚아 달라고 독촉하는 것을 뜻한다.

사계司契는 빚을 갚으라고 독촉하지 않아도 채무자가 스스로 와서 빚을 갚는 것을 말한다. 즉 민자화民自化를 비유한 말이다.

사철司徹은 빚을 억지로 받아 내는 것을 뜻한다.

무친無親은 사사로운 정이 없는 것이다. 무심無心도 무친이며 허심虛心도 무친이다. 무친은 욕심을 버린다는 뜻도 된다.

제80장 자연은 생존의 고향이다

떠돌이 삶은 괴롭고 번거롭다

지금은 고향이 따로 없다. 이제 사람들은 이리저리 살 곳을 찾아 떠돌고 사는 곳이 곧 고향이 아니냐고 반문한다. 고향은 없고 주소만 있는 셈이다. 물론 명절이 되면 귀향객이 많아 고속도로가 터질 지경이라고 하지만 고향은 이미 삶의 터전이 아니라 일 년에 한두 번 방문해야 하는 타향처럼 되어 버렸다.

시골은 불편하고 도시는 편리하다고 믿는다. 시골에는 산천이 있지만 도시에는 문명이 있다. 그래서 시골의 산천은 불편하고 도시의 문명은 편리하다고 믿게 되었다. 이런 탓으로 시골에 가면 마을마다 빈 집이 많지만 도시에서는 주택난이 극심해 제 집만 있으면 부자라고 한다.

도시 생활은 한가할 틈이 없다. 숨을 쉬기가 어려울 만큼 일이 겹쳐 날마다 해야 할 일들이 도시인을 경마장의 말처럼 달리게 한다. 도시의 세상은 쏜살같이 달리며 쏟아지는 정보와 마주하게 한다. 그러니 도시 생활을 차분하게 끌어갈 수가 없다. 그리고 정신 없이 생활비를 벌어야 방만한 문명 생활을 꾸려 갈 수 있다.

편안한 삶을 버리고 편리한 삶을 택하면 택할수록 마음은 쫓기며 쪼들리게 마련이다. 편리한 삶을 갖자면 그만큼 돈이 필요한 까닭이다. 돈을 벌지 못하면 살길이 막히고 돈이 없으면 거지가 된다. 이 얼마나 각박한 삶의 광경인가! 싸움터를 방불케 한다. 어쩔 수 없이 현대인은 돈벌레가 되고 성취욕의 병사처럼 된다.

뱁새가 황새를 부러워할 것은 없다. 뱁새는 수풀에서 살고 황새는 물논에서 산다. 서로 사는 곳이 다르므로 먹이도 다르다. 뱁새가 황새의 발걸음이 탐난다고 해서 먹이마저 바꿀 수는 없다. 그러나 사람은 상대를 짓고 비교를 하면서 서로 유리한 자리를 차지하려고 쉴새 없이 다툰다. 이처럼 사람은 인생을 힘 겨루기를 하듯이 힘겹게 산다. 인간은 왜 이렇게 살아야 하는가? 문명의 생활을 영위해야 하는 까닭이다.

문명은 도시를 만들고 도시는 자연을 떠나게 한다. 도시는 인생을 숨가쁘게 하고 산천은 인생을 느긋하게 한다. 도시는 온갖 것들에게 부족함을 느끼게 하지만 산천은 온갖 것들에게 만족을 준다. 왜냐하면 도시는 분에 넘치는 사치를 충동질하기 때문이다. 그러나 산천은 모든 것을 수수하게 있는 그대로 간직하게 할 뿐 꾸며서 감추고 치장해 허세를 부리지 않는다. 20평의 아파트가 30평의 아파트를 부러워하고 30평의 아파트는 40평을 부러워하게 하는 짓 따위는 산천에는 없다.

도시의 모든 것들이 부족하다고 충동질하기 때문에 도시인의 마음은 항상 총대에 꽂힌 칼끝처럼 예리하다. 그래서 미소 뒤에 송곳이 숨어 있다는 말을 만들어 낸다. 도시인은 이웃을 얻지 못하고 그저 모여 살 뿐이다. 사람들이 득실거려도 마음을 트고 지낼 사람은 없다. 왜 이렇게 삭막하게 살아가는가? 인생을 검소하고 겸허하게 맞이할 줄을 인간이 잊어버린 탓이다.

도시인이여! 고향이 그립지 않은가? 도시의 문명 생활에 지쳐 버린 현대인일수록 노자가 그려 놓은 나라를 고향으로 가슴에 지니고 산다면 쉬고 싶을 때 언제라도 쉴 수 있는 빈 의자를 마음속에 지닌 것처럼 되리라.

작은 나라에는 사는 사람도 적다[小國寡民]. 수많은 사람이 쓸 수 있는 기물이 있지만 쓰지 않게 하고[使有什伯之器而不用], 죽음을 중하게 여겨 멀리 떠나지 않게 한다[使民重死而不遠徙]. 비록 배가 있고 수레도 있지만 그것들을 타는 바가 없고[雖有丹車無所乘之], 비록 병사가 있지만 전선에 배치한 바가 없으며[雖有甲兵無所陳之], 백성들로 하여금 아득한 옛날의 덕치德治로 돌아가 생활하게 한다[使民復結繩而用之].

박 노인은 12층 아파트에 살고 김 노인은 한 아파트 3층에 산다. 두 노인은 아침마다 초록색 깃발을 들고 나가 횡단보도에서 교통 정리를 한다. 그리고 9시쯤 집으로 돌아와 아침을 먹는다.

김 노인은 이제 서울 생활에 정을 붙이기 시작했다. 모두 박 노인 덕이다. 60년을 시골에서만 살았던 김 노인은 도시 생활이 몸에 맞지 않는다고 날마다 투덜거렸다. 박 노인은 그런 김 노인에게 도시에 살면서도 시골 사람처럼 살 줄 안다면 그만이라는 것을 깨닫게 해 주었다.

김 노인은 박 노인을 만난 첫날부터 젊은것들에 대한 불평을 늘어놓았다. 묵묵히 김 노인의 푸념을 듣고만 있던 박 노인은 달포가 지났을 쯤에야 무겁게 입을 열었다.

"노인장 고향이 무주 구천동이라고 했지요? 덕유산을 생각하며 살면

됩니다. 저는 지리산을 생각하며 삽니다. 그렇게 했더니 서울이 지리산 산속처럼 됩디다."

"여기는 서울인데 어찌 그렇게 산답니까?"

"늙었으니 큰일은 못하지만 작은 일을 찾아 하는 겁니다. 낯선 사람들이 사는 서울에서 젊은 사람들은 일에 바빠 못하는 일들이 많습디다. 우리 아침마다 교통 정리를 하는 일에 나갑시다. 동사무소에 부탁하면 초등학교 앞에서 일을 하도록 한답디다."

두 노인은 그날로 아침마다 교통 정리를 했다. 약간의 돈을 받기도 하며 두 노인은 그 일에 재미를 붙였다. 그 뒤로 김 노인은 파고다 공원을 찾아가는 일을 그만두었고 박 노인과 함께 서울 주변 산에 올랐다. 그리고 등산객들이 버리고 간 쓰레기를 주워 쓰레기통에 넣는 일을 하기 시작했다. 날마다 산에 나와 쓰레기 줍는 일을 하면서 두 노인은 서울 근처에 산이 있어 살맛이 난다고 맞장구를 쳤다.

며느리가 싸 준 도시락을 들면서 박 노인이 지리산 골짜기를 이야기하면 김 노인은 덕유산 골짜기를 이야기했다. 야산에 없는 나무 이름이며 산새 이름을 서로 주고받았고 약초 이름들을 서로 대며 시간을 즐겁게 보내다 내려오곤 했다.

두 노인은 약속이나 한 것처럼 도시에 대한 불평을 하지 않았다. 불평을 한다고 서울이 시골이 되는 것은 아니라는 것을 김 노인도 알게 되었다. 타향에서 만난 두 노인은 격의없이 노년을 보내며 한 아파트에 살게 된 인연으로 따분했던 도시 생활을 탓하지 않고 마음을 넉넉히 하고 사는 버릇을 되찾았다. 그래서 김 노인은 박 노인에게 항상 감사해한다. 왜냐하면 박 노인 덕으로 잃었던 고향을 서울에서 찾았다고 생각하기 때문이다.

자연自然으로 산다.

노자가 알려 준 작은 나라(小國)는 자연으로 사는 나라이다. 자연으로 산다는 것은 무리無理 없이 산다는 것을 뜻한다. 인간이 짓는 무리는 인간을 중심으로 만물을 결정하려고 할 때 빚어진다. 우주의 입장에서 보면 인간 중심의 발상은 순리에서 멀다.

자연이 도시에는 없고 산중에만 있는 것은 아니다. 산천만 자연인 것이 아니라 사람도 자연의 한 부분이다. 인간이 별개인 것은 아니다. 인간 역시 무수한 생물 중의 하나일 뿐이다. 도시인이라도 덕을 떠나지 않고 산다면 도시에서 자연을 누리는 셈이다.

무기가 있지만 사용하지 않는 것(什伯之器而不用)은 무기는 목숨을 해치는 흉기에 불과하다고 여기기 때문이다. 도시에는 잔인한 인간들이 많다. 별별 범죄가 다 있어 치안을 위해 경찰이 총기를 소지하기도 한다. 강도는 남의 것을 빼앗으려고 흉기를 지니고 경찰은 범인을 잡기 위해 총을 든다. 범인의 흉기이든 경찰의 총기이든 목숨을 해치는 기물임에는 틀림이 없다.

그러나 도시에도 선한 사람이 훨씬 더 많다. 선한 사람이 있으면 곧 자연이 있는 것과 같다. 그러므로 선한 사람이 사는 곳이면 어디든 노자가 말하는 작은 나라라고 여겨도 무방할 것이다.

죽음이 귀해 멀리 이사가지 않는다(重死而不遠徙).

고향을 떠날 수는 없다. 몸은 떠나 있어도 마음에는 항상 고향이 있는 법이다. 타향에서는 고향을 생각하고 외국에 나가면 고국을 생각한다. 왜 그렇게 고향을 버릴 수 없는 것인가? 고향은 태어난 곳인 까닭이다. 태어난 곳에 묻힌다는 것은 자연으로 되돌아감을 뜻한다. 여우도 죽을 때는 고향 산천을 향한다(首邱初心)고 하지 않는가! 죽을 때면 묻힐 곳을 생각한다는 것은 고향을 잊지 못함이요, 고향을 잊지 못함은 자연을 잊지 못함과 같다. 만물의 고향이 자연이다. 그러므로 멀리 이사가지 않음은 자연을 어기는 짓을 하지 않음을 뜻한다고 새겨도 될 것이다.

수수하게 꾸밈없이 산다〔復結繩而用之〕.

결승結繩은 꾸밈없이 수수한 것〔樸〕이다. 자연은 사람의 마음을 두텁게 하지만 문명은 사람의 마음을 얄팍하게 한다. 얄팍한 마음은 이해에 따라 변덕스럽다. 달면 삼키고 쓰면 뱉는 마음은 꾀를 내고 거짓을 일삼는다. 그러나 꾸밈없고 검소한 마음씨〔醇質〕는 도울 줄은 알아도 해칠 줄은 모르며 보살필 줄은 알아도 미워할 줄은 모른다. 이러한 순질醇質은 바로 무위無爲로 통하는 마음씨이다. 노자가 말하는 작은 나라의 백성은 그러한 마음씨로 산다.

각박한 도시 생활에서도 질박한 생활을 찾으려고만 하면 그 순간 바로 자연의 즐거움〔樂〕을 누리는 삶을 만날 수가 있다. 그러므로 복결승復結繩을 현대 문명을 등지고 원시 시대로 복귀하자는 말로만 들을 것은 없다. 유위의 와중에서 무위를 잊지 않으면 그것이 곧 복결승인 셈이다. 다시 말하자면 사치스러움을 멀리하라〔去奢〕 함이다.

의식주를 경쟁하지 마라.

남보다 더 좋은 음식을 먹고, 남보다 더 좋은 옷을 입고, 남보다 더 좋은 집에 살아야 잘사는 것인가? 그렇게 생각한다면 마음 편한 삶을 기대하기가 어렵다. 인생에 우열반이 있다고 여기는 것보다 더 어리석은 착각은 없다. 숲속의 새는 나뭇가지 하나로 제 집을 둥지로 삼고 강가의 두더지는 물 한 모금이면 목을 축인다고 장자가 말했다. 인생을 욕망의 제물로 삼지 말라는 말이다.

그러나 문명을 승패를 가름하는 경기처럼 인생을 유혹하려고 한다. 그러나 인생에는 승패가 없다. 오직 생사의 사이를 맞이하고 누리면 거기에 곧 행복이 있다는 것을 자연은 가르쳐 준다. 그러나 인간은 문명의 유혹에 매달릴 뿐 자연의 가르침을 외면하려고 한다. 그래서 노자는 작은 나라의 백성이 어떻게 사는지를 다음처럼 밝히고 있다.

거둔 곡식으로 밥을 지어 맛있게 먹고[甘其食], 손수 길쌈한 천으로 옷을 지어 아름답게 하고[美其服], 손수 지은 집에서 편안히 살며[安其居], 손수 가꾼 습속을 즐긴다[樂其俗].

아침은 토스트와 우유로 때우고, 점심은 일식점에 가서 초밥을 먹고 저녁이면 호텔 레스토랑에 가서 스테이크를 먹는다고 자랑할 것은 없다. 사흘만 그렇게 먹으면 싫증이 나고 김치와 찌개를 생각하는 것이 한국인의 식성이 아닌가! 소스가 간장을 대신하고 드레싱이 양념을 대신하고 케첩이 된장을 대신한다고 믿을 지경이다. 식성도 외제를 닮아 가고 우리의 어린이들은 김치 맛을 잊어 간다고 하니 입맛도 앞으로는 타향살이를 할 모양이다. 그러나 식성에도 고향이 있다는 생각은 아직 살아 있는 셈이다.

한복은 양복에 이미 밀리고 말았다. 한복은 명절에나 입는 차례 옷처럼 되고 말았다. 어머니가 길쌈한 베로 만든 옷을 입고 사는 사람은 이제는 없다. 공장에서 만들어진 의류를 사서 입고 여인들은 이제 식솔의 옷을 만들어 입힌다는 생각을 하지 않는다. 아이들도 집에서 옷을 만들어 입는 것을 모르고 시장이나 백화점에 가서 옷을 사야 한다고 생각한다. 복식에도 고향이 있다는 말은 이제 성립되지 않는다.

한옥도 양옥에 밀려나고 말았다. 기와집이나 초가집은 민속촌에서

나 볼 수 있다. 온돌보다는 침대를 좋아하고 뒷간도 이제는 화장실로 이름을 바꾸었다. 한옥은 불편하고 양옥이 편리하다는 생각이 굳어졌다. 건축에도 고향이 있다는 말은 이제 설득력이 없다.

대대로 내려오던 우리의 습속은 빈사지경이다. 절 대신에 악수를 하고 이웃사촌이라던 인정은 매정한 물정物情으로 옮겨 가는 중이며, 젊은이는 어른을 모시고 어른은 젊은이를 보살피는 마음도 엷어져 가면서 자기중심으로 세상을 요리하려는 외고집들이 세태를 살벌하게 꾸려 가고 있다. 이러한 습속의 변화를 외세의 물결에 따라 어쩔 수 없는 현실이라고 접어 두고 있는 형편이다. 뜬 세상에서 부평초처럼 사는 꼴이다.

노자여! 이렇게 먹성도 바뀌었고, 복식이나 주거도 바뀌었는데 어찌 옛날 습속을 따르며 살 수 있단 말인가? 그대가 그려 놓은 작은 나라라는 것은 지금 세상에서 보면 외딴 섬이 아닌가! 이렇게 반문할 수도 있을 것이다.

그러나 제대로 된 세상에서 뿌리를 내리고 살 수 있기를 바란다면 노자가 밝혀 놓은 작은 나라는 우리에게 향수를 불러일으킨다. 나라마다 힘센 국가가 되려고 별의별 전쟁을 다 치르려고 한다. 무력 전쟁은 고사하고라도 경제 전쟁, 무역 전쟁, 문화 전쟁을 일삼고 서로 빼앗고 뺏는 짓을 우리는 지금 국제교류라는 미명 아래 온 세상이 치고받는 중이 아닌가!

인간의 모습이 괴물처럼 변신해 가는 와중이지만 선善이 부재不在하고 덕이 부정되는 삶을 어느 누가 바랄 것인가? 인생이 행복하기를 바라고 인간이 선하고 유덕有德하기를 바란다면 노자의 작은 나라는 생존의 고향으로 삼을 수 있는 일이 아닌가!

작은 나라에는 사는 사람도 적다. 수많은 사람이 쓸 수 있는 기물이 있지만 쓰지 않게 하고, 죽음을 중하게 여겨 멀리 떠나지 않게 한다. 비록 배가 있고 수레도 있지만 그것들을 타는 바가 없고, 비록 병사가 있지만 전선에 배치한 바가 없으며, 백성들로 하여금 아득한 옛날의 덕치로 돌아가 생활하게 한다.

〔小國寡民 使有什伯之器而不用 使民重死而不遠徙 雖有丹車無所乘之 雖有甲兵無所陳之 使民復結繩而用之〕소국과민 사유습백지기이불용 사민중사이불원사 수유단거무소승지 수유갑병무소진지 사민복결승이용지

거둔 곡식으로 밥을 지어 맛있게 먹고, 손수 길쌈한 천으로 옷을 지어 아름답게 하고, 손수 지은 집에서 편안히 살며, 손수 가꾼 습속을 즐긴다. 인접한 두 나라가 서로 건너편에 보이고 닭 울음, 개 짖는 소리도 들렸지만 사람들은 늙어 죽을 때까지 서로 왕래하지 않았다.

〔甘其食 美其服 安其居 樂其俗 隣國相望 鷄犬之音相聞 民至老死 不相往來〕감기식 미기복 안기거 낙기속 인국상망 계견지음상문 민지노사 불상왕래

도움말

제80장은 떠돌이 삶을 사는 것이 아니라 뿌리를 내리고 자연에 안겨 탈 없이 사는 모습을 그려 주고 있다. 무위의 생존을 생각해 보게 하며 번잡하고 불안한 문명의 현실을 헤아려 보게 한다. 편리한 생활이 중한가 편안한 생활이 중한가를 따져 보게 하는 장이다.

습백지기什伯之器는 수많은 사람이 사용할 수 있는 기물을 뜻한다. 습什은 열 사람

이요, 백伯은 백 사람을 뜻한다.

중사重死는 명대로 살다 편안히 죽는 것을 말한다. 흉사凶死는 억지를 부리다 제 명에 못 죽는 것이다. 죽음을 중히 여긴다는 것[重死]는 생生을 검박儉樸하고 무사하게 누리는 것을 뜻하기도 한다.

갑병甲兵은 군대를 뜻한다.

결승結繩은 법령[書契]으로 다스리기 전에 행해졌던 다스림[治]을 말한다. 《주역周易》 계사편繫辭篇에 상고결승이치上古結繩而治라는 구절이 나온다. 결승結繩은 덕치를 연상케 한다.

불상왕래不相往來는 서로 다투지 않고 경쟁하지 않으며 자연에 안겨 만족하며 사는 것을 떠올려 준다.

제81장 덕은 베풀수록 불어난다

미덥고 맑은 마음은 입을 다문다

속이 더러우면 입을 치장한다. 떳떳하면 말이 필요없고 당당하면 구실을 붙이지 않는다. 미더움은 말에 있는 것이 아니라 마음에 있다. 본래 불신은 속 다르고 겉 다른 데서 생긴다. 거짓이란 입 속에 있는 것이 아니라 가슴속에 숨어 있다.

가는 말이 고와야 오는 말도 곱다는 것은 속 좁은 사람들이 감정의 오기 다툼을 할 때나 있는 일이다. 넓고 깊은 마음은 바다 같아 드러내지 않아도 걸림 없이 받아들이고 새긴다. 그래서 깊은 바다는 그림자를 이루지 않는다〔深海無照〕고 했다.

비단결처럼 철철 감치는 말은 혀끝의 농간이고 어눌한 말은 마음속의 진실이 입조심을 하게 하는 까닭이다.

뻐꾸기가 울면 뱁새는 집단속을 한다. 목청만 간드러진 뻐꾸기는 바람만 피울 뿐 제 새끼를 키울 줄 모르고 거둘 줄도 모른다. 뻐꾸기는 건달로 살고 뱁새는 착실하게 산다. 뻐꾸기 같은 인간이 뱁새 같은 인간을 속이려고 말을 꾸민다.

있는 그대로 말하면 그것이 진실이다. 진실은 덧칠할 것이 없으므로 말을 꾸며 듣기 좋게 할 것도 없고 유리하게 토를 달 필요도 없으며 말꼬리를 잡아 남의 허를 찌를 것도 없다.

그러나 입씨름에 자신이 있다는 사람들은 구변을 앞세워 말을 말로 물고 늘어져 상대를 누르려고 한다.

말꾼들은 세상을 법정쯤으로 알고 형세에 따라 판검사도 되고 변호사도 된다. 변사辯士들은 머리 싸움은 곧 입 싸움이라고 치부한다. 말의 미더움보다 말을 창으로 쓰기도 하고 방패로 쓰기도 한다. 코걸이, 귀걸이의 말을 어떻게 선하다 할 것인가!

미더운 말은 꾸밈이 없고 속셈이 있는 말일수록 꾸미고 수작을 부린다. 본디 부처는 미소를 짓고 객승이 지껄인다. 빈 수레가 요란하고 얕은 물이 시끄럽다. 설익은 이삭은 고개를 들고 여문 이삭은 고개를 숙인다.

제 마음속을 밝히려는 사람은 바깥 것에 눈을 돌리지 않는다. 이것저것을 두루 잘 아는 것보다 자기를 알아보려고 하는 자가 오히려 무식해 보이고 묵묵하다. 무엇을 어설프게 아는 것보다는 전혀 모르는 것이 낫다. 반풍수가 집안을 망치는 법이다.

내가 나를 아는 것은 명〔自知者明〕이고 남을 아는 것은 지〔知人者智〕라고 노자가 말했다. 명明은 등잔 밑이 어둡다는 것을 알고 밝히려는 것이고 지智는 등잔 밑이 캄캄한 줄 모르고 바깥 것만 밝히려고 한다. 보고 들을수록 지식이 넓어진다고 하지만 그러는 사이에 자기를 잃어버리는 수가 있다. 주인이 없는 집에 객들만 있는 꼴이다.

현대인은 저마다 공작새처럼 제 꼬리의 깃털을 뽐내려고 한다. 말을 멋있게 하고 재치를 부려 돋보이게 하며 견문이 넓어 아는 것이 많다고 떠들어야 남들이 알아준다고 설치는 사람은 인생의 광대와 다를 것이 없다. 인생을 무대라고 하는 것은 남을 흉내 내 연기하는 굿판이 아니라 자기의 자리가 어디인지를 밝히는 과정이다.

세 사람만 함께 가도 그중에 선생으로 모실 사람이 있다고 한다. 우주 만물을 자기를 비쳐주는 거울로 맞이하는 사람은 노자의 다음과 같은 말을 들으면 깨닫는 바가 있을 것이다.

미더운 말은 꾸미지 않고[信言不美], 꾸민 말은 미덥지 않다[美言不信]. 선한 사람은 어눌하고[善者不辯], 구변이 좋은 사람은 착하지 않다[辯者不善]. 진실로 아는 자는 박식하지 않고[知者不博], 박식한 자는 진실로 아는 것이 없다[博者不知].

조선 후기의 유명한 익살꾼을 대라면 단연 정수동일 것이다. 정수동은 딱딱하고 꽉 막혔던 조선 시대를 풍자하며 살았다. 오늘날의 개그맨이었거나 세태를 꼬집는 해학가였던 셈이다.

정수동이 과거에 급제한 우화를 듣다 보면 경서經書에 박식하다고 자부하던 부류를 농락한 대목에서 마음속이 후련해진다.

정수동이 늦더위가 기승을 부리는 과장科場에 두툼한 누비솜옷을 입고 시관試官들 앞으로 다가갔다. 그러자 한 시관이 정수동의 모습을 보고는 이 더위에 웬 솜옷을 입고 왔느냐고 물었다.

"소인은 염병이 들어 계절에 상관없이 오한에 떱니다. 그래서 삼복 염천에도 솜옷을 입어야 목숨을 부지합니다."

이 말을 듣고 시관들은 질겁을 하면서 일제히 저만치 물러가 멀리 떨어져 앉으라고 호통을 쳤다. 시관들은 염병이 무서운 돌림병이란 것을 알고 있었기 때문이다.

정수동은 황송해하면서 멀리 뚝 떨어져 자리를 잡고 의젓하게 앉았다.

마치 무엇이든 물어보라는 듯 자신 있는 앉음새로 시관들을 바라본 다음 암송할 것을 하명해 주기를 기다리는 시늉을 했다. 시관들은 머리를 맞대고 수군거렸다. 이 꼴을 보고 정수동은 자기를 낙방시키려고 수작을 부린다는 것을 알았다.

그러나 그는 속으로 빙긋이 웃으며 뛰는 놈 위에 나는 놈이 있는 줄 모르는 얼간이들이라고 비웃고 있었다.

"염병에 든 놈이 벼슬을 해서 무얼 하나? 저놈에게 경전을 암송하라고 할 것이 아니라 엉뚱한 시제試題를 주기로 하자."

시관들은 서로들 말을 맞추었다.

"저것들이 내 귀가 부엉이보다 밝은 줄을 모르는구나!"

시관들은 정수동의 귀가 유별나게 밝다는 것을 몰랐다. 드디어 엉뚱한 대목을 암송해 보라고 한 시관이 명을 내렸다.

정수동이 공손하게 절을 올린 다음 목청을 가다듬어 구성진 목청으로 흥얼거리며 몸을 앞뒤로 저으며 구구절절 넘어가는 대목에 맞추어 육자배기를 불렀다. 그 가락이 하도 흥겨워 시관들도 따라서 흥얼거렸다. 암송 시험은 아주 구수하게 끝났다.

저렇게 박식하니 아무리 염병이 들었다지만 급제를 시켜야 하지 않겠느냐고 한 시관이 운을 뗐다. 다른 시관들도 동의했다.

"방에 이름이 붙어도 그만이고 없어도 그만이다. 과장에서 육자배기를 불러 박식하다고 콧대를 세우는 시관들을 놀려 주었으니 장원급제야 헌신짝 같은 것이 아니냐?"

과장을 떠나며 정수동은 능청을 떨었다.

겉만 곱고 속이 더러운 말은 들을수록 역겹다. 역겨움을 나타낼 것이 무에 있는가! 정수동처럼 놀려 주면 그만이다. 왜 거짓을 일삼느냐고 따질 것도 없다. 허튼소리를 듣지 않은 것으로 치면 귀청이 울리지 않아도 된다. 본래 까마귀 싸우는 골에 백로는 가지 않는다.

박식함을 앞세워 시비를 걸어 오더라도 맞받아 다툴 것은 없다. 그대 말이 옳고 내 말이 틀렸다고 미루어 주면 그만이다. 달변을 믿고 말씨름을 하자고 하면 벙어리가 되면 말장난은 멈추게 마련이다.

시비를 가려 이기자고 하는 것은 선할 수가 없다. 마음에 없는 말로 방어를 하는 까닭이고 결국 자기를 스스로 속이는 꼴이기 때문이다. 이러한 때는 차라리 정수동처럼 육자배기를 불러 박식하다고 콧대를 세우는 시관들을 놀려 주는 것만 못하다.

성인은 덕을 쌓아 두지 않는다〔聖人不積〕.

성인은 앎〔知〕을 놓고 다투지도 않고 겨루지도 않는다. 성인은 모르는 것〔不知〕을 알고 있는 분이 아닌가! 부지不知는 무엇이 맞고 무엇이 틀리다는 금줄을 긋지 말라 함이다. 그래서 성인은 아는 체를 하지 않고 차라리 덕을 베풀 뿐이다.

거짓말을 피하고 참말을 하는 것이 말의 덕〔德談〕이다. 참말은 침묵해도 서로 통한다. 그래서 성인은 말하지 않아도 할 말을 다하는 게다. 험담은 속병을 내고 덕담은 속병을 고친다고 하지 않은가!

행복은 나누면 두 배로 불어나고 불행은 나누면 절반으로 준다고 한다. 남이 잘되기를 바라고 남이 잘못되면 안타까워하면 덕은 저절로 찾아온다. 덕은 자기를 위해 쌓아 두는 것이 아니라 남을 위해 베푸는 것이다. 이를 노자는 다음처럼 말했다.

남을 위해 베풀어 주므로 더욱 자기에게 덕은 불어나고〔旣以爲人 己愈有〕, 남과 더불어 이미 나누었으므로 덕은 많아진다〔旣以與人 己愈多〕.

왜 성인은 덕을 베풀어 나누는가?

성인은 하늘의 길을 따라 인생을 누리기 때문이다. 하늘의 길에는 사사로움이란 없다고 하지 않았는가? 내 편을 유리하게 하고 상대를 불리하게 하는 짓을 하늘은 하지 않는다. 인간은 귀하고 지렁이는 천하다고 하늘은 생각하지 않는다.

목숨은 다 귀하고 다 같다. 그러므로 어느 것 하나에도 귀천의 차별을 두지 않는 것이 하늘의 뜻이다. 이러한 뜻을 펼치는 하늘의 길은 평평하고 크고 넓어 보인다〔天道若平夷〕고 했다. 사람들만 가파르고 험한 인도人道를 따라 걸어가려고 한다.

밥은 귀중하고 똥은 몹쓸 것이라고 말하지 마라. 목숨은 먹어야 사는 것처럼 배설해야 사는 것이 아닌가! 인간들만 밥과 똥을 별개로 보는데 하늘은 같다고 본다. 똥은 구더기의 밥이 되기도 하는 까닭이다. 이처럼 하늘의 뜻은 공평하고 무사하다.

공평하고 무사하다는 것은 무엇을 말하는가? 이롭게 해 주되 해치지 않는다〔利而不害〕고 노자는 밝혀 준다.

이해가 엇갈리면 다툼이 일어난다. 서로의 몫 차지를 놓고 끌고 당기는 일이 일어나는 까닭이다. 그러나 이롭게만 할 뿐 해가 되는 일이 없다면 무엇을 놓고 서로 다투고 싸울 것인가!

하늘의 뜻에는 다툼이란 없다. 항상 여일하게 태어난 것이면 살도록 하고 때가 되면 거두어 갈 뿐이다. 봄과 여름이 앞다툼을 하지 않고 사슴이 사자의 힘을 부러워하지 않고 산다. 이것이 자연이고 무위가 아닌가!

하늘의 길을 걷는 성인에게는 남을 위해 하는 일이 있을 뿐 남과 다툴 것도 없고 속이거나 감출 것도 없다. 남으면 덜어 내 모자란 데 보태 줄 뿐 더 주고 덜 주는 짓을 성인은 하지 않는다. 하늘의 도는 활을 메우는 것〔天之道 猶張弓〕과 같다고 하지 않았던가!

유가의 중용中庸이나 불가의 중도中道나 노자의 부쟁不爭은 다 같은 맥락의 말씀이다. 선도 지나치면 악으로 통하고 보약도 지나치면 독약이 되는 것이 아닌가!

성인은 지나침도 없고 모자람도 없다. 제 몫을 생각하면 항상 부족한 생각이 들어 남의 밥에 있는 콩이 커 보이지만 남을 돕고 보살펴 이롭게만 하는 덕의 손길을 따르는 성인에게는 남아돌 것도 없고 모자랄 것도 없다. 성인은 덕을 남김없이 베풀기 때문이다.

악은 지을수록 험하고 사나워지지만 선은 행하면 행할수록 편하고 부드러워진다. 이처럼 선악은 엄청나게 달리 드러난다. 선은 덕을 실천하는 것이고 악은 부덕을 실천하는 까닭이다.

그러므로 덕으로 말하면 그 말이 믿음을 얻는다. 이것을 신언信言이라고 새겨 두면 될 것이다. 덕을 따르면 선하지 않은 것이 없다. 모든 것이 선하면 입씨름을 할 필요가 없다. 이것을 선자善者라고 새기면 될 것이다.

덕을 알고 부덕을 모르면 널리 몰라도 막힘이 없다. 촛불을 옆에 켜 두고 어둡다 하거나 뒤에 켜 두고 컴컴하다고 투덜대는 것은 어리석은 일이다. 바로 자기 앞에 켜 두고 자기를 밝혀 가는 사람은 등잔 밑을 어둡게 내버려두지 않는다. 덕은 맨 먼저 자기를 맑게 하고 밝게 하며 깨끗하게 한다. 이를 아는 것을 명明의 지자知者라고 한다.

노자여! 그대가 왜 성인을 모시고 인생을 살펴 가라고 했는지를 이제는 알 만하다. 내 마음에 욕심의 불길이 타올라 괴로울 때는 물을 밖에서 찾지 말고 안에서 찾아야 함을 알게 되었노라.

욕망으로 절절 끓고 타는 목마름에는 재물財物의 물을 아무리 퍼부어도 꺼지지 않음을 미처 몰랐던 자라도 노자가 안내하는 성인을 곁에 두면 마른 목을 축여 목숨을 편하게 하고 즐겁게 사는 물을 마실 수가 있구나! 목숨의 물을 성인은 도덕이란 샘물에서 길어 내노라.

신언과 선자 그리고 지자는 도덕이란 샘물에서 길어 낸 목숨을 소중히 하는 물맛이라고 생각해도 틀리지 않을 것이다.

原문
의역

미더운 말은 꾸미지 않고, 꾸민 말은 미덥지 않다. 선한 사람은 어눌하고, 구변이 좋은 사람은 착하지 않다. 진실로 아는 자는 박식하지 않고, 박식한 자는 진실로 아는 것이 없다.
〔信言不美 美言不信 善者不辯 辯者不善 知者不博 博者不知〕 신언불미 미언불신 선자불변 변자불선 지자불박 박자부지

성인은 덕을 쌓아 두지 않고 남을 위해 베풀므로 자기에게 덕은 더욱 불어나고, 남과 더불어 이미 나누었으므로 덕은 많아진다.
〔聖人不積 旣以爲人 己愈有 旣以與人 己愈多〕 성인부적 기이위인 기유유 기이여인 기유다

자연은 이롭게 돕되 해치지 않고 성인의 도는 남을 위해 일하되 다투지 않는다.
〔天之道利而不害 聖人之道 爲而不爭〕 천지도리이불해 성인지도 위이부쟁

도움말

제81장은 말로 도덕을 밝힐 수 없다는 것을 생각하게 하는 장이다. 자기를 밝히는 지(明知)를 간직하면서 도덕의 길을 따라 인생을 누리라고 노자는 마지막으로 부탁하고 있다.

신언信言은 꾸밈없이 질박한 말이다. 이는 도덕을 따르는 말이다.

미언美言은 꾸미고 세련된 말재주를 부리는 것을 뜻한다. 거짓말은 언제나 부자연스럽다.

선자善者는 맑고 투명하게 마음을 비운 자라고 볼 수 있다. 무심無心이나 허심虛心은 선자의 마음씨에 속한다.

변자辯者는 말재주를 부려 옳고 그름(正邪)를 뒤집어 놓는 말질을 일삼는 자를 말한다.

기이위인旣以爲人의 기旣는 스스로 덕을 남김없이 베풀었다는 뜻으로 새긴다.

기유유己愈有와 기유다己愈多의 기己는 성인聖人 자신을 말하는 것이다.